Anleitung für QuarkXPress

Thomas Biedermann

Anleitung für QuarkXPress

Ein Crash-Kurs
Das Wichtigste für Einsteiger
In 10 Kapiteln zum Erfolg
Ein Handbuch aus der Praxis

Verlag Thomas Biedermann

Meinem Vater, Helmuth Biedermann, gewidmet

»Meinem ersten Eindruck nach ist QuarkXPress 8 die am leichtesten zu erlernende professionelle Seitenlayout-Anwendung für junge Designer.«

Alistair Dabbs, Editorial Production Specialist und Trainer, Großbritannien

*»QuarkXPress 8 macht (...) einen guten Eindruck:
angenehm modernisierte Oberfläche und sinnvolle Funktionen,
die für den Anwender einfach zu erreichen sind.«*

Ümit Mericler, Redakteur, Mac Life, Deutschland

»Mit QuarkXPress 8 adressiert Quark die Anforderungen der gesamten Wertschöpfungskette – vom Designer bis hin zu den Druckereien – und verbindet die einzelnen Glieder miteinander. Das ist ein strategischer Fortschritt, von dem die gesamte Branche profitieren wird!«

Guillaume Bregeras, Rédacteur en chef adjoint, France Graphique, Frankreich

*»Editorial Design – das ist eine der reizvollsten
Herausforderungen im Grafik-Design – und eine der komplexesten!«*

Karin und Bertram Schmidt-Friederichs in: Horst Moser,
Surprise me – Editorial Design, 2. Auflage, Mainz 2004, S. 6

Für alle Versionen von QuarkXPress® sowie die Betriebssysteme Apple® Mac OS® und Microsoft® Windows® geeignet

Eine aktuelle Testversion von QuarkXPress für Mac OS/
Windows kann unter www.quark.de heruntergeladen werden

© 2008 bei Verlag Thomas Biedermann, Hamburg
www.buch-schmie.de
1. Auflage 2008
Alle Rechte vorbehalten

Die in diesem Werk wiedergegebenen Gebrauchsnamen, Handelsnamen,
Warenbezeichnungen usw. können auch ohne besondere Kennzeichnung
Marken sein und als solche gesetzlichen Bestimmungen unterliegen.

Gestaltung Umschlag und Inhalt: Thomas Biedermann

Stilistisches Lektorat: Marion Reuter, Reutlingen

Technisches Lektorat: Thomas Neumaier, Hamburg; Bernd Drienko, Eislingen/Fils;
Thomas Richard, Alzenau

Alle Abbildungen © Thomas Biedermann, ausgenommen:
Buchcover © Roger Smithdale – photocase.com; Lab-Farbraum und Lab-, RGB- und
CMYK-Farbräume © Heidelberger Druckmaschinen AG, Heidelberg; Chinesische/
japanische Bücher © Ostasien-Verein, Hamburg; Buchrückseite © Adrian Meixner,
Heidelberg (Bildbearbeitung Thomas Biedermann)

Schrift: RotisSerif 11/13,2

Für Anfragen, Hinweise oder Kritik erreichen Sie den Autor unter
biedermann@buch-schmie.de

Druck: Jelgavas Tipogrāfija, Jelgava, Lettland

ISBN 978-3-9806256-9-2

Inhaltsverzeichnis

Vorwort

QuarkXPress

QuarkXPress ist die weltweit führende Layoutsoftware, die von sehr vielen Verlagen und Agenturen eingesetzt wird, um Printmedien aller Art zu gestalten. QuarkXPress ist kein intuitives Programm, das sich wie eine einfache Textverarbeitung von selbst lernen lässt. Daher gibt es für dieses Programm einführende Lehrbücher wie dieses Buch. Wenn man sich ein wenig mit dem Programm beschäftigt hat und die grundlegenden Arbeitsweisen sowie die technischen und gestalterischen Hintergründe für das Programm kennt, macht es Spaß, mit ihm zu arbeiten. Denn es bietet einen sehr durchgängigen, schnellen und effektiven Workflow, um professionelle Printmedien zu produzieren.

Sicherlich gibt es auch Konkurrenzprogramme, die QuarkXPress seine Vormachtstellung auf dem Weltmarkt streitig machen wollen. Einfachere Businessprogramme wie Adobe PageMaker® – das aber nicht mehr weiterentwickelt wird – sind für kleine und mittlere Unternehmen und Freiberufler gedacht. Sie bieten eine einfachere Handhabung und einen etwas begrenzten Funktionsumfang. Die Firma Adobe wirbt für einen Umstieg auf das umfangreichere Schwesterprogramm InDesign®. Andere Layoutprogramme wie Adobe Framemaker® haben sich ihre Nische bei technischen Publikationen mit mathematischem Formelsatz gesucht. Der direkten Konkurrenz von QuarkXPress, der Software Adobe InDesign, wird nachgesagt, QuarkXPress als führende Layoutsoftware schon abgelöst zu haben. Dem ist nicht so. InDesign kann zwar zum Teil mit neueren Funktionen aufwarten, die QuarkXPress noch nicht hat. Dies wird auch in Softwaretests der gängigen Computerzeitschriften betont. Aber es hat sich eigentlich eine friedliche Koexistenz beider Programme herausgebildet.

Neue, weiterführende Funktionen sind nicht alles, was ein Layout - programm vorweisen muss. Wenn Sie nicht effizient mit allen gängigen Bildbearbeitungs- und Grafikprogrammen zusammenarbeiten können, die Einbindung und Überprüfung von Schriften, Farben, Bildern, Tabellen usw. Probleme bereiten und Sie auch keine gängigen Möglichkeiten finden, um Daten an Druckereien zu übermitteln, können Sie nicht effektiv arbeiten. Auch die Behebung von auftretenden

Fehlern ist ein wichtiger Punkt, den Sie in Ihrer alltäglichen Arbeit nicht unterschätzen sollten.

Workflow

QuarkXPress hat den Vorteil, dass es mit einem durchgängigen Workflow aufwartet und mit allen Bildbearbeitungs- und Grafikprogrammen gut zusammenarbeiten kann. Auch das Importieren von nativen Dateiformaten aus Photoshop und Illustrator ist mittlerweile möglich. Die PDF-Ausgabe für die Druckerei ist ebenfalls eingebunden. Wenn Sie sich mit diesem Buch die Grundlagen für die Arbeit mit QuarkXPress angeeignet haben und durch Ihre praktische Arbeit dann langsam weitere Kenntnisse und Fertigkeiten erlangen, werden Sie sehen, dass Sie mit QuarkXPress schnell, effektiv und professionell arbeiten. Sie werden sehr schnell die entsprechenden Menüfunktionen kennen lernen, werden wissen, wo Sie welche Funktionen finden und vor allen Dingen, welche Möglichkeiten zur Behebung von Fehlern Sie haben. Wenn Sie sich im Laufe Ihrer praktischen Tätigkeit die entsprechenden Tastenkürzel angeeignet haben, dann steht einem schnellen, effektiven Workflow nichts mehr im Wege. Sie können von Foldern über Anzeigen bis zu Plakaten oder Zeitschriften alle Aufgaben bewältigen und alle gängigen Printmedien gestalten, ohne auf große Probleme zu stoßen.

Einsteigerbuch

Dieses Buch ist eine Anleitung für QuarkXPress und ein Einsteigerkurs, der Ihnen die Grundlagen für die Arbeit mit diesem Programm vermit - telt. Im englischsprachigen Raum würde man das Buch mit dem Begriff „Beginner's Guide" bezeichnen. Es ist kein Nachschlagewerk für das Programm, in dem alle Funktionen von A–Z besprochen werden. Das Buch beschränkt sich auf die wirklichen Basics. Sie werden nach dem Durcharbeiten des Buchs in der Lage sein, Layouts z.B. für Flyer, Folder oder Zeitschriften zu gestalten.

Nur Printmedien

Dieses Buch ist zur Gestaltung von Printmedien gedacht. Es behandelt nicht die Möglichkeiten des Webdesigns, Flash oder XML in Quark-XPress.

Version 3.x–8.x

Sie können dieses Buch auch für die Arbeit mit früheren Versionen von QuarkXPress verwenden, selbst wenn Sie noch mit Version 3.x, 4.x, 5.x, 6.x oder 7.x arbeiten. Bestimmte Funktionen wie Textpfade, Tabellensatz oder PDF-Ausgabe aus QuarkXPress heraus sind zwar erst in den neueren Versionen verfügbar, aber für das Erlernen der grundlegenden Programmfunktionen zum Gestalten von einfachen Printmedien oder Layouts reichen auch ältere Versionen von QuarkXPress aus.

Wenn Sie sehen wollen, wie die Startscreens von QuarkXPress von Version 1–8 aussehen, klicken Sie in meinem Blog http://www.medienschmie.de/iBlog oben auf den Link „FH, PM, QXP und PS"! Sie finden dort auch noch einige gute, alte „Kollegen" von QuarkXPress, mit denen das Desktop-Publishing-Zeitalter begann!

Apple® Macintosh/Microsoft® Windows®

Dieses Buch ist mit freundlicher Genehmigung von Quark auf einer Pre-Release-Version 8.0 auf einem Apple® Macintosh entstanden. Es standen alle neuen Funktionen in der aktuellsten Version zur Verfügung. Sie können dieses Buch jedoch auch für die Einarbeitung in QuarkXPress auf einem Windows-Rechner verwenden. Die Funktionen sind auf beiden Betriebssystemen die gleichen. Zum besseren Verständnis werden die Tastenkürzel, die variieren können, bei den entsprechenden Funktionen sowohl für Mac OS® als auch für Windows angegeben.

QuarkXPress Version 8.x

QuarkXPress kommt in der Version 8.0 mit einer völlig neu gestalteten Benutzeroberfläche daher. Es beinhaltet nun native Unterstützung von Photoshop-, Illustrator- und Flash-Dateien. Zudem bietet es eine Vorschau von Schriften in der Maßpalette, mehr Sprachen im Layout für internationales Publishing, eine Picture Tool Box für importierte Bilder, Beziér-Tools, umfangreiche Einstellmöglichkeiten für unterschiedliche Raster, komfortable Hilfslinienbearbeitung, Objektstile und Neuerungen bei der PDF-Ausgabe. Nicht alle dieser neuen Funktionen sind wichtig für ein Einsteigerbuch. Wie die Funktionen der Composition Zones und Job Jackets wird auch das Autorentool für Flash-Inhalte nicht erläutert. Alle neuen Funktionen, die aber wesentlich sind für die Basics in der Arbeit mit QuarkXPress, sind in dieses Buch aufgenommen worden.

Obwohl das Buch im technischen Lektorat war, könnte es sein, dass Sie Fehler feststellen – die eventuell darauf beruhen, dass dieses Buch mit einer Testversion von QuarkXPress 8.0 geschrieben und gestaltet wurde, bevor die endgültige Version auf den Software-Markt gekommen ist. In diesem Fall mailen Sie mir dies bitte zu (Mail-Adresse siehe Impressum). Ich werde die Fehler in der zweiten Auflage beheben.

Überarbeitetes Buch

Dieses Buch ist der Nachfolger des Buches „Crash-Kurs QuarkXPress", das im November 2005 unter der ISBN 978-3-9806526-2-3 erschienen ist und noch auf der Version 6.52 aufbaute. Nun aber halten Sie ein Buch für die aktuelle Version 8.0 in den Händen. Auf Anregung meiner Leser beinhaltet dieses Buch nun ein Glossar, in dem über 200 wichtige technische Fachbegriffe erklärt werden. Außerdem gibt es ein neues Kapitel, das allein der Fehlerbehebung in QuarkXPress gewidmet ist.

Wichtige Tipps

Das Glühbirnensymbol weist Sie auf wichtige Tipps hin, seien es besondere Menü-Einstellungen oder Besonderheiten bei der Gestaltung. Dieses Symbol ❽ im Inhaltsverzeichnis weist auf Abschnitte hin, in denen neue Funktionen von QuarkXPress 8 erläutert werden.

> Wichtige Tastenkürzel finden Sie immer in diesem blauen Rahmen

Zeitschriften-Design

Ohne gestalterisches Wissen fällt es schwer, mit QuarkXPress zu arbeiten. Daher enthält das Buch Beispiele aus dem Schwerpunkt meiner Arbeit als Grafik-Designer – dem Zeitschriften-Design – und eine Übung aus diesem Bereich am Ende des Buchs.

Viel Spaß!

Steigen Sie nun ein in die Welt des Gestaltens und Layoutens. Ich wünsche Ihnen viel Spaß bei der Arbeit mit QuarkXPress.

Hamburg, im Oktober 2008   *Thomas Biedermann*

1 Grundlagen

Gestaltung und Layout mit QuarkXPress

QuarkXPress ist eine rahmenorientierte Layoutsoftware. Importierter Text oder Bilder befinden sich daher immer in einem entsprechenden Rahmen. Sie können manuell mit dem Text- oder Bildwerkzeug einen Rahmen aufziehen und den Text oder das Bild hinein laden. Noch komfortabler geht es, wenn Sie per Drag&Drop ein Textdokument oder eine Bilddatei von Ihrem Desktop oder sonstigen Speicherort direkt in das QuarkXPress-Dokument hineinziehen. Der Text oder das Bild erscheint sofort im entsprechenden Rahmen. Wenn Sie Ihre Daten importieren wollen, ist es unerheblich, welche Art von Rahmen Sie aufziehen. Es lassen sich in alle Rahmenarten sowohl Text als auch Bilder importieren – der Rahmen wandelt sich automatisch in die jeweilige Art. Auf Textpfade lassen sich auch Textdateien importieren. Rahmen, Inhalt und Textpfade können dann beim weiteren Arbeiten jederzeit modifiziert werden – hierzu gibt es in QuarkXPress sehr viele Einstellungsmöglichkeiten.

Machen Sie sich – bevor Sie mit Ihrer Arbeit beginnen – umfassende Gedanken zu Ihrem Printprojekt. Wollen Sie einen kleinen einseitigen Handzettel – einen sog. Flyer – oder einen gefalzten Folder gestalten? Eventuell eine mehrseitige Broschüre, eine Zeitschrift oder ein Buch?

Ohne eine gewisse Kenntnis von Fachbegriffen und des technischen und gestalterischen Hintergrunds werden Sie mit QuarkXPress nicht arbeiten können.

„[Tun Sie sich] und allen Kooperationspartnern einen Gefallen und lerne[n Sie] die Grundlagen der Druckvorstufe. Denn, machen wir uns nichts vor: die Vorstufe ist einen großen Schritt an uns Designer herangerückt." Monika Gause, www.hilfdirselbst.ch, 05.06.2008, zur Frage der Weiterbildung

Sie können Fachbegriffe jederzeit im Glossar nachschlagen. Und in den folgenden Kapiteln erfahren Sie, wie Sie ein Layout und dessen Größe anlegen. Wie Sie die Falzart eines Folders beachten und die Einrichtung eines ganzen Buchs planen. Was Sie über Seitenränder, Spaltenanzahl, Schriften, Farben und Bilder wissen müssen. Auch die Ausgabe des Layouts kommt nicht zu kurz.

Viele Dinge müssen Sie auf alle Fälle vor der eigentlichen Arbeit mit QuarkXPress klären – evtl. in Absprache mit Ihrem Kunden, Ihrem Arbeitgeber, Ihren Kollegen oder den Personen, mit denen Sie zusammenarbeiten.

Ein Beispiel aus der Praxis: Während der Gestaltung einer 28-seitigen Zeitschrift wird vier Stunden vor dem Druckabgabetermin das Format der Zeitschrift geändert. Weil der Verlag kurzfristig die Druckerei gewechselt hat. Damit ändern sich aber auch Ränder, Satzspiegel und Spalten! Dies bedeutet eine unnötige, zusätzliche Mehrarbeit. In der Praxis kommt dies leicht vor, sollte aber besser vor Beginn der Arbeit geklärt sein.

2 Arbeitsumgebung

2.1 Benutzeroberfläche

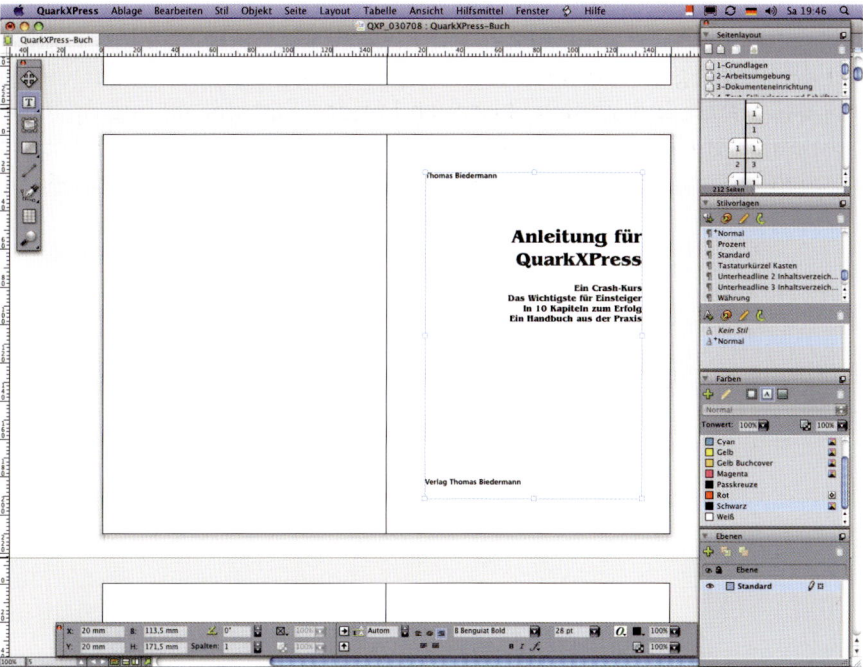

Benutzeroberfläche von QuarkXPress

Die oben abgebildete Benutzeroberfläche stellt Ihnen QuarkXPress zur Verfügung. Sie sehen in der Mitte der Benutzeroberfläche das Layout, das angelegt ist – in diesem Fall die Titelseite dieses Buchs. Das Layout hat das Format DIN A5 und ist doppelseitig angelegt.

- Im linken oberen Teil ist die Werkzeugleiste mit den wichtigsten Werkzeugen dargestellt.
- Im unteren Teil in der Mitte des Bildschirms sehen Sie die Maßpalette. Diese Maßpalette ändert ihr Aussehen, je nachdem ob ein Text, ein Objekt oder eine Linie markiert ist.
- Auf der rechten Seite des Bildschirms ist eine Auswahl von Arbeits - paletten abgebildet. Es sind in diesem Fall die Seitenlayoutpalette mit

den Musterseiten für ein effizientes Bewegen innerhalb der Seiten des Dokuments, die Stilvorlagenpalette mit Absatz- und Zeichenstilen für ein schnelles, einheitliches Formatieren von Text, die Farbenpalette zum Zuweisen von Farben und Farbverläufen und die Ebenenpalette für das Navigieren auf mehreren Ebenen. Von diesen Paletten gibt es noch einige mehr, wie z.B. für Glyphen, Listen, Indexe oder Überfüllungen.

- Am oberen Rand der Benutzeroberfläche finden Sie natürlich wie in jedem Softwareprogramm die Menüleiste, um alle Funktionen zur Verfügung zu haben.
- Um das Dokumentenfenster herum sind die Lineale eingeblendet und unten links sehen Sie noch eine von mehreren Möglichkeiten, die Darstellungsgröße des Dokuments einzustellen oder sich zwischen den Seiten zu bewegen – alternativ zu der Seitenlayoutpalette.

2.2 Werkzeugleiste

2.2.1 Hauptwerkzeuge

Die Werkzeugleiste bietet Ihnen alle wichtigen Werkzeuge. Sie ist mit der Taste F8 jederzeit aus- und wieder einzublenden. Achten Sie aber bitte darauf, ob diese Funktionstaste – und dies gilt auch für andere Funktionstasten oder Tastenkürzel – von Ihrem Betriebssystem nicht anders belegt ist und somit für eine andere Funktion verwendet wird. Dies überlagert die Funktionsweise der Taste in QuarkXPress, so dass Sie sie für diesen Menübefehl nicht verwenden können.

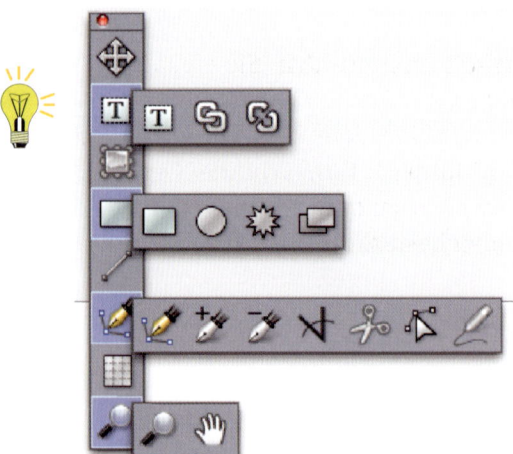

Bildcomposing: Werkzeugleiste mit allen Flyout-Menüs

- Die drei obersten Werkzeuge werden Sie bei Ihrer Arbeit mit QuarkXPress immer wieder benötigen.

- Das oberste Werkzeug ist das Objektwerkzeug, um Objekte zu modifizieren, zu verkleinern/vergrößern oder auch zu verschieben.
- Das zweite ist das Textinhaltswerkzeug, um den Inhalt eines Textrahmens zu ändern.
- Das dritte Werkzeug ist konsequenterweise das Bildinhaltswerkzeug, das für den Bildinhalt eines Bildrahmens zuständig ist.
  Sie modifizieren mit dem Objektwerkzeug das Äußere eines Bilds oder von Text – also den Rahmen – und mit dem Text- bzw. dem Bildinhaltswerkzeug den Inhalt – also den Text oder das Bild.
- Das vierte Werkzeug ist das Werkzeug für rechteckige Rahmen. Wenn Sie das Werkzeug für rechteckige Rahmen wählen, zeichnen Sie ein ungleichseitiges Rechteck. Halten Sie dabei die Umschalt-Taste gedrückt, wird der Rahmen ein gleichseitiges Quadrat.
- Darauf folgt das Werkzeug für gerade Linien. Mit dem Linienwerkzeug zeichnen Sie Linien, die Sie dann über die Maßpalette oder einen Menübefehl formatieren können. Setzen Sie einen Anfangspunkt und ziehen Sie die gerade Linie bis zum Endpunkt. Wenn Sie dabei die Umschalt-Taste gedrückt halten, können Sie orthogonale Linien – also immer in 45°-Schritten – zeichnen.
- Werkzeug sechs ist das Beziérstiftwerkzeug für die Gestaltung von Vektorgrafiken oder das Zeichnen von Freihandlinien wie in einem Grafikprogamm.
- Werkzeug sieben ist das Tabellenwerkzeug, mit dem Sie elegant und effizient Tabellen erzeugen können.
- Zum Schluss folgt das Zoomwerkzeug. Mit dem Zoomwerkzeug entweder auf eine Stelle im Dokument klicken. Oder Klicken, Gedrückt-Halten und Ziehen, um einen Ausschnitt zu zoomen.

Die einzelnen Werkzeuge sind auch über Tastenkürzel schnell anwählbar:

V = Objektwerkzeug	L = Linienwerkzeug
T = Textinhaltswerkzeug	P = Beziérstiftwerkzeug
R = Bildinhaltswerkzeug	G = Tabellenwerkzeug
B = Rahmenwerkzeug	Z = Zoomwerkzeug

Und drückt man bei den Werkzeugen mit Flyout-Menüs die jeweilige Taste mehrere Male hintereinander, wandert man langsam durch alle Unterwerkzeuge des Flyout-Menüs und kann diese dann anwählen.

2.2.2 Flyout-Menüs

Die „Hauptwerkzeuge" enthalten ihrerseits „Unterwerkzeuge" als Flyout-Menüs. Insgesamt haben vier „Hauptwerkzeuge" Flyout-Menüs, was durch das kleine, schwarze nach rechts weisende Dreickeck erkennbar ist. Ein Flyout-Menü erhalten Sie, wenn Sie mit der Maus auf eines der Werkzeuge klicken und gedrückt halten. Das Flyout-Menü springt dann auf.

2.2.2.1 Textinhaltswerkzeug

Das Textwerkzeug enthält in seinem Flyout-Menü zwei weitere Werkzeuge, die wichtig sind.

- Importieren Sie Text in einen Textrahmen, der von einer Layoutseite auf anderen Seiten weiterläuft, dann verketten Sie die Textrahmen mit dem Textverkettungswerkzeug. Einfach das Werkzeug, das zwei verkettete Glieder einer Kette zeigt, wählen und einmal auf den ersten Textrahmen klicken. Dann auf den zu verkettenden zweiten Textrahmen klicken. Der Text läuft in diesen Rahmen hinein. So verfahren Sie mit allen weiteren Textrahmen. Im Kapitel 4 erfahren Sie, wie Sie das Verketten beim ersten Importieren von Text noch eleganter lösen.
- Das Entketten von verketteten Textrahmen geht auf die gleiche Weise, hierfür nutzen Sie das Textentkettungswerkzeug, das zwei entkettete Glieder einer Kette darstellt. Klicken Sie damit auf die Pfeilspitze, die die Verkettung zweier Texrahmen anzeigt.

2.2.2.2 Werkzeug für rechteckige Rahmen

Das Werkzeug für rechteckige Rahmen enthält drei „Unterwerkzeuge". Eines für kreisförmige oder ovale Rahmen, eines für „Starburst"-Rahmen und eines für Composition Zones.

- Mit dem Werkzeug für ovale Rahmen zeichnen Sie Ellipsen oder – mit gedrückter Umschalt-Taste – Kreise.

- Mit dem „Starburst-Werkzeug zeichnen Sie Objektrahmen als Polygone – also „mehrzackige" Sterne. Einfach das Werkzeug wählen, einmal auf die Arbeitsfläche klicken und in dem dann erscheinenden Fenster u.a. die Größe des Rahmens und die Sternanzahl angeben.
- Das Werkzeug „Composition Zones" ermöglicht es Ihnen, manuell „Zonen" in Ihrem Layout auszuwählen, die Sie exportieren und in einer größeren Arbeitsgruppe an andere Mitarbeiter weitergeben können. Auf diese Weise können mehrere Mitarbeiter gleichzeitig an verschiedenen Bereichen eines Dokuments arbeiten. Führt man die modifizierten Composition Zones wieder zusammen, wird das „Mutterdokument" automatisch aktualisiert. Dies wird jedoch nur in größeren Firmen mit vielen Mitarbeitern und einem bestimmten Workflow angewandt, wenn z.B. Redakteure ihre Texte und Anzeigen-Grafiker Kundenanzeigen bearbeiten.

2.2.2.3 Beziér-Stiftwerkzeug

Das Beziér-Stiftwerkzeug und seine „Unterwerkzeuge" im Flyout-Menü dienen zur Erstellung von Vektorgrafiken. Diese Grafiken basieren auf mathematisch berechneten Vektoren und sind somit keine Pixelbilder wie digitale Fotos. Kennzeichen von Vektorgrafiken sind die Beziér-Kurven, deren einzelne Kurvenpunkte über jeweils zwei Ankerpunkte verfügen, mit denen die Ausrichtung, Lage und Krümmung der Kurvensegmente geändert werden können. Vektorgrafiken können natürlich auch Eckpunkte enthalten, um exaktes und korrektes Zeichnen zu gewährleisten.

- Wenn Sie das Beziér-Stiftwerkzeug gewählt haben, klicken Sie mit der Maustaste auf eine beliebige Stelle im Dokument und können nun eine Vektorgrafik durch weiteres Klicken erstellen. Wenn Sie Anfangs- und Endpunkt miteinander verbinden, indem Sie – vom letzten gezeichneten Punkt ausgehend – mit der Maus über den Anfangspunkt gehen, erscheint rechts neben der Mausdarstellung ein kleiner Kreis, der signalisiert, dass Sie die Grafik damit schließen. Somit können Sie sie auch mit einer Farbe oder einem Verlauf füllen.
- Mit dem Werkzeug „Punkt hinzufügen" fügen Sie zusätzliche Punkte in einen Pad hinzu. Einfach mit dem Werkzeug auf den Pfad klicken.

- Mit dem Werkzeug „Punkt entfernen" entfernen Sie in gleicher Weise einen nicht benötigten Punkt in einem Pfad, indem Sie auf den Punkt eines Pfades klicken.
- Das Werkzeug „Punkt umwandeln" wandelt unterschiedliche Pfadpunkte um. Wenn Sie mit dem Mauszeiger als schräg stehendem „V" auf einen Punkt eines Pfades klicken, gedrückt halten und ziehen, ziehen sie zwei Ankerpunkte heraus, die kennzeichnend sind für Beziér-Kurven. Indem Sie die beiden Ankerpunkte ziehen, zusammenschieben oder bewegen, verändern Sie die Länge des jeweiligen Kurvensegments und die Stärke der Krümmung. Auf diese Weise können Sie alle denkbaren Kurvensegmente gestalten. Klicken Sie auf einen der Ankerpunkte, können sie diesen damit löschen. Auch beide Ankerpunkte können Sie auf diese Weise löschen. Einfacher geht dies jedoch, indem Sie mit diesem Werkzeug auf den Punkt selbst klicken – er wird damit automatisch wieder zu einem Eckpunkt ohne Ankerpunkte für die Krümmung.
- Das Scherenwerkzeug dient dazu, Linien oder Objekte an Punkten zu zerschneiden.
- Das Punktauswahlwerkzeug ist für die Auswahl von einzelnen Punkten zuständig, die Sie dann verschieben können: Punkt wählen, klicken, gedrückt halten und verschieben.
- Mit dem Freihand-Zeichenwerkzeug zeichnen Sie freihändig Linien, Kurven und ganze Objekte. Der Vorteil: Auch diese Freihandzeichnungen enthalten die oben genannten Beziér-Kurvenpunkte, so dass Sie eine Freihandzeichnung im Nachhinein bequem bearbeiten können.

2.2.2.4 Zoomwerkzeug

Das Zoomwerkzeug enthält als Flyout-Menü das Verschiebewerkzeug.
- Beide Werkzeuge sind auf dem Macintosh jedoch schneller anzuwenden. Legen Sie dazu das Zoomwerkzeug in den Grundeinstellungen auf die Ctrl-Taste. Gehen Sie auf „QuarkXPress"–>„Einstellungen"–>„Programm"–>„Eingabe-Einstellungen"–>„CTRL-Taste" und stellen Sie diese auf „Zoom" ein. Egal, welches Werkzeug Sie gewählt haben, bei Drücken dieser Taste wird nun das Zoomwerkzeug eingeblendet. Halten Sie zusätzlich noch die Alt-Taste gedrückt, bekommt das Zoomwerkzeug ein Minuszeichen und zoomt aus. Das kontextsensitive Menü, das

vom angewählten Objekt oder Inhalt abhängt, wird auf die Tasten Ctrl+Umschalt verlegt. In Windows ist diese Option nicht vorhanden, der Zoom liegt standardmäßig auf Strg+Leertaste und das kontextsensitive Menü ist über die rechte Maustaste oder die Tastatur aktivierbar.

• Das Verschiebewerkzeug liegt zusätzlich auf der Alt-Taste und ist so schneller zu aktivieren, um das Layout mit der Maus zu verschieben.

Ein Hinweis noch: Wenn Sie auf eines der Werkzeugsymbole in der Werkzeugleiste mit der (linken) Maustaste zweimal klicken, erscheinen die Grundeinstellungen dieses Werkzeugs. Sie erreichen sie zwar auch in den Grundeinstellungen – über die Menüleiste unter „QuarkXPress"-> „Einstellungen"->"Drucklayout"->„Werkzeuge" (Windows: „Bearbeiten"->„Vorgaben"->...) –, so geht das aber komfortabler.

Beachten Sie bitte: Wenn Sie in QuarkXPress kein Projekt geöffnet haben, wirken sich Änderungen an den Grundeinstellungen, die Sie vornehmen, auf alle neuen Projekte in QuarkXPress aus. Wenn Sie ein Projekt geöffnet haben, gelten die Änderungen nur für dieses Projekt.

2.3 Maßpalette

Die Maßpalette ist ein mächtiges Werkzeug, das Ihnen ermöglicht, schnell und effektiv Änderungen an den gerade markierten Texten, Bildern, Objekten, Tabellen oder Linien vorzunehmen – ohne umständlich erst eine Menüfunktion zu wählen und ein Fenster öffnen zu lassen. Je nachdem, ob Sie Text, ein Bild, ein Objekt, eine Tabelle oder eine Linie markiert haben, zeigt sich die Maßpalette in unterschiedlicher Weise.

Die Maßpalette stellt mittlerweile fast alle Funktionen zur Verfügung, die früher über eine Menüfunktion wie „Formate" oder „Modifizieren" geöffnet werden mussten. Mittlerweile ist alles nur ein bis zwei Klicks weit entfernt in der Maßpalette vorhanden. Die Arbeitszeitersparnis durch die Maßpalette in dieser Form beträgt bei der täglichen Layoutarbeit gefühlte 30%!

Die Maßpalette können Sie schnell mit der Funktionstaste F9 ein- und wieder ausblenden.

Oberhalb der einzelnen Maßpaletten für Text, Objekt, Tabelle oder Linie befinden sich verschiedene Register, innerhalb deren Sie zwischen einzelnen Einstellungsmöglichkeiten wechseln können.

Wenn Sie in der Maßpalette mit gedrückter Ctrl-Taste (Windows: Rechte Maustaste) ganz links in die senkrechte Leiste unterhalb des Punktes klicken, können Sie einstellen, ob Sie die Register immer, nie oder nur bei einem Rollover gezeigt bekommen möchten. Außerdem haben Sie hier eine einfache Möglichkeit, verschiedene Arbeitspaletten zu aktivieren, ohne in die Menüleiste zu gehen.

Die Erläuterungen zu den unterschiedlichen Maßpaletten beginnen im Folgenden immer links, von oben nach unten.

2.3.1 Maßpalette Text

Die Maßpalette für Text stellt neun Register zur Verfügung, als Classic für die Basiseinstellungen, dann Text, Randstil, Umfluss, Zeichenattribute, Absatzattribute, Abstand/Ausrichtung, Tabulatoren und Schlagschatten.

2.3.1.1 Classic

Das Register „Classic" bietet Ihnen für Text unterschiedliche Arten der Modifikation oder Formatierung an.

- Links sehen Sie die X- und Y-Koordinate der linken oberen Ecke des Textrahmens.
- Daneben die Breite und Höhe des Textrahmens.
- Es folgt der Winkel, in dem der Textrahmen eventuell gedreht ist.
- Darunter die Anzahl der Spalten, die der Textrahmen hat.
- Das quadratische, weiße Feld daneben mit dem durchkreuzten Quadrat zeigt Ihnen, dass Sie für den Textrahmenhintergrund keine Farbe gewählt haben. Diese ist hier frei wählbar, es kann von hier aus auch eine neue Farbe angelegt werden. Geben Sie dem Textrahmen eine Hinter-

grundfarbe, können sie durch den Regler daneben die Höhe des Tonwertes und darunter die Stärke der Deckkraft von 0 bis 100% wählen.

- Die kleinen Pfeile nach rechts bzw. oben spiegeln den Inhalt des Textrahmens, was bei Text aber keinen Sinn macht.

- Das obere Feld daneben ändert den Zeilenabstand, entweder durch eine
manuelle Eingabe oder über die beiden Regler daneben. Verändert man
den Wert, aktiviert die Eingabe einer 0 wieder den Modus „Automatisch".
Dabei berechnet QuarkXPress den Zeilenabstand aufgrund dessen, wie
er in „QuarkXPress"->„Einstellungen"->„Drucklayout"->„Absatz"
(Windows: „Bearbeiten"->„Vorgaben" ...) eingestellt ist: standardmäßig
auf 120%. Dies kann man für normale Layouts beibehalten.

- Darunter geben Sie die Unterschneidung bzw. Spationierung des markierten Textes an. Sie ändern also die Laufweite des Textes und ziehen
ihn entweder zusammen oder treiben ihn auseinander. Verwendung
findet dies bei Headlines auf Plakaten – ein großes „V" hat viel mehr
Raum um den Buchstaben herum als ein großes „M", somit sollte es
in großen Schriftgrößen unterschnitten werden. Und wenn ein Fließtext in einem Textrahmen am Ende entweder zu kurz ist oder „über-
läuft", kann man ihn damit füllend in den Textrahmen bringen. Die
Maßeinheit ist ein „Geviert". Der Gedankenstrich im englischsprachigen Kulturraum entspricht einem Geviert. Die Eingabe in der Maßpalette zu Unterschneidung/Spationierung ist jeweils 1/20 eines Gevierts.
Empfehlenswert sind Werte von maximal –1 bis –6 zum Unterschneiden und maximal 1 bis 3 zum Spationieren.

- Die folgenden fünf kleinen Symbole dienen der Ausrichtung eines ganzen Absatzes: linksbündig, zentriert, rechtsbündig, Blocksatz und er-
zwungener Blocksatz. Beim erzwungenen Blocksatz wird auch die letzte Zeile eines Textes auf die Zeilenbreite ausgetrieben.

- Daneben wählen Sie für den Text die entsprechende Schrift. QuarkXPress
stellt die Schriften anschaulich in einem Flyout-Menü als Vorschau dar,
damit Sie sich an der Schriftgestaltung der passenden Schrift orientieren können. Angegeben ist auch, ob es sich um eine TrueType-Schrift
(tt), eine Postscript-Type-1-Schrift (a) oder um eine Opentype-Schrift
(o) handelt. Gerade bei Opentype-Schriften haben Sie mehr Möglichkeiten für typografische Gestaltung, wie echte Ligaturen usw. Beim ersten
Anwählen des Schriftenmenüs in der Maßpalette benötigt QuarkXPress

einige Sekunden, um die Vorschau aufzubauen. Die Vorschau können Sie temporär durch gleichzeitiges Drücken der Umschalt-Taste beim Anklicken des Schriftenmenüs ausschalten. Oder auch permanent in den Grundeinstellungen unter „QuarkXPress"-> „Einstellungen"->„Programm" ->„Schriften" (Windows: „Bearbeiten"->„Vorgaben"->...).

- Unterhalb der gewählten Schrift stehen die Auswahl „b" (= bold) für einen fetten und „i" (= invers) für kursiven Textstil. Klicken und nochmaliges Klicken aktiviert bzw. deaktiviert den Stil. Über das geschwungene „f" erreichen Sie alle anderen Textstile: <u>unterstrichen (ganzer Text)</u>, <u>unterstrichen (nur Wort)</u>, ~~einzelne Durchstreichung~~, ~~doppelte Durchstreichung~~, konturiert, schattiert, VERSALIEN, KAPITÄLCHEN, hochgestellt, tiefgestellt oder ^{Index} für Fußnoten. Über „Alle Stile entfernen" entfernen Sie alle Textstile und stellen den normalen Schriftschnitt ohne Auszeichnungen dar.

Das Pulldown-Menü „Schriftstile" verwendet abgeleitete und

Schriften-Vorschau in der Maßpalette

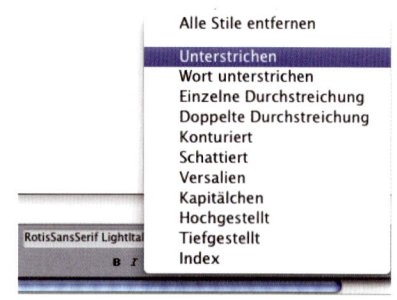

Textstile

keine eigenständigen Schriften – also Modifikationen. Abgeleitete Schriften können jedoch zu Ausgabeproblemen führen. Das Pulldown-Menü zeigt einen grünen Kreis bei der Verwendung eigenständiger Schriftstile, einen roten Kreis bei abgeleiteten Schriftstilen und keinen Kreis, wenn keine Schriftstile angewendet werden. Bei den Symbolen „fett" und „kursiv" werden – sofern aktiviert – eigenständige Schriftschnitte verwendet. Sie können dies unter „Hilfsmittel"->„Verwendung"->„Schriften" ->„Weitere Info" kontrollieren.

- Dann können Sie die Schriftgröße in Punkt wählen. Ein Punkt ist ein typografisches Maß, entspricht 0,375 mm und ist ein Standardmaß in Europa bei der Arbeit mit Layoutsoftwareprogrammen.

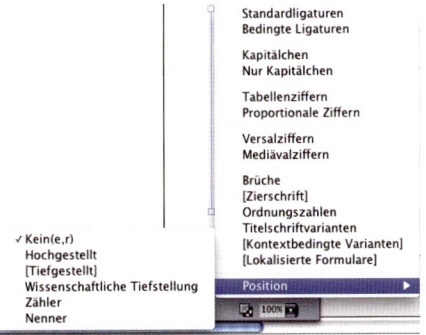

- Haben Sie im Schriftmenü eine Opentype-Schrift gewählt, können Sie im weißen Feld mit dem „Q" die in der Schrift vorhandenen (echten) typografischen Zeichen wählen: Ligatu-

Typografische Zeichen einer Opentype-Schrift

ren, Bruchziffern oder Kapitälchen usw. Im nebenstehenden Screenshot wurde als Opentype-Schrift eine Adobe Garamond Pro gewählt. Menüpunkte mit eckigen Klammern zeigen, dass die jeweiligen besonderen Zeichen in dieser Schrift nicht vorhanden sind. Die anderen weisen in diesem Fall darauf hin, dass z.B. echte Ligaturen, Kapitälchen, Tabellenziffern oder Brüche gewählt werden können.
- Im schwarzen Feld daneben wählen Sie die Farbe für den markierten Text. Analog zu der Farbe des Textrahmenhintergrunds dazu den Tonwert der Textfarbe und die Deckkraft.

QuarkXPress bietet in verschiedenen Eingabefeldern die Möglichkeit, Maßangaben bis zu einem 1000stel Millimeter zu machen – bis zur dritten Stelle hinter dem Komma. Hiermit können Sie äußerst exakt arbeiten, wenn Sie Objekte oder Rahmen positionieren wollen. Schriftgrößen oder Zeilenabstände mit drei Stellen hinter dem Komma sollte man vermeiden. Ältere Belichtungsgeräte in Druckereien verarbeiten dies nicht korrekt.

2.3.1.2 Text

Das Register „Text" bezieht sich grundsätzlich nur auf den kompletten Text innerhalb eines Textrahmens.

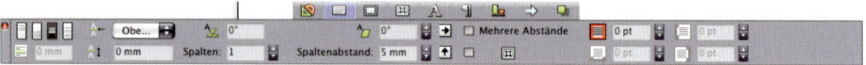

- Die vier kleinen Grafiken links in der Maßpalette geben an, ob der Text oben im Textrahmen steht, unten, zentriert oder wie ein vertikaler Blocksatz auf den ganzen Textrahmen ausgetrieben werden soll.
- Nur bei Letzterem kann man im Eingabefeld darunter den maximalen Absatzabstand eingeben, der bei den Absätzen eines ausgetriebenen Texts im Textrahmen vorhanden sein soll.
- Rechts daneben legen Sie die Mindestentfernung zwischen dem Textabstand an der oberen Kante eines Textrahmens und der Grundlinie der ersten Textzeile fest – gemessen an der Höhe eines Versals, der Höhe eines Versals zuzüglich des für einen Akzent benötigten Platzes oder der Oberlänge.
- Darunter gibt man einen Wert ein, nach dem die erste Grundlinie in einem Textrahmen und damit der ganze Text nach unten verschoben werden soll.
- In der folgenden Eingabemaske wird der Text innerhalb des Textrahmens um einen bestimmten Gradwert gedreht.
- Darunter ist nochmals eine Eingabe für die Spaltenanzahl innerhalb des Textrahmens möglich.
- Dies ist hier sinnvoller einzugeben, denn im Feld rechts daneben wird gleichzeitig auch der Spaltenabstand eingestellt. Diese Einstellmöglichkeit ist im Register „Classic" nicht gegeben.
- Über dem Spaltenabstand wird eine Eingabe für die Neigung des Texts eingegeben.
- Die Pfeile nach rechts und nach oben ermöglichen auch hier nochmals die horizontale oder vertikale Spiegelung des kompletten Textrahmens.
- Bei einem Textrahmen kann man festlegen, dass der Text darin einen bestimmten Abstand zum äußeren Rahmen hat. Soll dieser Abstand an allen vier Rändern gleich groß sein, gibt man einen Wert in das

linke, obere Eingabefeld ein. Soll der Text jedoch unterschiedliche Abstände zum Textrahmen haben, markiert man das Kästchen „Mehrere Abstände" und gibt in die vier Felder unterschiedliche Werte ein.

- Das Kästchen darunter ermöglicht es, eine Grafik oder ein Bild, das sich mitten im Fließtext befindet, an allen Seiten vom Text umfließen zu lassen.

2.3.1.3 Randstil

Die Maßpalette „Randstil" ermöglicht es, einem Textrahmen einen Randstil zuzuweisen.

- Links wählen Sie die Stärke des Rahmens, die auch individuell eingegeben werden kann. 0 pt bedeutet, der Rahmen hat keinen Randstil.
- Rechts daneben wählen Sie die Art des Rahmens, von gepunktet über Striche, doppelt oder dreifach oder in griechischer Art mit Eckenverzierungen.
- Die Farbe daneben gilt für den Randstil.
- Bei doppelten oder dreifachen Rahmen vergeben Sie für die Innenräume des Randes eine weitere Farbe, wenn Sie möchten.
- In beiden Fällen können Sie rechts daneben noch den Tonwert der Farben und die Deckkraft einstellen.

2.3.1.4 Umfluss

Das Register „Umfluss" lässt Einstellungsmöglichkeiten für den Umfluss von Textrahmen zu.

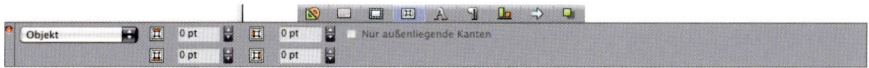

- Wählen Sie einen Textrahmen und dann „Objekt". Sie haben vier Eingabefelder für den Umfluss oben, unten, links und rechts. Wählen Sie „Keine", wird der Textrahmen nicht umflossen.

2.3.1.5 Zeichenattribute

Das Register „Zeichenattribute" ermöglicht Einstellungen für einzelne Zeichen eines Textes.

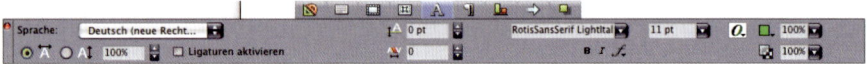

- Bei der Sprache können Sie über dreißig Sprachen auswählen. Dies hat Auswirkungen auf Rechtschreibung und Silbentrennung.
- Darunter können Sie für einzelne Zeichen die horizontale und vertikale Breite individuell modizieren. In manchen Fällen kann eine Modifikation in dieser Weise sinnvoll sein, wenn ein Spationieren oder ein Unterschneiden nicht ausreicht. Wählen Sie diese Möglichkeit mit Bedacht und in einem Bereich von ca. 96 bis 103%, denn diese geringe Modifikation sieht man im Druck nicht.

- Als Nächstes folgt der Grundlinienversatz.
- Darunter nochmals die Spationierung oder Unterschneidung.
- Daneben die Schriftwahl und die Schriftformatierungen, wie sie auch im Register „Classic" für Text anzuwählen sind.

2.3.1.6 Absatzattribute

Das Register „Absatzattribute" bezieht sich auf ganze Absätze innerhalb eines Textes.

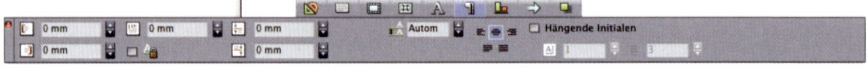

- Links können Sie für den Einzug von links oder von rechts Werte eingeben.
- Rechts daneben ist ein Erstzeileneinzug für einen Absatz möglich.

- Wenn Sie in einem Text eine Aufzählung formatieren wollen, in der jeweils die erste Zeile einen „negativen" Erstzeileneinzug hat, dann geben Sie für den linken Einzug einen positiven Wert, für den Erstzeileneinzug aber einen negativen Wert ein. Resultat: Die erste Zeile eines Absatzes bleibt am linken Textrahmen, der restliche Absatz wird links eingezogen.
- Das Kästchen unter dem Erstzeileneinzug ermöglicht die manuelle Aktivierung, dass sich ein Absatz am Grundlinienraster ausrichtet.
- Die beiden folgenden Eingabemöglichkeiten betreffen einen beliebigen Abstand vor einem Absatz und nach einem Absatz. Vorsicht: Bei aufeinanderfolgenden Absätzen können sich ein Abstand nach dem ersten Absatz und vor dem darauffolgenden Absatz summieren.
- Die folgende Eingabemaske definiert nochmals den Zeilenabstand.
- Und die fünf kleinen Grafiken die Ausrichtung eines Absatzes.
- Wenn Sie das Kästchen „Hängende Initiale" markieren, können Sie anschließend noch angeben, wie viele Zeichen am Anfang eines Absatzes als Initiale(n) dargestellt werden sollen und über wie viele Zeilen die Intiale(n) laufen.

2.3.1.7 Abstand/Ausrichtung

Im Register „Abstand/Ausrichtung" wählen Sie eine Möglichkeit für den Abstand oder die Ausrichtung von Objekten zueinander. Wenn Sie mehrere Textrahmen wählen, wechseln Sie jedoch automatisch in das Objektwerkzeug und die Maßpalette ändert sich. Bei einem einzelnen aktivierten Textrahmen haben Sie – abhängig davon, ob Sie einzelne Seiten oder Doppelseiten angelegt haben – nur die beiden Möglichkeiten, den Textrahmen an der aktuellen Seite oder zusätzlich an der Montagefläche auszurichten.

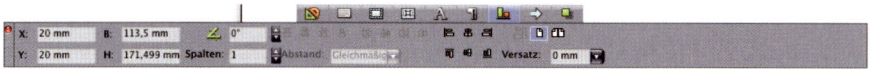

- Links sind die üblichen Koordinaten des linken, oberen Eckpunkts eines Textrahmens in der X- und Y-Achse angegeben sowie die Breite und Höhe. Daneben der Drehwinkel und die Anzahl der Spalten.

- Rechts sehen Sie als kleine Grafiken eine einzelne Seite – die aktuelle Seite – oder eine Doppelseite bzw. die ganze Montagefläche, also auch der Raum außerhalb der Seiten.
- Sowohl beim Seiten- als auch beim Montageflächenbezug bestehen dann jeweils links daneben die Möglichkeiten, einen Textrahmen links, zentriert (horizontal) und rechts auszurichten oder oben, zentriert (vertikal) und unten auszurichten.
- Zusätzlich können Sie für die Ausrichtung, die Sie wählen, noch einen Versatz in Millimeter eingeben.

2.3.1.8 Tabulatoren

Das Register „Tabulatoren" ermöglicht es, einen Text in Spalten und Zeilen anzuordnen und die Positionierung millimetergenau vorzunehmen.

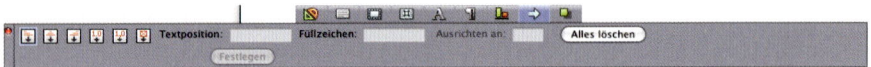

- Die sechs Grafiken links geben die Art des Tabulators an: Ein linksbündiger, ein zentrierter, ein rechtsbündiger Tabulator, eine Ausrichtung an einem Punkt – bei englischen Zahlen mit Stellen hinter dem Punkt –, einem Komma – bei sonstigen Zahlenangaben mit Werten hinter dem Komma – und an einem beliebigen Zeichen, das ganz rechts eingegeben werden kann.
- Die jeweilige Textposition des Tabulators geben Sie rechts daneben ein.
- Dann ein eventuelles Füllzeichen wie z.B. einen Punkt, der gern in Inhaltsverzeichnissen zur besseren Überschaubarkeit gewählt wird.
- Drücken Sie auf den Button „Festlegen", wird der Tabulator gesetzt. Im Text selbst wird er über das Drücken der Tabulatortaste „aktiviert". Rechts können Sie alle Tabulatoren in dieser Zeile, die Sie gesetzt haben, wieder löschen.
- Sobald Sie das Register „Tabulatoren" für einen Textrahmen gewählt haben, ändert sich die Darstellung am oberen Rand des Textrahmens: Er verwandelt sich in ein Lineal, auf dem Sie sehen können, wo Ihre Tabulatoren stehen. Hier haben Sie auch die Möglichkeit, Tabulatoren manuell zu verschieben oder zu löschen. Greifen Sie eine der Tabula-

torenzeichen mit der Maus, klicken Sie, halten Sie gedrückt und verschieben Sie den Tabulator nach rechts oder links. Beim Verschieben erscheint eine senkrechte schwarze Linie, die über den ganzen Text geht und Ihnen zeigt, wo der geänderte Tabulator in dem Absatz sitzt. Außerdem wird die aktuelle Textposition in Millimeter in der Maßpalette angezeigt. Ist der Tabulator im Lineal nur durch die Maus schwarz markiert, können Sie im Nachhinein manuell die Position in der Maßpalette ändern. Ziehen Sie einen Tabulator aus dem Lineal gänzlich aus dem Textrahmen heraus, um ihn zu löschen.

Die schwarzen Dreiecke am linken und rechten Rand zeigen Ihnen den Erstzeileneinzug und den linken oder rechten Einzug für einen Absatz, die Sie ebenfalls manuell mit der Maus ändern können. Im Register „Absatzattribute" können Sie dann die Millimeterangaben für die manuelle Änderung sehen und modifzieren.

2.3.1.9 Schlagschatten

Das Register „Schlagschatten" fügt einem Text in einem Textrahmen einen Schlagschatten im Hintergrund hinzu. Es erhält immer der ganze Text in einem Textrahmen einen Schatten. Möchten Sie nur eine Headline auf einem Plakat mit einem Schlagschatten versehen, setzen Sie diese in einen eigenen Textrahmen und fügen Sie dann den Schlagschatten hinzu.

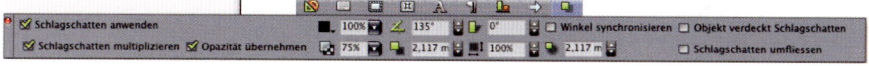

- Im linken Kästchen in der Maßpalette aktivieren Sie den Schlagschatten.
- Schlagschatten multiplizieren bewirkt, dass ein Schatten Teile der darunterliegenden Farbe entfernt. Für helle farbige Schatten sollte dies deaktiviert werden.
- Mit „Opazität übernehmen" beruht die Opazität des Schattens teilweise auf der Opazität des schattenwerfenden Objekts.
- Daneben wählen Sie die Farbe und den Tonwert für den Schlagschatten. Für einen Schlagschatten für Text auf dunklem Hintergrund kann es interessant aussehen, eine helle Farbe oder die Farbe Weiß für den Schatten zu wählen.

- Darunter stellen Sie die Deckkraft des Schlagschattens ein.
- Rechts daneben den Winkel, in dem der Schlagschatten fallen soll. Möchten Sie eine Anmutung, dass eine Beleuchtung für einen Text von unten links kommt, können Sie den Winkel ändern, damit der Schlagschatten nach oben rechts fällt.
- Darunter wählen Sie, in welchem Abstand vom Ausgangstext der Schlagschatten fällt.
- Als Nächstes noch die Neigung des Schlagschattens.
- Und die Schattengröße in X- und Y-Richtung.
- Mit „Winkel synchronisieren" können Sie alle Schlagschatten in einem Layout, für die ebenfalls dieses Kästchen aktiviert ist, synchronisieren.
- Darunter können Sie den Schatten noch stärker weichzeichnen, wie es manchmal in einer Bildbearbeitungssoftware angewandt wird.
- „Objekt verdeckt Schlagschatten" bedeutet, dass der Schatten unter dem schattenwerfenden Objekt entfernt wird.
- „Schlagschatten umfließen" ermöglicht es, bei Textumfluss den Schlagschatten des Objekts in den Umfluss miteinzubeziehen.

Die Einstellungsmöglichkeiten im Register „Schlagschatten" in der Maßpalette sind sehr umfangreich und vielfältig. Probieren Sie einfach unterschiedliche Einstellungen aus, um zum gewünschten Ergebnis zu kommen.

2.3.2 Maßpalette Bild

Die Maßpalette ändert ihr Erscheinungsbild, wenn ein Bild angewählt ist. Sie stellt dann sechs Register zur Verfügung.

2.3.2.1 Classic

Das Register „Classic" enthält wie beim Register für Text grundlegende Einstellmöglichkeiten für einen Bildrahmen.

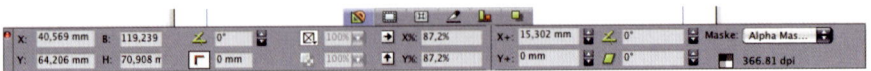

- Links werden die X- und Y-Koordinaten des oberen linken Eckpunkts des Bildrahmens angezeigt, sowie die Breite und Höhe des Bildrahmens.
- Daneben der Winkel, in dem der Bildrahmen gedreht wird.
- Darunter können für den Rahmen unterschiedliche Arten der Eckenrundung ausgewählt werden: rechteckig, abgerundet, konkav oder abgeschrägt. Im Feld daneben kann manuell ein Wert für den Eckenradius angegeben werden.
- Das folgende Feld erlaubt die Wahl einer Hintergrundfarbe, die Höhe des Tonwertes und darunter die Stärke der Deckkraft.
- Die Pfeile nach rechts und nach oben spiegeln den Inhalt horizontal oder vertikal.
- Die X- und Y-Werte in Prozent geben die Skalierung des Bildes im Bildrahmen an. Gleiche Werte bedeuten eine proportionale Vergrößerung oder Verkleinerung eines Bildes, ungleiche Werte eine unproportionale. Letzteres sollte nur behutsam eingesetzt werden, weil man dies in einem Printmedium erkennt. Will man ein Bild aus Gestaltungszwecken größer als in der Originalgröße von 100% verwenden, sollte man darauf achten, es nicht über einer Größe von 120% zu verwenden. Höher skalierte Bilder verlieren im Druck an Auflösung und Schärfe. In diesem Fall sollte man ein Originalbild in höherer Auflösung verwenden oder notfalls die Berechnung des Bildes in einer Bildbearbeitungssoftware vornehmen. Merke: Wo keine Bilddaten vorhanden sind, kann man kein gutes Ergebnis erwarten – wie bei einer hohen Skalierung. Dies trifft nicht für Vektorgrafiken zu, die verlustfrei skalierbar sind.
- Die beiden folgenden X- und Y-Koordinaten geben die Verschiebung des Bildes innerhalb des Bildrahmens an.
- Es folgen zwei Eingabemasken für die Drehung des Bildes und für die Neigung des Bildes innerhalb des Rahmens.
- Bei „Maske" können Sie eine vorhandene Alphamaske in einem Bild wählen, wenn diese vorher in einer Bildbearbeitungssoftware angelegt und mit abgespeichert wurde. Mit einer Alphamaske lassen sich Bildteile im Layout ausblenden.
- Der Wert darunter in dpi (Dots per Inch) gibt die Auflösung eines Pixelbildes an – wobei die Maßangabe korrekterweise ppi (Pixel per Inch) heißen müsste, aber die Angabe dpi hat sich umgangssprachlich ein-

gebürgert. Anhaltswerte für den Offsetdruck für Farb- und Graustufenbilder sind 300 dpi und für Strichzeichnungen 1000 bis 1200 dpi. Wenn
Sie ein Bild in einem Rahmen um 50% verkleinern, erhöht sich natürlich dessen Pixeldichte. Dann werden hier gegenüber dem Originalbild
die doppelten dpi-Werte angezeigt.

2.3.2.2 Randstil

Im Register „Randstil" können sie dem Bildrahmen einen Randstil geben.
Die Einstellungsmöglichkeiten sind die gleichen wie beim Randstil für
Textrahmen.

2.3.2.3 Umfluss

Das Register „Umfluss" lässt einen Bildrahmen oder Teile des Bildes mit
Text umfließen.

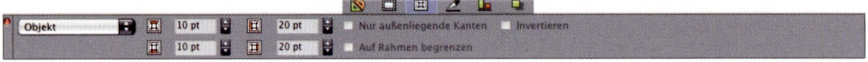

- Sie haben die Möglichkeit, keinen Umfluss zu wählen, das Objekt – also
  den ganzen Bildrahmen – umfließen zu lassen oder die Einstellungen
  „Automatische Bildanzeige", „Eingebetter Pfad", „Alpha-Kanal", „Nicht-
  weiße Bereiche", „So wie Ausschnitt" oder „Bildbegrenzung" zu wählen.
- Automatische Bildanzeige erstellt Ausschnitts- und Umflusspfad in einem Arbeitsablauf. Dieser Pfad besteht aus den nicht-weißen Bereichen
  der Bilddatei. Er wird aus dem hoch aufgelösten Bild erstellt und verwendet Bézier-Kurven. Er ist jedoch nicht editierbar.
- Die Option „Eingebetteter Pfad" ist aktivierbar, wenn das Bild im Rahmen einen eingebetteten Pfad enthält, und lässt Text um diesen Pfad
  laufen.
- Gleiches gilt für einen Alpha-Kanal, wenn das Bild einen Alphakanal
  enthält.

- Die Einstellung „Nicht-weiße Bereiche" schneidet weiße Teile eines Bildes – wie einen weißen Hintergrund – aus und lässt nur die dunklen Teile umfließen.
- Bei „So wie Ausschnitt" orientiert sich der Umfluss an den Einstellungen im Register „Ausschnitt".
- Bei „Bildbegrenzung" umfließt der Text den rechteckigen Gesamtbildbereich der importierten Bilddatei.
- Im Feld daneben geben Sie jeweils den Außenabstand für den Umfluss an.

Bei einigen Umflussarten haben Sie zusätzlich die Möglichkeit zu folgenden Einstellungen:

- „Nur außen liegende Kanten" bestimmt, ob Pfade in Pfaden zulässig sind.
- „Auf Rahmen begrenzen" bezieht den Umfluss auf den Bildrahmen und nicht auf Teile des Bildes, die außerhalb liegen.
- „Invertieren" tauscht das Innere des ausgeschnittenen Pfades gegen das Äußere.
- Werte für Störung, Glätte und Schwellenwert ermöglichen eine Feineinstellung des bildbasierten Ausschnittspfades.

2.3.2.4 Ausschnitt

Das Register „Ausschnitt" stellt Ihnen Einstellungen zur Verfügung, wie ein Bild in einem Bildrahmen dargestellt bzw. verschiedene Bildteile ausgeschnitten und nicht dargestellt werden sollen.

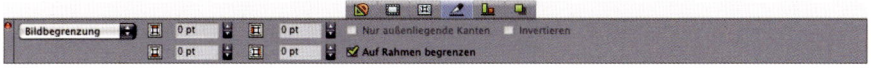

- Sie können wählen zwischen „Objekt", „Eingebetter Pfad", „Alpha-Kanal", „Nicht-weiße Bereiche" oder „Bildbegrenzung".

Die Einstellungen entsprechen denen des Registers „Umfluss". Nur dass es sich nicht um Umfluss handelt, sondern um den Ausschnitt und die Darstellung von Bildern.

2.3.2.5 Abstand/Ausrichtung

Das Register „Abstand/Ausrichtung" kann bei einem einzelnen Bildrahmen angewandt werden, der nur mit Seiten- oder Montageflächenbezug ausgerichtet werden kann. Sinnvoller ist diese Option, wenn mindestens zwei Bildrahmen markiert sind. Bei mehreren markierten Rahmen fallen bestimmte Optionen weg, die nicht synchron bei allen Rahmen aktiviert werden können. Daher ändert sich in diesem Fall die Maßpalette und zeigt nur vier Register.

- Generell können Sie hier auch zwischen einem Objektbezug, Seitenbezug oder Montageflächenbezug wählen.
- Die links daneben gezeigten sechs Grafiken haben die gleiche Funktion wie bei einem Textrahmen.
- Hinzu kommt jedoch nun, dass bei mehreren markierten Rahmen diese mit weiteren acht Möglichkeiten zueinander ausgerichtet werden können: „An den oberen Kanten verteilen", „An den vertikalen Mitten verteilen", „An den unteren Kanten verteilen" oder „Vertikal verteilen". Dann noch „An den linken Kanten verteilen", „An den horizontalen Mitten verteilen", „An den rechten Kanten verteilen" oder „Horizontal verteilen". Vier zusätzliche Einstellungen für eine vertikale Ausrichtung und vier zusätzliche Einstellungen für eine horizontale Ausrichtung.
- Im Objektbezugsmodus ist zusätzlich noch ein fester Abstand eingebbar. Und im Seiten- und Montageflächenbezugsmodus zusätzlich ein Versatz in Bezug auf die Layoutseite bzw. die Montagefläche.

2.3.2.6 Schlagschatten

Das Register „Schlagschatten" stellt die gleichen Funktionen zur Verfügung wie das Register „Schlagschatten" für Text (siehe Abschnitt 2.3.1.9).

2.3.3 Maßpalette Linie

Die Maßpalette für Linien stellt Ihnen vier Register zur Verfügung: Classic, Umfluss, Abstand/Ausrichtung und Schlagschatten.

2.3.3.1 Classic

Bei einer gezeichneten Linie können Sie vier Einstellungsmöglichkeiten auswählen: „Endpunkte", „Linker Punkt", „Mittelpunkt" und „Rechter Punkt".

- Bei der Wahl von Endpunkten erhalten Sie links nebeneinander die X- und Y-Koordinaten der beiden Endpunkte.
- Bei der Wahl von „Linker Punkt", „Mittelpunkt" oder „Rechter Punkt" erhalten Sie die Koordinate nur dieses einzelnen Punkts, haben aber noch die Möglichkeit, die Linie von diesem Punkt aus in Gradschritten zu drehen oder auch die Länge dieser Linie zu ändern.
- Rechts daneben können Sie die Farbe für die Linie, den Tonwert und die Deckkraft wählen.
- Dann noch die Strichstärke der Linie.
- Und das Format der Linie, von gepunktet, gestrichelt, einer Doppellinie bis zur Dreifachlinie.
- Für die Enden der Linie können Pfeilspitzen ausgewählt werden.

Ein Rat aus der Praxis: Verwenden Sie nie Haarlinien mit einer Linienstärke von 1 Pixel. Setzen Sie Umrandungen von Bildrahmen oder Linien zur Trennung von Zeitschriftenartikeln in einem Dokument mit mindestens 0,25 pt. Sonst kann es Ihnen passieren, dass die Haarlinien beim Offsetdruck zu dünn sind und beim Druck des Printmediums „wegbrechen" – sie sind dann nicht mehr zu sehen!

2.3.3.2 Umfluss

Das Register „Umfluss" stellt die gleichen Funktionen zur Verfügung wie das Register „Umfluss" für Text (siehe Abschnitt 2.3.1.4).

- Zusätzlich besteht die Option „Manuell", die es ermöglicht, einen neuen, bearbeitbaren Umflusspfad für die markierte Linie oder den markierten Textpfad zu erzeugen. Wählen Sie nach Eingabe des Umfluss-Abstandes bei markiertem Objekt „Objekt"->„Bearbeiten"-> „Umfluss", um den Beziér-Umflusspfad zu bearbeiten.

2.3.3.3 Abstand/Ausrichtung

Das Register „Abstand/Ausrichtung" bietet die gleichen Möglichkeiten wie beim Register „Abstand/Ausrichtung" für Bildrahmen (siehe Abschnitt 2.3.2.5).

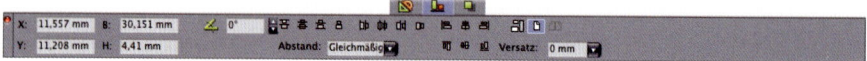

- Ist nur eine Linie markiert, besteht nur die Ausrichtung in Bezug zur Dokumentenseite oder zur Montagefläche.
- Sind zwei oder mehr Linien markiert, bestehen darüber hinaus zusätzlich die erwähnten acht Möglichkeiten, die links daneben durch kleine Grafiken dargestellt werden.

2.3.3.4 Schlagschatten

Das Register „Schlagschatten" stellt die gleichen Funktionen zur Verfügung wie das Register „Schlagschatten" für Text (siehe Abschnitt 2.3.1.9).

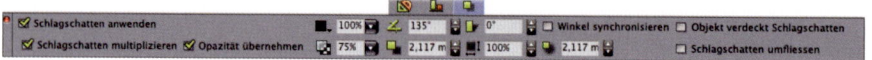

2.3.4 Maßpalette Tabelle

Klicken Sie mit dem Objektwerkzeug eine neu erstellte Tabelle an, haben Sie zusätzlich zu vier bekannten Registern unterschiedliche Eingabemöglichkeiten im Register „Classic" und im neuen Register „Tabellenraster".

2.3.4.1 Classic

- Mit dem Rahmenwinkel geben Sie eine Drehung der Tabelle ein.
- Darunter können Sie für „Geometrie beibehalten" ein Häkchen setzen, damit sich die Größe der Tabelle nicht ändert, wenn Zeilen oder Spalten eingefügt oder gelöscht werden.
- Daneben geben Sie eine Hintergrundfarbe für die Tabelle ein sowie den Tonwert. Achtung: Haben eine oder mehrere Zellen der Tabelle eine fest eingestellte Zellenfarbe, so überlagert diese die eingestellte Hintergrundfarbe.
- Darunter noch die Deckkraft.

2.3.4.2 Raster

- Hier können Sie die Stärke des Rasters einstellen. Darunter können Sie wählen, ob Sie die Einstellungen für die ganze Tabelle, nur die vertikalen oder nur die horizontalen Linien vornehmen.
- Außerdem wählen Sie eine Linienart.
- Daneben geben Sie dem Raster eine Farbe mit einem Tonwert.
- Darunter bei einer zwei- oder dreizeiligen Rasterlinie die Farbe für den Innenraum zwischen den Linien und den Tonwert.
- Rechts daneben jeweils noch die Deckkraft.

2.3.4.1 Classic – Zelle

- Klicken Sie mit dem Inhaltswerkzeug eine Tabellenzelle an, können Sie neben diversen Optionen auch die Breite und Höhe der Zelle einstellen.

2.3.5 Weitere Maßpaletten

2.3.5.1 Rahmen

Bei Rahmen, die nur eine Farbe oder einen Verlauf haben, um als Grafikelement in einem Layout zu wirken, schrumpft die Registeranzahl in der Maßpalette auf fünf Register zusammen. Die Modifikationsmöglichkeiten sind jedoch ähnlich wie bei einem Bildrahmen mit importiertem Bild.

2.3.5.2 Linientextpfad

Zeichnen Sie eine Linie und klicken Sie mit dem Textinhaltswerkzeug darauf, wird die Linie markiert. Sie können an der Linie einen Text ausrichten und erhalten in der Maßpalette ein zusätzliches Register „Textpfad".

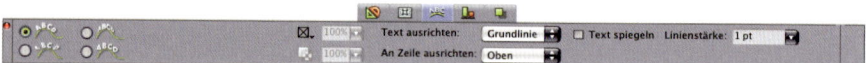

- Links wählen Sie die Art des Linientexts: „Kurvenförmiger Text", „Gekrümmter Text", „Text mit 3-D-Band" oder „Text mit Treppeneffekt".
- Dem Text geben Sie eine Farbe, einen Tonwert und eine Deckkraft.
- Daneben stellen Sie ein, ob der Text an der Unterlänge, der Grundlinie, der Oberlänge der Schrift oder zentriert ausgerichtet werden soll.
- Mit „An Zeile ausrichten" wählen Sie, welcher Teil der Linie mit der oben gewählten Option ausgerichtet wird: oben, zentriert oder unten.
- Mit „Text spiegeln" spiegeln Sie den Text – angefangen beim gegenüberliegenden Eckpunkt - auf die andere Seite der Linie.
- Schließlich wählen Sie noch die Stärke der Linie.

2.4 Arbeitspaletten

Die Arbeitspaletten geben Ihnen eine komfortable Möglichkeit, mit QuarkX-Press effektiv und schnell zu arbeiten. Die Paletten für Seitenlayout, Stilvorlagen und Farben werden Sie fast immer benötigen und geöffnet haben. Sie können sie jederzeit über den Menüpunkt „Fenster" öffnen.

Mac OS:	
Seitenlayoutpalette	F10
Stilvorlagenpalette	F11
Farbenpalette	F12
Windows:	
Seitenlayoutpalette	F4

Es stehen auch Paletten für Mehrfach genutzte Inhalte, Glyphen, Ebenen, Bildeffekte, Index oder Überfüllungen zur Verfügung sowie noch eine Anzahl anderer Paletten, die Sie aber selten benötigen. Sie können die Paletten im Menüpunkt „Fenster" ein- und ausblenden.

In der Seitenlayoutpalette können Sie Seiten hinzufügen oder entfernen, zwischen ihnen wechseln, Musterseiten erstellen und einzelnen Seiten zuweisen – um immer wiederkehrende Gestaltungselemente auf Ihren Layoutseiten zur Verfügung zu haben –

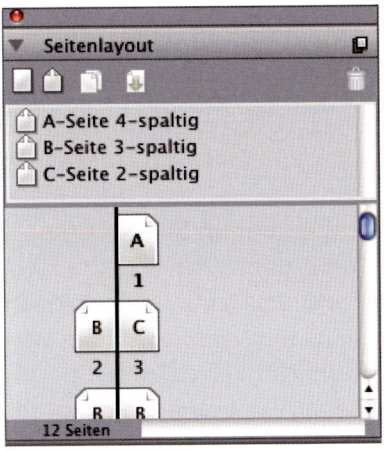

Seitenlayout-Palette

oder mit dem Symbol der Seite mit nach unten weisendem Pfeil Abschnitte oder Kapitel mit unterschiedlicher Paginierung für die Gestaltung von Büchern anlegen.

Alternativ können Sie links unten in der Leiste der Arbeitsumgebung über die nach rechts und links weisenden weißen Pfeile in den Seiten navigieren oder durch manuelle Eingabe einer Seitenzahl zu einer Seite wechseln.

Auf dem Macintosh bietet außerdem an dieser Stelle der nach oben weisende weiße Pfeil eine Voransicht aller im Dokument verwandten Seiten – einschließlich der Musterseiten. So können Sie genau bestimmen, auf welche Seite Sie wechseln wollen. Ist diese Voransicht mit der Maus ausgewählt, vergrößern/verkleinern Sie die Voransichtsseiten über die Tastatur mit den Pfeiltasten nach oben oder nach unten. (Diese Funktion ist in Windows nicht vorhanden.)

Seiten-Voransicht auf dem Macintosh

In der Stilvorlagenpalette haben Sie alle Stilvorlagen für Absatz- und Zeichenstile, die Sie im Menüpunkt „Bearbeiten"–>„Stilvorlagen" eingerichtet haben. So können Sie Absätze und Zeichen schnell und sicher formatieren. Auch bei einem nachträglichen Korrigieren von Stilvorlagen können Sie sich so einer einwandfreien Übernahme der Korrekturen sicher sein.

In der Farbenpalette erscheinen die von Ihnen definierten Farben, die Sie unter „Bearbeiten"–>„Farben" eingerichtet haben. Sie können sie der Kontur, dem Bild oder dem Hintergrund

Stilvorlagen-Palette

Farben-Palette

eines Bildrahmens zuweisen, ebenso einem Text oder einer Linie. Zudem können Sie hier sehr einfach Farbverläufe einrichten.

In der Ebenenpalette befinden sich die von Ihnen angelegten zusätzlichen Ebenen.

Die einzelnen Paletten sind zum Monitor Ihres Computers und zueinander leicht magnetisch. Schieben Sie sie an den Rand des Monitorbildes oder einzelne Paletten zusammen, rasten sie auf gleicher Position zueinander ein.

Um Arbeitspaletten nicht ganz zu schließen, aber dennoch einen besseren Überblick über Ihr Dokument zu haben, klicken Sie einfach zweimal mit der (linken) Maustaste auf die Fensterleiste der Arbeitspalette, wodurch diese minimiert wird. Nochmaliges Klicken öffnet sie wieder.

Ebenso lässt sie sich über den grauen nach unten weisenden Pfeil in der Palette links neben dem Palettennamen minimieren.

Wenn Sie in verschiedenen Projek-

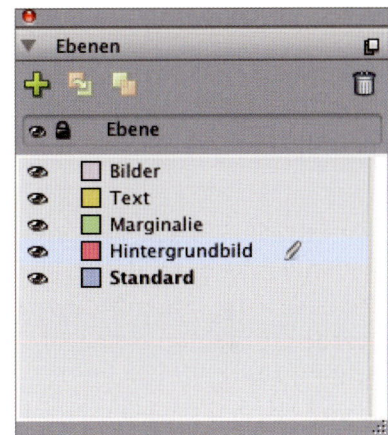

Ebenen-Palette

ten mit unterschiedlichen Sets von Arbeitspaletten arbeiten, können Sie diese Sets unter „Fenster"–>„Palettengruppen"–>„Palettengruppen sichern als" sichern. So können Sie für jedes Projekt das spezielle Palettenset wieder öffnen und mit ihm arbeiten. Für die jeweiligen Sets lassen sich eigene Tastenkürzel einrichten.

3 Projekteinrichtung und Layout

3.1 Projekteinrichtung

Bevor Sie mit QuarkXPress arbeiten können, legen Sie ein neues Dokument an. Programmdateien heißen in QuarkXPress Projekte. Jedes Projekt enthält zunächst ein Layout, Sie können jedoch später noch weitere Layouts hinzufügen.

So können Sie ein Projekt für ein Unternehmen anlegen, in dem Sie ein Print-Layout für eine Visitenkarte einrichten und ein weiteres Layout für einen Briefbogen. Zusätzlich können Sie ein Web-Layout anlegen, um die Website des Unternehmens zu gestalten – was in diesem Buch nicht behandelt wird.

Oder Sie gestalten für einen Kunden eine Anzeige und legen innerhalb eines Projekts 10 bis 15 Entwürfe als Layouts an. In diesen einzelnen Layouts verwenden Sie synchronisierte Inhalte oder Objekte, um für bestimmte Daten wie Text und Bilder eine einheitliche Formatierung zu gewährleisten.

Wenn Sie ein neues Projekt über „Ablage“–>„Neu“–>„Projekt“ (Windows: „Datei“–>...) angelegt haben, erstellen Sie damit ein Projekt und geben für das erste Layout Einstellungen ein. Die Eingabemaske beim Anlegen eines neues Projekts und für ein weiteres Layout in einem bestehenden Projekt über „Layout“–>„Neu“ ist nahezu identisch. Einzig

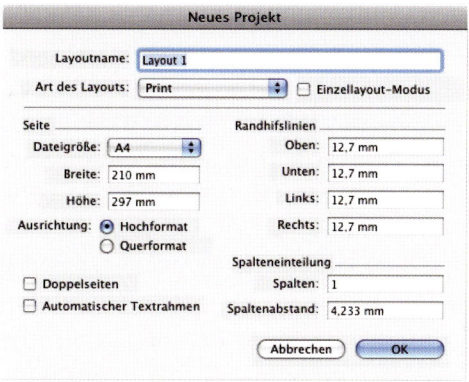

Dialog-Fenster „Neues Projekt“

im allerersten Layout eines neu anzulegenden Projekts können Sie zusätzlich noch bestimmen, ob das Projekt in einem Einzellayoutmodus
angelegt werden soll. Sie vergeben dem Layout einen Namen, wählen
dann den Layouttyp und geben die Spezifikationen für das Layout ein.

Im aktuellen Fenster wird im Kopf das Projekt genannt, durch Doppel-
punkt getrennt von dem jeweiligen Layout, das Sie gerade eingerichtet
oder das Sie unter mehreren angelegten Layouts als aktiv gewählt haben.

Die einzelnen Layouts erkennen Sie in Ihrem Projektfenster am oberen Rand unter dem Projekttitel. Dort werden die einzelnen Layouts wie
in einem Karteikartenregister angezeigt. Ein Klick auf eine der Kartei-
karten und schon wechseln Sie das Layout innerhalb des Projekts. Das
aktive Layout wird farblich hervorgehoben.

Mehrere Layouts in einem Projekt

Layouts können Sie in QuarkXPress in verschiedenen Ansichten gleichzeitig darstellen. Wenn Sie ein Layout gewählt haben, können Sie über
„Fenster"–>„Fenster teilen"–>„Horizontal" oder „Vertikal" die Ansicht entsprechend in eine weitere Ansicht teilen.

Oder Sie klicken für eine horizontal geteilte Ansicht mit der Maus auf
das Symbol oben über der rechten senkrechten Scrollleiste. Eine Ansicht
nochmals vertikal teilen können Sie mit dem Symbol rechts neben der
unteren waagrechten Scrollleiste. Sie finden diese beiden Symbole im Projektfenster auch nochmal ganz links unten, wo die Darstellungsgröße in
Prozent gezeigt wird und auch die Seitenzahl der aktuellen Seite.

Sie können auf diese Weise auf Ihrem Monitor z.B. gleichzeitig eine
Gesamtansicht Ihres Layouts betrachten, die Originalgröße und eine ver-
größerte Darstellung bestimmter Layoutteile. Änderungen, die sie am Layout in einer der Ansichten vornehmen, können Sie synchron dazu in
den anderen Ansichten verfolgen. Da Sie in den einzelnen Ansichten
natürlich auch zwischen den verschiedenen Layouts springen können,

Mehrere Ansichten eines Layouts in einem Arbeitsfenster

können Sie auf diese Weise mehrere Layouts gleichzeitig am Monitor betrachten. Die Aufteilungen nehmen Sie über „Fenster"->„Fenster teilen"->„Alle entfernen" zurück.

3.2 Musterseiten

Musterseiten sind keine Layoutseiten, sondern eine Vorlage für die eigentlichen Layoutseiten. Sie finden Sie am einfachsten in der Seitenlayoutpalette in dem Feld oberhalb der Layoutseiten – bei einem neuen Layout beginnend mit einer Musterseite, die „A-Muster A" heißt. Musterseiten können nicht ausgegeben oder gedruckt werden. Sie sollen alle im Layout auf bestimmten Seiten wiederkehrende Elemente enthalten, um somit dem Layout ein durchgehend konsistentes Aussehen zu verleihen. Musterseiten sind mit den verbundenen Layoutseiten „verkettet", eine Änderung auf einer Musterseite wirkt sich auf alle verbundenen Layoutseiten aus.

Wiederkehrende Elemente auf Musterseiten sind z.B. ein Kolumnentitel – bei einer Zeitschrift oder einem Buch –, ein grafisches Gestaltungselement, das auf jeder Seite erscheinen soll, oder fast immer zwingend die Pagina, die bei Mehrseitern fortlaufend auf allen Seiten des Layouts erscheint. Für die Paginierung ziehen Sie einen Textrahmen auf der jeweiligen Musterseite auf und setzen mit Apfel+3 (Windows: Strg+3) einen Platzhalter für die fortlaufende Seitenzahl. Dieser Platzhalter lässt sich auch in der gewünschten Art formatieren.

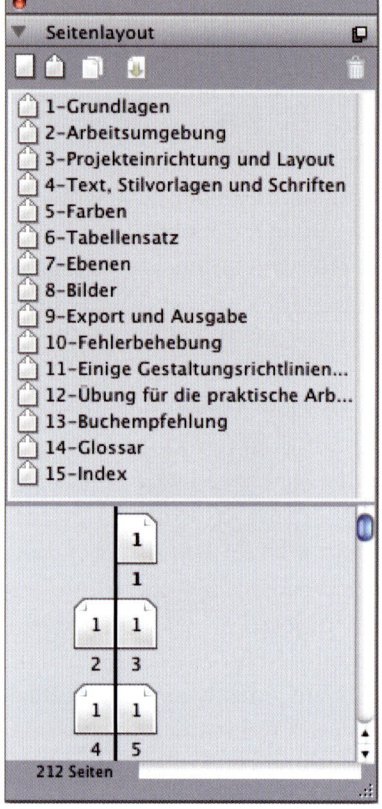

Neue Musterseiten erstellen Sie, indem Sie oben in der Seitenlayoutpalette eine leere Einzel- oder Doppelseite – je nach Layout – in das Musterseitenfeld der Palette ziehen. Wenn Sie auf den Namen der Musterseite klicken, können Sie diesen editieren. Klicken Sie zweimal auf eine Musterseite, wird sie im Arbeitsfenster geöffnet. Sie können auch über die Vorschau – nur beim Macintosh der nach

Seitenlayout-Palette mit verschiedenen Musterseiten

oben weisende weiße Pfeil links unten im Arbeitsfenster – zu einer der Musterseite gelangen, die in der Vorschau ganz links vor den Layoutseiten der Reihe nach angezeigt werden. Oder Sie klicken auf das kleine viereckige, orange-grüne Symbol, das sich ebenfalls links unten im Arbeitsfenster befindet – dann wird auf die jeweilige Musterseite mit dem gleichen Ausschnitt und der gleichen Zoomstufe gewechselt. Ein zweites Klicken auf das Symbol führt wieder zurück zur Layoutseite.

Achtung: Bei aktivierter Musterseite befinden Sie sich nicht mehr im druckbaren Layout, also den Layoutseiten, sondern auf der Musterseite und somit in einer Vorlage. Eine Musterseite können Sie jedoch bis auf einige

Einschränkungen – wie z.B. zwei verkettete Textrahmen auf einer Doppelseite, was nicht möglich ist – wie eine normale Layoutseite gestalten.

Bei einer angewählten Musterseite können Sie über „Seite"->„Musterseite einrichten" nachträglich die Spaltenanzahl, den Spaltenabstand und die Stege einrichten.

Sie können beliebig viele Musterseiten einrichten. In einer Zeitschrift mit verschiedenen Rubriken oder einem Buch mit vielen Kapiteln bietet sich das sogar an. Es gibt zwei Möglichkeiten, Layoutseiten eine Musterseite als Vorlage zuzuweisen: Wenn Sie in einem Layout über „Seite"->„Einfügen" zusätzliche Seiten in ein Layout einfügen möchten, können Sie hierbei auch die zuzuweisende Musterseite auswählen.

Sie können dies jedoch auch nachträglich manuell machen, indem Sie in der Seitenlayoutpalette einfach ein Musterseitenicon mit der Maus auf eine Layoutseite ziehen. Wenn das Icon der Layoutseite sich verdunkelt, ist die Musterseite darauf „eingerastet" – Sie können loslassen und weisen so dieser einzelnen Layoutseite eine neue Musterseite zu. Die Layoutseite enthält nun alle Elemente der neuen Musterseite.

Die jeweils zugeordnete Musterseite wird in der Seitenlayoutpalette in der Mitte des Seitenicons angezeigt – in nebenstehendem Screenshot die Musterseite „1 – Grundlagen".

Auf Layoutseiten, deren Musterseitenelemente manuell geändert wurden, werden Änderungen auf der zugewiesenen Musterseite nicht übernommen. Hier gibt es zwei Möglichkeiten: Sie markieren auf der Musterseite nach der Änderung alle Elemente und schneiden sie mit „Bearbeiten"->„Ausschneiden" oder Apfel+X (Windows: Strg+X) aus. Dann fügen Sie sie an genau der gleichen Stelle mit „Bearbeiten"->„An gleicher Stelle einfügen" oder Apfel+Alt+Umschalt+V (Windows: Strg+Alt+Umschalt+V) wieder ein. Alte Elemente müssen eventuell auf den Layoutseiten manuell gelöscht werden. Oder Sie aktivieren unter „QuarkXPress"->„Einstellungen"->„Drucklayout"->„Allgemein" (Windows: „Bearbeiten"->„Vorgaben"->…) bei „Objekte der Musterseite" die Option „Änderungen löschen". Dann weisen Sie den Layoutseiten die geänderte Musterseite manuell zu. Es werden alle alten Elemente gelöscht und die neuen übernommen. Bei vielen Seiten aktivieren Sie mit gedrückter Umschalt-Taste alle Seiten in der Palette – sie werden grau hervorgehoben – und klicken mit der Alt-Taste auf das Icon der Musterseite.

3.3 Hilfslinien

Hilfslinien dienen dem exakten Positionieren von Rahmen oder Text und unterstützen auf diese Weise die Layoutarbeit bei einem Printmedium. Um mit Hilfslinien zu arbeiten, sollten immer die Lineale zur Ansicht eingeschaltet sein. Diese aktiviert man über „Ansicht"-> „Lineale" oder Apfel+R (Windows: Strg+R). Im gleichen Menü können Sie die Lineal-richtung wählen: „von links nach rechts" oder „von rechts nach links". In der westlichen Welt werden Sie vermutlich die erste Menüoption wählen, die zweite dürfte nur bei fremdsprachigen Pojekten mit Sprachen wie Hebräisch, Arabisch oder einigen asiatischen Sprachen sinnvoll sein – wobie hierfür auch die Plus-Version oder die ostasiatische Version von QuarkXPress benötigt wird. Die Li-

neale geben Ihnen genaue Angaben zu den Maßen Ihres Layouts und der Positionierung von Text und Objek-ten. Normalerweise befindet sich der Nullpunkt der Lineale als X- und Y-Achse an der linken oberen Layout-ecke. Möchten Sie ihn an einer an-deren Stelle positionieren, klicken Sie mit der Maus in das kleine wei-ße Viereck links oben zwischen bei-den Achsen und ziehen den Null-punkt an die gewünschte Stelle.

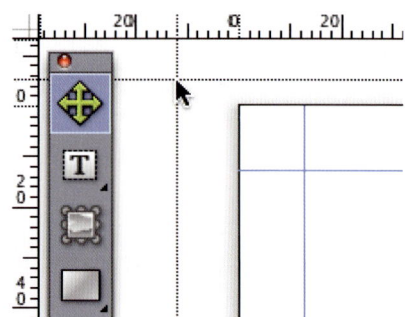

Manuelle Setzung des Nullpunkts

Haben Sie die Lineale eingeblendet, aktivieren Sie im gleichen Menü unter „Ansicht"->„Hilfslinien" die Ansicht der Hilfslinien. Auch den Me-nüpunkt „Hilfslinien magnetisch" werden Sie bei der Arbeit in Ihrem Lay-out des Öfteren gebrauchen. Er gewährleistet, dass Objekte beim Posi-tionieren an Satzspiegel-, Spalten- oder sonstigen Hilfslinien automa-tisch „einrasten". So ist auch damit die Möglichkeit eines exakten Posi-tionierens gegeben. Möchten Sie jedoch ein Objekt einige Milllimeter von einer Hilfslinie entfernt positionieren, ist diese Menüfunktion hin-derlich, weil die Hilfslinie ja noch magnetisch wirkt. In diesem Fall soll-ten Sie diese Option deaktivieren.

Die beiden folgenden Tastenkürzel werden Sie sicherlich oft verwenden. Die Arbeit an einem Layout ohne Einblendung der Hilfslinien kann schnell und effektiv vor sich gehen, weil man einen ungestörten Blick auf das Layout hat. Will man jedoch prüfen, ob man sich mit seinen Objekten innerhalb des Satzspiegels bewegt oder bestimmte Objekte exakt platziert sind, benötigt man die Ansicht mit Hilfslinien.

> Mac OS/Windows:
> Hilfslinien ein-/ausblenden   F7
> Hilfslinien magnetisch   Umschalt+F7

Manuell legen Sie horizontale oder vertikale Hilfslinien in Ihrem Layout in der Weise fest, dass Sie mit dem Mauszeiger entweder in das horizontale Lineal oben für eine horizontale Hilfslinie klicken oder in das vertikale Lineal links für eine vertikale Hilfslinie. Dort jeweils klicken, gedrückt halten und die Hilfslinie aus dem Lineal heraus auf die gewünschte Position ziehen. Zum genaueren Positionieren im Layout erhöhen Sie einfach die Ansicht im Layout – auf maximal 800% – an der Stelle, an der die Hilfslinie positioniert werden soll. Mit dem Objektwerkzeug können Sie Hilfslinien nach dem Platzieren „greifen" und verschieben. Um eine Hilfslinie zu löschen, schieben Sie sie einfach in das jeweilige Lineal zurück.

3.3.1 Hilfslinien-Palette

Die Hilfslinien-Palette unter „Fenster"–>„Hilfslinien" ist dafür gedacht, Hilfslinien durch Eingabe einer exakten Position hinzuzufügen, Hilfslinien zu löschen, mit unterschiedlichen Optionen zu versehen und zu verwalten. Außerdem können im Hilfslinienmenü weitere Hilfslinienarten für ein Layout erstellt und hinzugefügt werden.

Die Hilfslinien-Palette ist aufgrund ihrer vielen Optionen sehr groß. Um den Überblick auf Layout und Palette zu behalten, bietet sich bei einem großen, mehrseitigen Layout mit vielen Hilfslinien fast schon eine Zwei-Monitor-Lösung für den Arbeitsplatz an: Der Hauptmonitor zeigt das Layout, der Zweit-Monitor enthält die Hilfslinien-Palette – und auch alle

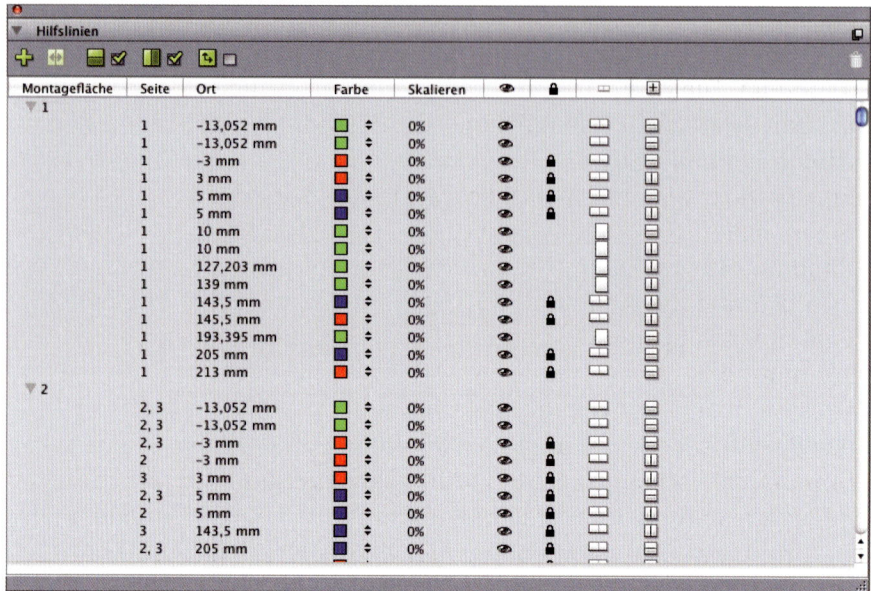

Hilfslinien-Palette

anderen Paletten. Die Größe der Palette verdeckt nämlich leicht den Blick auf das eigentliche Layout.

Die Hilfslinien-Palette stellt im Menü folgende Optionen zur Verfügung:

• Eine Hilfslinie hinzufügen. Sie wählen den Ort der Hilfslinie, die Richtung und eine Farbe, die auch neu angelegt werden kann. Der Typ gibt an, ob sich die Hilfslinie auf die aktuelle Seite oder Montagefläche bezieht. Die Ansichtsgröße bewirkt, dass die Hilfslinie unterhalb einer

Menüoption „Neu"

angegebenen Skalierung nicht dargestellt wird – geben Sie hier 100% ein, wird die Hilfslinie bei einer Layoutansicht von 75% nicht mehr angezeigt. Die Hilfslinie kann gegen ein Verschieben gesperrt werden. Und die Voransicht ermöglicht es, die Position der Hilfslinie vor dem Hinzufügen zu prüfen.

- Eine Hilfslinie spiegeln. Dies bedeutet, dass z.B. eine vertikale Hilfslinie auf einer DIN-A4-Hochformat-Seite auf Position 5 mm am linken Rand an der vertikalen Seitenachse der Seite gespiegelt und auf Position 205 mm am rechten Seitenrand platziert würde. Man kann auch eine Spiegelung mit Orientierung an der Montagefläche vornehmen.
- Wenn an den drei darauffolgenden Optionen rechts das Häkchen gesetzt ist, dann werden horizontale Hilfslinien, vertikale Hilfslinien und nur die Hilfslinien auf der aktuellen Seite dargestellt.

Innerhalb des Palettenfensters selbst werden standardmäßig die Montageflächen dargestellt, was daran erkennbar ist, dass bei einem Mehrseiter mit Doppelseiten eine Montagefläche mit jeweils zwei Seiten gezeigt wird. Werden beim Aufrufen der Palette bestimmte Angaben im Fenster nicht in voller Breite dargestellt, wie z.B. beim Ort, dann können Sie die jeweilige Spalte der Angabe verbreitern. Greifen Sie dazu mit der Maus in der Angabezeile die rechte oder linke senkrechte kleine Linie neben der Angabe und ziehen Sie die Zeile in der Breite auf.

Die Angaben und Änderungsmöglichkeiten:

- Die jeweilige Montagefläche.
- Die jeweilige(n) Seite(n).
- Der Ort der Hilfslinie, der durch Anklicken manuell verändert werden kann.
- Die Farbe der Hilfslinie, die ebenfalls geändert werden kann, um sehr wichtige Hilfslinien durch möglichst grelle Farben hervorzuheben.
- Die Skalierung, die angibt, ab welchem Wert die Hilfslinie auf dem Bildschirm im Layout dargestellt wird.
- Das „Auge" blendet die Hilfslinie aus und wieder ein. Hilfslinien können auf diese Weise bei der Arbeit mit einem Layout auch dauerhaft ausgeblendet werden.
- Das „Schloss" sperrt Hilfslinien und schützt sie vor versehentlichem Verschieben.
- Das Hochformat-Seitensymbol weist auf eine Hilfslinie hin, die nur über das Format der Seite verläuft. Das kleine waagrechte Montage-

flächensymbol gibt an, dass es sich um eine Hilfslinie handelt, die waagrecht oder senkrecht über die ganze Montagefläche verläuft. Diese Option lässt sich durch einfaches Klicken auf das jeweilige Symbol wechseln.

• Horizontale oder vertikale Hilfslinie. Durch Klicken zu ändern.

Um die Angaben in der Palette zur besseren Übersicht der Reihe nach zu sortieren – z.B. nach Ort, Farbe oder Ausrichtung – klicken Sie oberhalb der Angaben in der weißen Zeile auf die jeweilige Bezeichnung. Die Angaben darunter werden auf- oder absteigend sortiert. Nochmaliges Klicken dreht die Auflistung um.

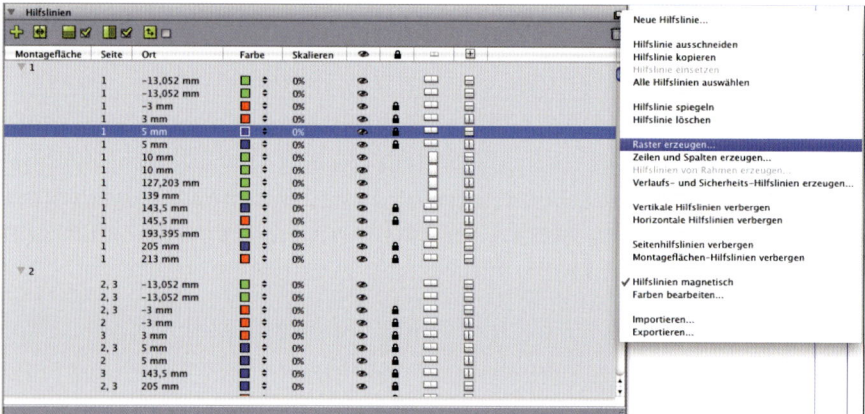

Pulldown-Menü der Hilfslinien-Palette mit zusätzlichen Optionen

In der rechten oberen Ecke, oberhalb des Papierkorbsymbols – mit dem man markierte Hilfslinien schnell löschen kann –, befindet sich das kleine Symbol für ein Pulldown-Menü, das weitere Funktionen für Hilfslinien bietet. Basisfunktionen sind hierbei zunächst:

• eine Hilfslinie hinzufügen,
• ausschneiden,
• kopieren,
• einsetzen,
• alle Hilfslinien auswählen,
• eine Hilfslinie spiegeln oder
• löschen.

Dann:

- vertikale Hilfslinien verbergen/anzeigen,
- horizontale Hilfslinien verbergen/anzeigen,
- Seitenhilfslinien verbergen/anzeigen,
- Montageflächen-Hilfslinien verbergen/anzeigen.
  Werden durch diese Option die Montageflächen-Hilfslinien nicht angezeigt, springt die Anzeige in den beiden linken Spalten der Palette auf die Anzeige aller Seiten. Ein Doppelklick alternativ auf eine Montagefläche oder eine Seite lässt das Layout im Anzeigefenster automatisch zu dieser Position springen, damit Sie die Hilfslinien an der/n dann jeweils aktuellen Seite/n kontrollieren können.
- Hilfslinien magnetisch/nicht magnetisch oder
- die Farben der Hilfslinien bearbeiten.
  Schließlich können Sie mit
- Importieren oder
- Exportieren

Hilfslinien und die eingestellten Optionen als Vorlagen-Set exportieren und für ein anderes Projekt zur Verfügung stellen. Oder auch umgekehrt Hilfslinien-Sets aus anderen Projekten importieren.

3.3.2 Raster

Mit der erweiterten Funktion „Raster erzeugen" erstellen Sie ein gleichmäßiges Raster auf Ihrem Layout. Sie können ein horizontales oder vertikales Raster wählen – oder beides zusammen. Setzen Sie im Rasterfenster den Beginn des horizontalen und/oder vertikalen Rasters. Soll das Raster über das ganze Seitenformat gehen, wählen Sie z.B. bei einem Format DIN A5 für ein horizontales Raster 0 bis 210 mm und für ein vertikales Raster 0 bis 148 mm. Die Rasterweite geben Sie anhand einer Anzahl von Nummern an, die das Raster haben soll. Oder mit einem bestimmten Abstand als Schritte. So können Sie festlegen, dass z.B. über das Seitenformat genau 20 Rasterschritte erzeugt werden – den jeweiligen Abstand in Millimeter bekommen Sie im Eingabefenster berechnet. Oder dass ein Raster im Abstand von jeweils 10 mm entsteht. Das Raster muss sich natürlich nicht auf das Seitenformat, sondern es kann sich auch auf bestimmte Bereiche des Layouts oder den Satzspiegel beziehen.

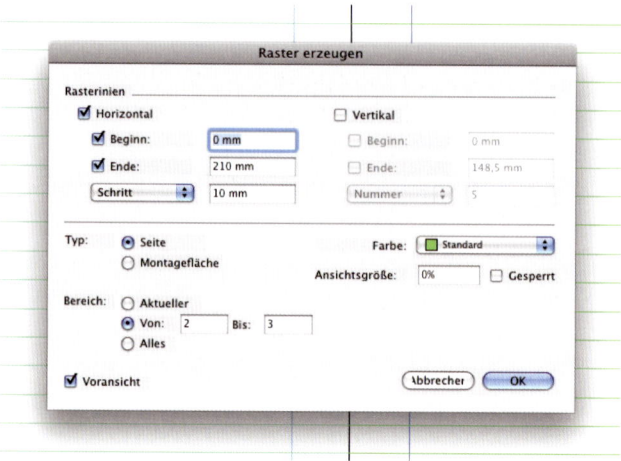

Dialog-Fenster „Raster erzeugen"

Sie wählen außerdem:

- eine Farbe,
- eine Skalierung,
- ob das Raster gesperrt sein soll,
- einen Typ – Seite oder Montagefläche –,
- einen Bereich – die aktuelle Seite, mehrere Seiten oder das ganze Layout und
- eine Voransicht, um vor Hinzufügen des Rasters die korrekte Einrichtung zu prüfen.

Bei einem Mehrseiter mit sehr vielen Seiten empfiehlt es sich, mit einem feinen Raster und der Wahl von „Alles" im Bereich zuerst die Einstellungen vorzunehmen und dann erst das Häkchen bei „Voransicht" zu setzen. Richten Sie sich auf eine Dauer 5 bis 10 Sekunden ein, bis das Raster für alle Seiten erzeugt wurde.

Gleichmäßige Raster sind sehr gut geeignet, wenn man für ein Printmedium wie eine Zeitschrift in der Konzeptionsphase ein Gestaltungsraster entworfen hat und das im Layout umsetzen will. So kann man anhand des Rasters Seiten so einrichten, dass bestimmte Rasterbereiche für Fließtextspalten, andere für eine Marginalspalte zur Ergänzung des Fließtexts und dessen Auflockerungen durch Grafiken und andere wiederum für die Bebilderung der Artikel benutzt werden.

3.3.3 Zeilen und Spalten

Die Menüfunktion „Zeilen und Spalten" ermöglicht das Erstellen von Zeilen und Spalten aus Hilfslinien in gleichen Abständen – mit oder ohne Zwischenräume. Wenn Sie im Pulldown-Menü der Hilfslinien-Palette diese Funktion wählen, können Sie folgende Einstellungen vornehmen:

- Geben Sie die Anzahl der Zeilen und/oder der Spalten an.
- Wenn Sie Abstände zwischen den Zeilen und/oder Spalten möchten, geben Sie in das jeweilige Eingabefeld für Abstand einen Wert ein.
- Wenn die Zeilen und Spalten innerhalb der Seite aufgeteilt werden sollen, wählen Sie „Seitenbegrenzung", bei einer Aufteilung innerhalb der Musterhilfslinien wählen Sie „Ränder".

Wie bei den anderen erweiterten Funktionen wählen Sie auch hierbei eine Farbe, eine Skalierung, die Sperrung, einen Typ, einen Bereich und die Voransicht zur Kontrolle.

Diese Hilfslinienfunktion kann vorteilhaft sein, wenn man Printmedien mit vielen Anzeigen gestaltet oder auch einen Bilderkatalog. Man kann sich auf diese Weise die entsprechende Aufteilung der Layoutseiten einrichten.

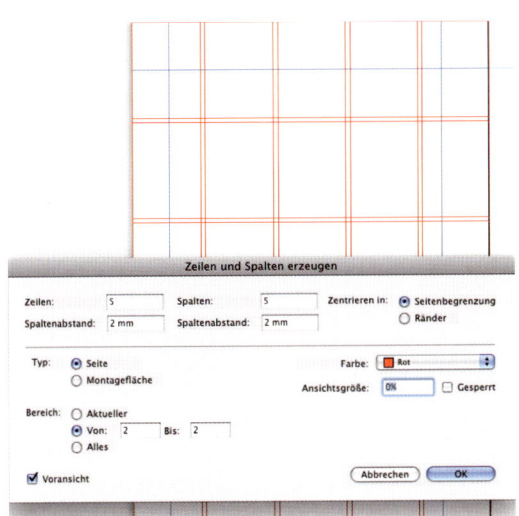

Dialog-Fenster „Zeilen und Spalten erzeugen"

3.3.4 Hilfslinien aus Rahmen

Markieren Sie einen Text-, Bild- oder Objektrahmen und wählen Sie diese Funktion aus dem Pulldown-Menü. Es werden vier Hilfslinien erzeugt, die ihre Position genau an den Rahmenbegrenzungen haben. Sie brauchen dies also nicht mehr manuell ausführen, wenn die Position oder Eingrenzung eines Rahmens für verschiedene Zwecke festgelegt werden soll. Wie bei den anderen erweiterten Funktionen wählen Sie auch hierbei eine Farbe, eine Skalierung, die Sperrung, einen Typ und die Voransicht zur Kontrolle. Da die genauen Positionen der vier Hilfslinien in den Eingabefeldern gezeigt werden, ist es auch möglich, einen festen Abstand aller vier Hilfslinien zum Rahmen zu erreichen, indem Sie diesen Abstand von den vier Werten abziehen bzw. dazuaddieren.

Dialog-Fenster „Hilfslinien aus Rahmen erzeugen"
mit entsprechendem Beispiel

3.3.5 Anschnitt und Sicherheitsbereich

Mit der Menüfunktion „Verlaufs- und Sicherheits-Hilfslinien erzeugen" fügen Sie dem Layout Hilfslinien für Anschnitt oder einen Sicherheitsbereich hinzu, damit Sie diesen Bereich im Layout optisch schnell kontrollieren können. Die Optionen Anschnitt oder Sicherheit sind möglich. Wie bei den anderen erweiterten Funktionen wählen Sie auch hierbei eine – möglichst auffällige, grelle – Farbe, eine Skalierung, die Sperrung, im Montageflächenbereich die aktuelle Seite, mehrere Seiten oder das ganze Layout und die Voransicht zur Prüfung der Einstellungen.

Diese Funktionen sind insofern sehr wichtig, da viele Printmedien, die im Offsetdruck produziert werden, einen Beschnitt brauchen. Diese Medien werden in mehreren Nutzen auf großen Papierbögen oder sogar Papierrollen gedruckt. Die Seiten des Mediums werden an den Rändern beschnitten, zusammengetragen und dann weiterverarbeitet. Aus diesem Grund ist hierbei ein Beschnitt von 3 bis 5 mm notwendig, da es ohne diesen beim Zuschneiden der Seiten zu Blitzern, also weißen Rändern, kommen kann.

Die roten Hilfslinien im Screenshot stellen einen Anschnitt von 3 mm dar. Legen Sie nun Ihr Layout so an, dass alle Elemente am Rand des Layouts ein wenig über diese 3-mm-Anschnitt-Markierung hinausragen. Damit haben Sie die optische Kontrolle darüber, dass der von der Druckerei gewünschte Anschnitt vorhanden ist.

Der Sicherheitsbereich betrifft wiederum eine andere Variante, Printmedien zu produzieren. In bestimmten Druckverfahren wie dem Digitaldruck wird der Inhalt der Seiten manchmal aus Kostengründen direkt

Dialog-Fenster für Anschnitte und Sicherheitsbereich

auf das endgültige Seitenformat gedruckt. Das Printmedium soll daher keinen Beschnitt haben. Die Druckerei gibt dann die Vorgabe, alle Objekte des Layouts einige Millimeter vom Rand des Seitenformats entfernt zu platzieren. Der Screenshot zeigt einen Sicherheitsabstand von 5 mm. Stehen alle Elemente des Layouts innerhalb dieses Sicherheitsabstands und das Layout weist somit einen weißen, 5 mm breiten Rand auf, kann auch in diesem Druckverfahren nichts schiefgehen.

Noch ein Hinweis: Sie können jede einzelne Hilfslinie, die mit einer der erweiterten Funktionen erzeugt wurde, manuell editieren. Entweder in der Hilfslinien-Palette oder indem Sie auf die Linie im Layout doppelklicken. Haben Sie zusätzliche Hilfslinien mit einer der vier genannten erweiterten Funktionen erstellt, erscheinen sie in der Hilfslinien-Palette. Wollen Sie eine dieser Funktionen erneut ausführen, um Hilfslinien mit anderen Werten einzugeben, löscht dieses Vorgehen nicht die vorher angelegten Hilfslinien, sondern überlagert diese. In diesem Fall müssen Sie die vorher erzeugten Hilfslinien erst manuell löschen.

3.4 Designraster

Mit einem Designraster haben Sie die Möglichkeit, eine Reihe von Hilfslinien über Ihr Layout zu legen, die der Ausrichtung von Text und Objekten dienen. Dieses Raster wird bei der Ausgabe nicht gedruckt. Ein Designraster enthält immer eine Unterlinie, Grundlinie, Mittellinie und Oberlinie – und orientiert sich somit an typografischen Begriffen einer Textzeile. Text und Objekte können an jeder dieser Rasterlinien ausgerichtet werden. Sie können für Ihr Projekt zwei Arten von Designraster erstellen, Musterseitenraster oder Textrahmenraster. Musterseitenraster werden auf Musterseiten erstellt und beziehen sich auf ganze Seiten eines Layouts, der diese Musterseite zugewiesen wird. Textrahmenraster beziehen sich auf einzelne Textrahmen, so dass auf einer Layoutseite mit mehreren Textrahmen auch mehrere unterschiedliche Textrahmenraster vorhanden sein können – z.B. für Fließtext und für Headlines. Musterseitenraster für ein ganzes Layout können mit „Ansicht"->„Seitenraster", Textrahmenraster mit „Ansicht"->„Textrahmenraster" angezeigt werden.

Mac OS:
Seitenraster anzeigen/verbergen   Alt+F7
Textrahmenraster anzeigen/verbergen   Apfel+Alt+F7
An Seitenraster verriegeln   Umschalt+Alt+F7

Windows:
Textrahmenraster anzeigen/verbergen   Strg+Alt+F7

3.4.1 Master-Hilfslinien und Raster

3.4.1.1 Musterseitenraster

Ein Designraster einer Layoutseite wird durch das Aufrufen seiner Musterseite ausgewählt. Dann wählen Sie „Seite"->„Master-Hilfslinien und Raster". Die folgende Dialogbox „Master-Hilfslinien und Raster" wird angezeigt, in der Sie das Musterseitenraster einrichten können. In den vier oberen linken Feldern legen Sie die Ränder für die Musterseite fest, die dann auf den Layoutseiten erscheinen sollen. Möchten Sie die Werte für „Oben" und „Unten" und für „Links" und „Rechts" synchronisieren, klicken Sie auf das Kettensymbol rechts daneben. Rechts stellen Sie Spaltenanzahl und -abstand ein. Das Feld „Abmessungen des Inhalts" gibt die Größe des Satzspiegels an – also die Fläche innerhalb der Ränder.

Im Register „Texteinstellungen" können Sie die Größe, Skalierung und Position des Designrasters vornehmen.

- Geben Sie eine Schriftgröße ein, um die Höhe der einzelnen Linien des Designrasters festzulegen.
- Geben Sie einen vertikalen Prozentsatz ein, um die Höhe der Linien des Designrasters auf der Basis der Schriftgröße zu erstellen.
- Die Werte für Linienabstände und Zeilenabstand bestimmen die Rasterabstände. Die Linienabstände berechnen sich folgendermaßen: Die Schriftgröße wird mit der vertikalen Skalierung multipliziert, dann wird der Linienabstand addiert. Dies ergibt den Zeilenabstand. In obigem Screenshot haben Sie ein Designraster, das der Einstellung des Zeilenabstandes von 120% – wie es in den Grundeinstellungen einge-

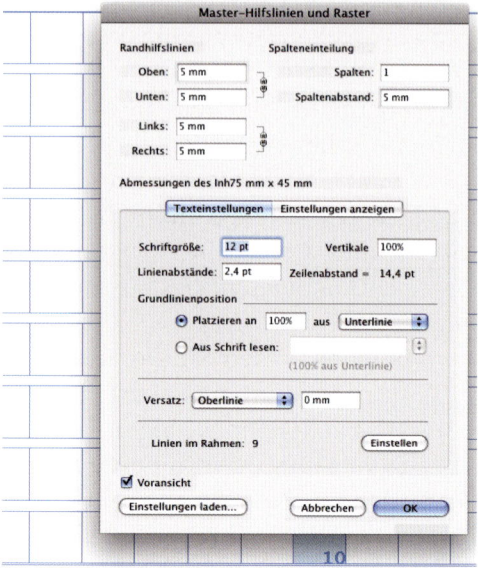

Dialog-Fenster „Master-Hilfslinien und
Raster"–>Register „Texteinstellungen"

richtet ist – entspricht: 120% von 12 pt sind 14,4 pt, die vertikale Skalierung ist 100%, der Zeilenabstand des Rasters somit 14,4 pt.
Für Seiten mit Fließtext mit einer Schriftgröße von 12 pt haben Sie
damit ein passendes Grundlinienraster erstellt. Positionieren Sie mit
einer der folgenden Möglichkeiten noch die erste Zeile passend zum
oberen Seitenrand bzw. der Satzspiegelbegrenzung.

• Wählen Sie eine Grundlinienposition, wo die Positionierung der Grundlinie im Designraster festgelegt werden soll. Wollen Sie den Ursprung
des Versatzes festlegen, dann klicken Sie auf Platzieren und wählen
Oberlinie, Mitte (Aufwärts), Mitte (Abwärts) oder Unterlinie aus dem
Dropdown-Menü. Dann geben Sie einen Prozentwert in das Feld ein,
um die Grundlinienposition relativ zur Oberlinie, Mittellinie oder Unterlinie festzulegen.

• Möchten Sie den Ursprung des Versatzes aus einer anderen Schrift aus-
lesen, dann klicken Sie auf „Aus Schrift lesen" und wählen eine Schrift.
Die für die ausgewählte Schrift festgelegte Grundlinie legt die Grund-

linienposition der Rasterlinien fest. Der angegebene Prozentsatz weist auf das Verhältnis zwischen Grundlinie und Unterlinie im Design der Schrift hin.

- Um den Versatz einzustellen, mit dem die erste Linie des Designrasters auf der Seite oder im Rahmen platziert wird, können Sie Oberlinie, Mittellinie, Grundlinie oder Unterlinie wählen und einen Wert eingeben.
- Wenn Sie auf „Einstellen" klicken, rufen Sie die Dialogbox „Linien in Rändern einstellen" für Musterseitenraster auf.
- Wenn Sie „Voransicht" aktivieren, können Sie die Einstellungen sofort im Layout sehen.
- Mit „Einstellungen laden" laden Sie Designraster-Einstellungen, die Sie vorher als Rasterstil exportiert haben.

Über das Register „Einstellungen anzeigen" können Sie die jeweiligen Linien und Farben des Rasters auswählen und somit optisch anpassen.

- Klicken Sie die Linien an, die gezeigt werden sollen.

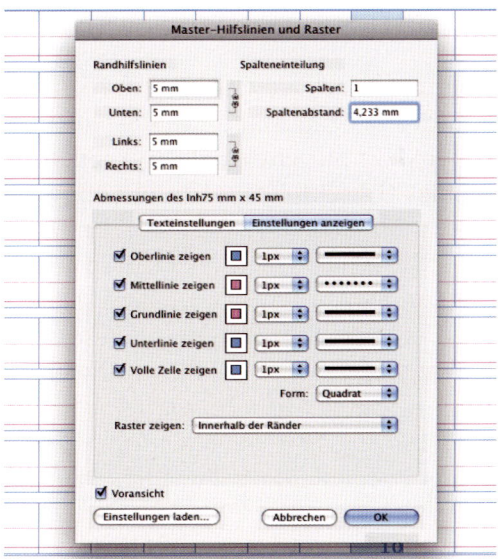

Dialog-Fenster „Master-Hilfslinien und
Raster"–>Register „Einstellungen anzeigen"

- Klicken Sie auf die Farbboxen, um die Farbe für die einzelnen Raster-linien festzulegen.
- Wählen Sie jeweils eine Linienbreite aus dem Menü „Stärke" aus.
- Wählen Sie jeweils einen Stil aus dem Menü „Stil".
- Wählen Sie, ob das Musterseitenraster innerhalb der Ränder, auf der Seite oder der Arbeitsfläche angezeigt werden soll.

Klicken Sie im Dialogfenster auf „Einstellen", um die Anzahl der Raster-linien zu ändern, die innerhalb der Ränder einer Musterseite liegen können. Manche der Einstellungen finden Sie auch im Register Textein-stellungen – die Änderungen werden in beiden Fenstern sichtbar

- „Linien im Rahmen" zeigt die Anzahl der Linien je Rahmen an. Die-ser Wert wird aktualisiert, wenn Änderungen vorgenomen werden.
- Wenn Sie neben einem Feld auf + oder – klicken, wird die Anzahl der Linien auf der Seite in Schritten von je einer Linie verringert oder er-höht. Beträgt die Anzahl der Linien pro Seite 50, der Wert der Schrift-größe 12 pt und die vertikale Schriftskalierung 100 %, dann erhöht sich der Wert von Linien pro Seite durch Klicken auf + neben Schrift-größe auf 51 und der Wert der Schriftgröße sinkt auf 11,765 pt.

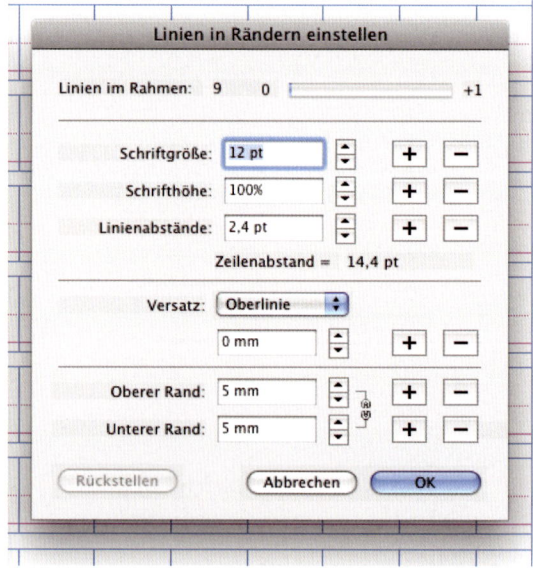

Dialog-Fenster „Linien in Rändern einstellen"

- In der Zuwachs-Anzeigeleiste sehen Sie einen Wert zwischen 0 und +1, der verdeutlicht, inwieweit ein Rastermuster nicht auf die Seite passt. Ist der Wert 0, dann passt die Vergrößerung des Rasters perfekt. Ist dies nicht der Fall, zeigt die Anzeigeleiste eine Schätzung der Fehlpassung.
- Klicken Sie auf „Rückstellen", um die Werte in allen Feldern auf den Zustand zurückzusetzen, in dem sie sich vor dem Aufrufen der Dialogbox befanden.
- Markieren Sie „Voransicht", bevor Sie diese Dialogbox aufrufen, können Sie die Änderungen sofort im Layout sehen.

3.4.1.2 Textrahmenraster

Das Designraster eines einzelnen Textrahmens wird im kontextsensitiven Menü des Textrahmens eingestellt. Wählen Sie bei markiertem Textrahmen Ctrl bzw. Ctrl+Umschalt+Maustaste–>„Rastereinstellungen" (Windows: Rechte Maustaste–>...).

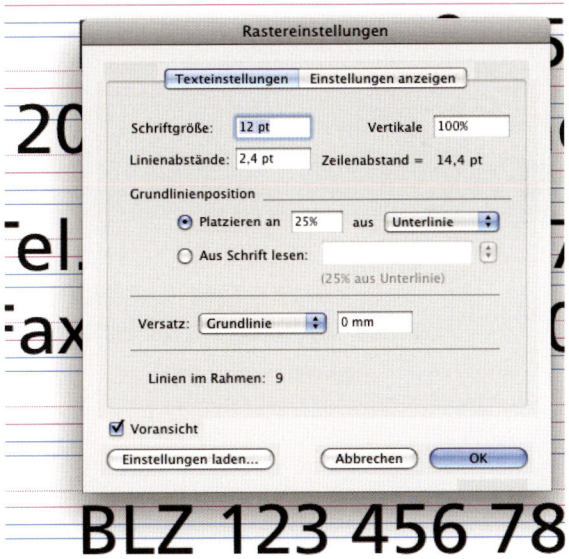

Dialog-Fenster „Rastereinstellungen"–>
Register „Texteinstellungen"

Sie haben in dem Fenster „Rastereinstellungen" unter „Texteinstellungen" ähnliche Einstellmöglichkeiten wie im Fenster für ein Designraster für eine ganze Seite – nur fallen bei Textrastern verschiedene Optionen weg. Zudem bezieht sich das Textraster nur auf einen einzelnen Textrahmen. Sie können mit diesen Einstellungen auf einer Seite gleichzeitig mehrere unterschiedliche Textraster einrichten – z.B. eines für den Fließtext, ein anderes für mehrzeilige Headlines und ein drittes für einen anders formatierten Text in einem Rubrikenkasten. Verwenden Sie zur Einstellung der Platzierung und der Abstände des Rasters diese Einstellelemente.

Im Register „Einstellungen anzeigen" legen Sie fest, welche Rasterlinien angezeigt werden. Es sind ähnliche Einstellmöglichkeiten wie für das Designraster für ganze Seiten – aber es gibt weniger Optionen. Mit der Vorschau können Sie Ihr Textraster sofort im Layout am jeweiligen Textrahmen prüfen.

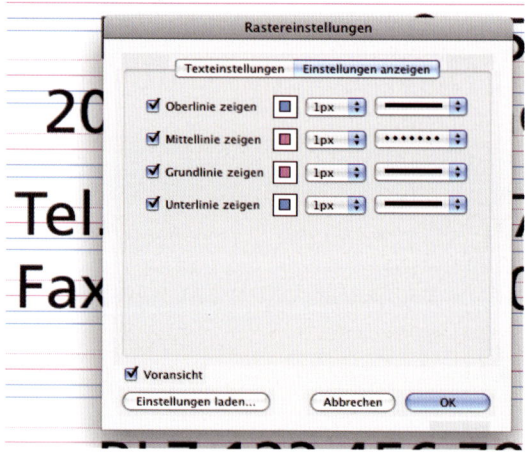

Dialog-Fenster „Rastereinstellungen"–>
Register „Einstellungen anzeigen"

3.4.2 Rasterstile

Sie können Rasterstile auch bequem einrichten und abspeichern, um sie über verschiedene Projekte hinweg konsistent für ähnliche Medien oder deren Anforderungen anzuwenden.

Ein Rasterstil ist eine „Stilvorlage" für ein Designraster. Es beinhaltet alle Einstellungen, die ein Raster beschreiben – sowohl für Musterseitenraster als auch für Textrahmenraster. Man kann auch Rasterstile auf anderen Rasterstilen basieren lassen, indem man einen Rasterstil als Vorlage benutzt und den Rasterstil, der darauf aufbaut, nur geringfügig modifiziert. Rasterstile richten Sie ein über „Bearbeiten"–>„Rasterstile". Im dann erscheinenden Fenster können Sie Rasterstile

- neu erstellen,
- aus anderen Projekten importieren und somit der Rasterstil-Palette anfügen,
- bearbeiten,
- duplizieren,
- löschen oder
- sichern.

Wenn Sie einen Rasterstil neu einrichten, geben Sie ihm einen Namen. Um die Platzierung und die Abstände des Rasters einzustellen, verwenden Sie das Register „Texteinstellungen" – es ähnelt den Einstellmöglichkeiten beim Anlegen eines Textrasters. Für die Anzeige der jeweiligen Rasterlinien verwenden Sie die Optionen im Register „Einstellungen".

Im Register „Texteinstellungen" haben Sie keine Möglichkeit der Vorschau. Aber Sie können den Rasterstil mit einer Absatzstilvorlage verknüpfen.

Dialog-Fenster „Rasterstile"

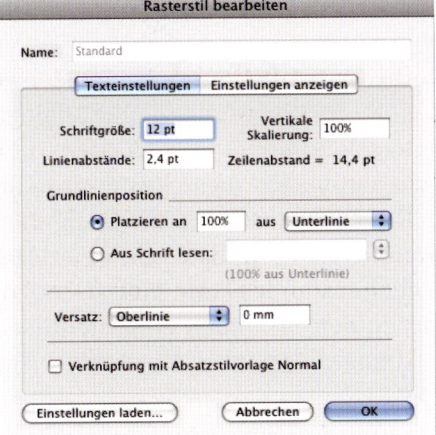

Dialog-Fenster „Neu" oder „Bearbeiten"

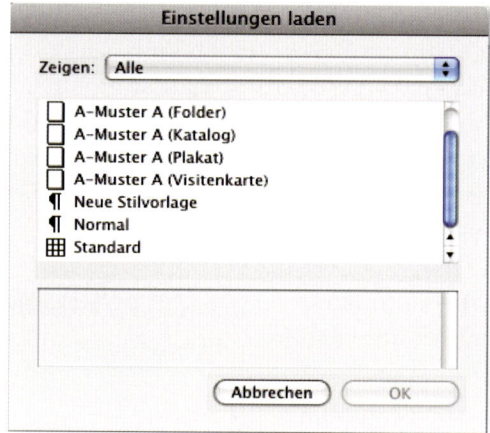

Dialog-Fenster „Einstellungen laden"

Klicken Sie auf „Einstellungen laden", werden Ihnen alle vorhandenen Musterseiten, Stilvorlagen und Rasterstile angezeigt. Wählen Sie in der Liste eine vorhandene Musterseite, eine Stilvorlage oder einen Rasterstil.

Sie können – wenn Sie eine Stilvorlage geladen haben – für deren Rasterstil festlegen, dass Änderungen der Stilvorlage den Rasterstil automatisch aktualisieren. Markieren Sie dazu „Verknüpfung mit Absatzstilvorlage". Die Einstellelemente für Schrift und Abstand sind dann nicht mehr verfügbar.

Die Spezifikationen der Musterseite, der Stilvorlage oder des geladenen Rasterstils werden in der Dialogbox „Musterseiten und Raster", „Rastereinstellungen" oder „Rasterstil bearbeiten" angezeigt. Nach dem Laden lassen sich diese Rastereinstellungen bearbeiten.

Der Zeilenabstand eines Designrasters wird in der Stilvorlage definiert, wenn ein Designraster auf einer Absatzstilvorlage basiert. Der Wert des Zeilenabstandes kann eine feste Zahl sein oder ein automatischer Wert, der in den Vorgaben eingestellt ist.

Unter „Fenster"–>„Rasterstile" finden Sie die Rasterstil-Palette. Alle gespeicherten Rasterstile werden dort angezeigt. Durch Ctrl+Klicken (Windows: Rechte Maustaste) auf einen Rasterstil oder durch Klicken auf das kleine Symbol oben rechts in der Palette können Sie einen neuen Rasterstil hinzufügen, einen bestehenden bearbeiten, duplizieren oder löschen.

Um einen Rasterstil aus der Palette auf einen Textrahmen anzuwenden, sollte die Ansicht des Textrahmenrasters aktiviert sein. Markieren Sie den Textrahmen und klicken Sie in der Palette auf den Namen eines Rasterstils.

Wird neben dem Namen eines Rasterstils in der Palette ein Pluszeichen angezeigt, bedeutet dies, dass das Textrahmenraster im markierten Textrahmen seit der letzten Zuweisung manuell modifiziert wurde.

Rasterstile-Palette

Um das ursprüngliche Textraster komplett unverändert zuzuweisen, klicken Sie entweder auf „Kein Stil" und anschließend auf den Namen des Rasterstils. Oder Sie klicken mit gedrückter Alt-Taste auf den veränderten Rasterstilnamen. Damit überschreiben Sie lokale Formatierungen des Textrahmenrasters. Diese Vorgehensweise trifft auch auf die Zuweisung anderer Stile aus Paletten wie Zeichen-, Absatz- oder Objektstile zu.

Wenn Sie bei der Erstellung eines Rasterstils kein Projekt geöffnet haben, wird der Rasterstil als Teil der Standard-Rasterstil-Liste in alle nachfolgend erstellten Projekte übernommen.

Achtung: Text rastet auf ein angelegtes Grundlinienraster erst ein, wenn Sie für einen oder mehrere Absätze in der Maßpalette „Text" im Register „Absatzattribute" das Häkchen bei „Am Grundlinienraster ausrichten" setzen – oder dies über den Menüpunkt „Stil"->„Formate" einrichten. Wenn ein Einrasten von Objekten oder Rahmen an einer Musterseiten-Rasterlinie erwünscht ist, wählen Sie „Ansicht"->„Am Seitenraster verriegeln". Unter „QuarkXPress"->„Einstellungen"-> „Drucklayout"->„Hilfslinien und Raster" (Windows: „Bearbeiten"->„Vorgaben"->...) können Sie im Eingabefeld „Fangradius Hilfslinien" einen Wert in Pixeln eingeben, innerhalb dessen Objekte an Seitenrastern einrasten, wenn „An Seitenrastern verriegeln" ausgewählt ist.

3.5 Bibliothek

Wenn Sie in Ihrem Printmedium mit immer wiederkehrenden Logos, Symbolen, Grafiken, Bildern, aber auch Textrahmen arbeiten, können Sie dafür eine Bibliothek anlegen. Wie der Begriff „Bibliothek" schon sagt, legen Sie dort alles ab, was Sie auf Folgeseiten wieder verwenden wollen. Eine Bibliothek kann bis zu 2.000 Einträge umfassen und folgende Objekte enthalten: Textrahmen, Textpfad, Bildrahmen, Linie, eine Mehrfachauswahl von Objekten oder eine Gruppe. Der Nachteil von Bibliotheken ist, dass sie meistens nur für das eigene Projekt gut funktionieren, aber nicht netzwerkfähig sind und nicht betriebssystemübergreifend funktionieren

Eine Bibliothek erstellen Sie wie ein Projekt. Wählen Sie „Ablage"->„Neu"->„Bibliothek" (Windows: „Datei"->...) und geben Sie ihr einen Namen.

Der nebenstehende Screenshot zeigt die Bibliothek für dieses Buch mit einer Textrahmen-Vorlage für Tastenkürzel und dem Glühbirnensymbol für Tipps&Tricks.

Objekte aus dem Layout können Sie durch

Bibliothek-Palette

einfaches Drag&Drop der Bibliothek hinzufügen. Wenn Sie das neu hinzuzufügende Objekt in die Bibliothek ziehen, erscheint dort als Bestätigungshinweis eine Lesebrille an der Einfügeposition. Das Objekt wird dann zwischen den beiden nach innen weisenden schwarzen Pfeilen eingefügt. Innerhalb der Bibliothek verschieben Sie Objekte durch einfaches Ziehen mit der Maus. Wenn Sie ein Objekt aus der Bibliothek löschen wollen, markieren Sie es, drücken die Lösch-Taste oder entfernen es mit „Bearbeiten"->„Ausschneiden" – Apfel+X (Windows: Strg+X) – oder „Bearbeiten"->„Löschen". (Unter Windows verwenden Sie das Menü „Bearbeiten" am oberen Rand der Bibliothekspalette.) Da die Objekte in der

Bibliothek nur Kopien der Originalobjekte sind, hat das Löschen keinen Einfluss auf die Objekte im Layout.

Sie können auch Objekte durch Drag&Drop von einer Bibliothek zu einer anderen verschieben oder Objekte ersetzen. Letzteres führen Sie durch, indem Sie das Ersatzobjekt im Layout markieren und kopieren. Markieren Sie dann das zu ersetzende Objekt in der Bibliothek und fügen Sie das kopierte Objekt dafür ein.

Wenn Sie ein Objekt aus der Bibliothek in das Layout einfügen wollen, wählen Sie ein Werkzeug und ziehen das Objekt in das Layout. Im Layout wird nur eine Kopie des Objekts platziert.

Bibliotheken bieten sich in verschiedenen Situationen an, wenn Sie z.B. ein Anzeigenblatt bearbeiten und mit vielen verschiedenen Anzeigenformaten arbeiten, die jedoch standardisiert sind. Die immer wiederkehrenden Anzeigenvorlagen für Anzeigen im 1/16-, 1/8-, 1/4-, 1/2-seitigem oder ganzseitigem Format können Sie elegant mit entsprechenden Textrahmen und einem vorformatierten Blindtext in einer Bibliothek speichern. Oder Sie gestalten eine Broschüre oder einen Katalog und verwenden dabei mehrere Logos von unterschiedlichen Firmen.

In diesem Fall können Sie die Objekte in der Bibliothek auch mit einem Namen kennzeichnen und sich immer nur die jeweils gewünschten Objekte in der Bibliothek anzeigen lassen.

Dafür doppelklicken Sie auf ein Objekt in der Bibliothek. Das folgende Fenster für einen Bibliothekseintrag öffnet sich. Bei verschiedenen Anzeigenblättern würden Sie nun Namen wie „Anzeigen Zeitschrift A", „Anzeigen Zeitschrift B" oder bei Firmenlogos „Logos Firma A", „Logos Firma B" usw. verge-

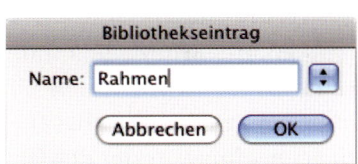

Bibliothekseintrag

ben. Über das kleine Pulldown-Menü am oberen Rand der Bibliothek lassen sich dann die Objekte nach den vergebenen Namen sortieren.

Ihre Objekte und alle in der Bibliothek vorgenommenen Änderungen werden beim Klicken auf das Schließfeld der Bibliothekspalette automatisch gesichert.

Sie können aber auch die Option „Automatisches Sichern der Bibliothek" unter „QuarkXPress"->„Einstellungen"->„Sichern" (Windows:

„Bearbeiten"->„Vorgaben"->...) aktivieren, mit der Änderungen fortlaufend gesichert werden.

Beim erneuten Starten von QuarkXPress und des bearbeiteten Projekts werden alle am Ende der letzten Sitzung aktiven Bibliothekspaletten wieder an ihrer damaligen Position geöffnet.

3.6 Synchronisierung und gemeinsam genutzte Inhalte

Wenn Sie die Synchronisierung von Objekten und Inhalten verwenden, die Sie der Palette „Mehrfach genutzte Inhalte" unter „Fenster"->„Mehrfach genutzte Inhalte" hinzufügen können, haben Sie die Möglichkeit, innerhalb eines Projekts über mehrere Layouts hinweg eine durchgehend konsistente Angleichung verschiedener, mehrfach benutzter Elemente zu erreichen. Diese Vorgehensweise bietet sich bei Geschäftspapieren an, wenn eine Firma Visitenkarten für ihre Mitarbeiter, Briefbögen, Flyer oder Folder und eventuell Broschüren und Kataloge benötigt. Einheitliche, immer wiederkehrende Elemente sind in diesem Fall sicherlich das Logo der Firma und die Adress-, Bank- und Finanzdaten.

Die Palette „Mehrfach genutzte Inhalte" kann Bilder, Rahmen, Linien, formatierten und unformatierten Text, Textrahmenketten und Gruppen enthalten. Wenn Sie der Palette ein Element hinzufügen, wird eine Musterversion des Elements in QuarkXPress gespeichert. Die an anderer Stelle in einem Layout verwendeten synchronisierten Elemente dieser Musterversion sind Instanzen davon. Sie sind so verkettet, dass eine Änderung an Element A auch eine Änderung an Element B bewirkt – und auch umgekehrt. Zu diesem Zweck können Sie angeben, welche Merkmale des Inhalts oder des Objekts synchronisiert werden sollen und was nicht synchronisiert werden soll.

Wenn Sie einen Textrahmen synchronisieren wollen, markieren Sie ihn und wählen „Objekte"->„Mehrfach nutzen ..." oder klicken in der Palette auf das grüne Pluszeichen. Sie geben dem synchronisierten Textrahmen einen Namen und legen fest, ob die Rahmenattribute und/oder der Inhalt, und in letzterem Fall nur der Inhalt oder der Inhalt und seine Attribute – die Formatierung – synchronisiert werden sollen.

Die Palette enthält nun einen Textrahmen mit dem vergebenen Namen, der eine Textkette enthält. Im Info-Fenster unten in der Palette wird an-

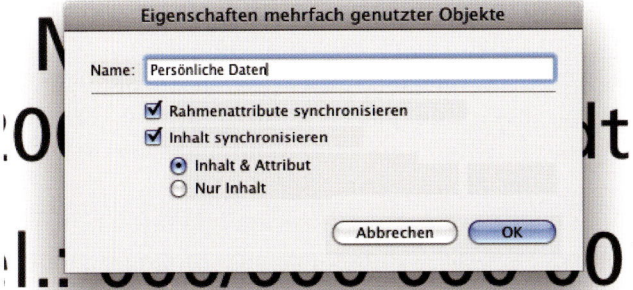

Dialog-Fenster „Mehrfach genutzte Objekte"

gegeben, dass Rahmenattribute, Inhalt und Attribute synchronisiert wurden. Die Textkette enthält nur den synchronisierten Inhalt und die Attribute.

Auf die gleiche Weise synchronisieren Sie ein Logo. In der Palette wird dann der Bildrahmen und der gewählte Name angezeigt. Der Bildrahmeninhalt wird separat als Bild und dessen Attribute – Skalierung, Drehung und Effekte – aufgelistet.

Neu hinzugefügter synchronisierter Textrahmen

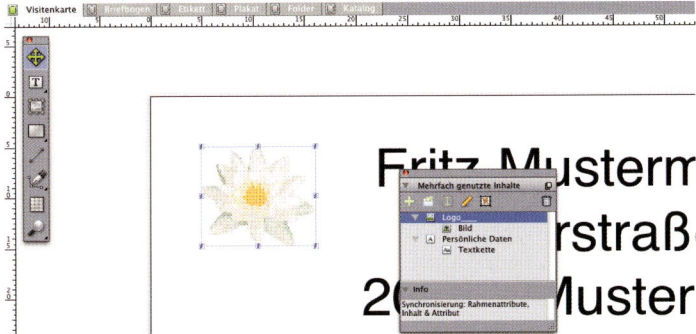

Ein eingefügtes synchronisiertes Bild mit Rahmenattributen, Inhalt und Attributen

Bei beiden synchronisierten Elementen – Text und Bild – verändern sich die Rahmenanfasspunkte in kleine, rechteckige bläuliche Symbole, die mehrfach genutzten Inhalt kennzeichnen.

Wenn Sie nun in einem anderen Layout auf diese mehrfach genutzten Elemente zurückgreifen wollen, können Sie den Textrahmen mit Inhalt und Attributen einfach mit dem Mauszeiger aus der Palette in das Layout ziehen. Beim Ziehen sehen Sie ein kleines schwarzes Rechteck mit einem Pluszeichen, das das Hinzufügen kenntlich macht.

Da bei dem Text sowohl Rahmen als auch Inhalt/Attribute synchronisiert wurden, können Sie daher alternativ den ganzen Textrahmen einfügen oder in einen aufgezogenen Textrahmen nur die Textkette.

Wollen Sie bei dem Logo nur den Inhalt und die Attribute, nicht jedoch den Rahmen in ein Layout einfügen, ziehen Sie einen Bildrahmen auf und fügen per Drag&Drop nur das Bild ein. Den Bildrahmen können

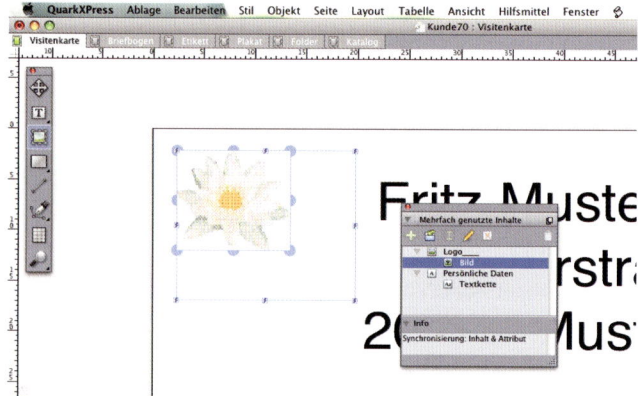

Einfügen des synchronisierten Bildes – nur Inhalt und Attribute – in einen vorhandenen Bildrahmen

Sie dann individuell für Ihr Layout anpassen. Synchronisiert sind dann nur der Bildrahmeninhalt und die Attribute.

Möchten Sie ein Element ohne synchronisierten Rahmen in ein Layout ohne einen vorhandenen Rahmen ziehen, wird dies beim Ziehen mit dem Mauszeiger mit einem schwarzen, durchgestrichenen Kreis gekennzeichnet – es ist nicht möglich.

Im Menü der Palette haben Sie die folgenden Optionen:

- Wollen Sie in ein bestehendes synchronisiertes Element ein neues Bild oder einen neuen Text importieren, markieren Sie das Element und klicken Sie auf das Ordnersymbol. Es öffnet sich ein Öffnen-Dialogfenster, in dem Sie eine Bild- oder Text-Datei auswählen können. Importierte Elemente können Sie unter „Ablage"->„Kollaborationseinstellungen" prüfen, wenn Sie dort auf „Inhalt" klicken. In diesem Fenster können Sie auch direkt Text oder Bilder importieren, die dann in der Palette erscheinen.

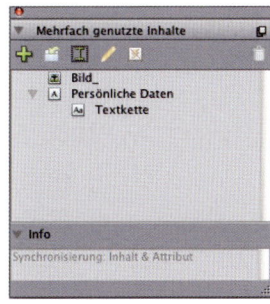

Palette „Mehrfach genutzte Inhalte"

- Eine andere Methode, im Layout in einen bestehenden Text- oder Bildrahmen ein synchronisiertes Element einzufügen, ohne es mit der Maus dort hineinzuziehen, besteht darin, den Rahmen zu markieren, dann auf das Element und auf den grünen Cursor zu klicken. Das Element wird in den Rahmen eingefügt.

- Mit dem Bleistiftsymbol können Sie nachträglich den Namen eines Elements ändern.

- Das viereckige Symbol rechts daneben desynchronisiert das markierte Element und alle mit ihm verbundenen mehrfach genutzten Elemente. Einen einzelnen Rahmen desynchronisiert man über das Kontextmenü. Die Elemente sind dann nicht mehr miteinander verbunden und Änderungen wirken sich nicht mehr auf alle Elemente aus, sondern diese können wie jedes einzelne Element im Layout gesondert bearbeitet werden.

- Mit dem Papierkorb-Symbol löschen Sie markierte Elemente.

- Im Pulldown-Menü, das Sie über das viereckige Symbol rechts oben erreichen, haben Sie noch die Möglichkeit, markierte Elemente zu duplizieren.

Um die Funktionsweise von synchronisierten Elementen zu verstehen, sollten Sie mehrere Layouts in einem Projekt im Programmfenster gleichzeitig anzeigen, indem Sie die Fenster teilen und die jeweiligen Layouts anwählen. Nehmen Sie nun Änderungen an einem mehrfach genutzten Inhalt vor – in diesem Fall könnte es auch eine Änderung der Forma-

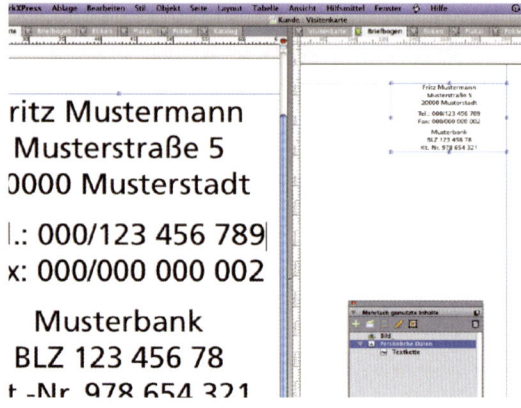

Automatische Textaktualisierung durch Änderung
des Textes in einem synchronisierten Textrahmen

tierung des Textes sein, da auch die Attribute synchronisiert sind –, wirkt sich die Änderung sofort auf das mehrfach genutzte Element in einem anderen Layout aus, was Sie auch optisch kontrollieren können.

Sie können auf diese Weise mit der Synchronisierung sehr flexibel festlegen, welche Elemente Sie wie synchronisieren wollen. Nur den Inhalt, so dass nur Textänderungen wirksam werden, ohne die Formatierung zu ändern? Oder Text mit Attributen/Formatierung? Bildelemente mit ihren Attributen, die nachträglich einheitlich modifiziert werden? Sie können aber auch einzelne Rahmen ohne Inhalt/Attribute synchronisieren, deren Formatierung Sie vorher festlegen, und Sie fügen in den Layouts in diese synchronisierten Elemente individuelle Inhalte ein.

3.7 Seitenlayout: Einige Beispiele

Ohne technisches und gestalterisches Hintergrundwissen kommen Sie mit QuarkXPress nicht sehr weit. Sie können dann zwar ein Layout anlegen, Ränder einstellen und die Spalten angeben. Was dies aber beim Einrichten eines Layouts für Ihr Printmedium oder den Produktionsablauf bedeutet, wird Ihnen dadurch noch nicht klar. Aus diesem Grund erfolgen in den nächsten Abschnitten einige gestalterische Hinweise, damit Sie Ihr

Projekt vor der Gestaltung effektiv planen und es in QuarkXPress auch korrekt anlegen. Sie sparen sich dadurch bei Ihrer Arbeit eine Menge Zeit.

3.7.1 Flyer

Wenn Sie einen einseitigen Flyer als Handout im Format DIN A5 gestalten wollen, ist die Einrichtung einfach. Sie wählen einen Layoutnamen, den Layouttyp „Printlayout" und geben das Format DIN A5, also 148 x 210 mm im Hochformat ein. Damit Ihre Gestaltungsobjekte nicht direkt an den Rand des Flyers platziert werden, geben Sie sicherheitshalber bei den Rändern jeweils 5 mm ein und deaktivieren das Feld „Doppelseiten" – da Sie ja nur ein einseitiges Dokument planen – und das Feld „Automatischer Textrahmen". Die Spaltenanzahl ist hier irrelevant.

3.7.2 Folder

Die Einrichtung eines vierseitigen Folders im DIN-Lang-Format, also 210 x 210 mm, einmal gefalzt auf 105 x 210 mm, ist relativ unproblematisch. Hierbei können Sie die Ränder wie in obigem Beispiel wählen, würden aber das Feld „Doppelseiten" und „Automatischer Textrahmen" aktivieren. Nach dem Einrichten wählen Sie den Menüpunkt „Seite"->„Einfügen" und fügen drei weitere Seiten hinzu, damit Sie einen vierseitigen Folder haben.

Problematisch wird es bei einem Folder im DIN-A4-Format, der als Wickelfalz produziert werden soll – also zweimal gefalzt. Das Falzen übernimmt die Druckerei für Sie, aber Sie müssen das Dokument entsprechend einrichten. Ein Wickelfalz ist ein Folder, der sechs Seiten hat, wobei die hinteren beiden Seiten in den Folder eingeklappt werden.

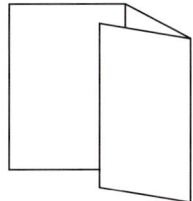

Wickelfalz

Das DIN-A4-Format im Querformat wird dazu in drei Teile unterteilt und an den Trennlinien gefalzt. Sie können sich vorstellen, dass der dritte Teil dieses Folders geringfügig schmäler sein muss, da er eingeklappt wird und nicht die Breite der anderen Seiten haben darf. Das Format DIN A4 hat im Querformat die Maße 297 x 210 mm, die Breite des Formats in drei Teile geteilt sind jeweils 99 mm. Wenn jedoch der dritte Teil des Folders kleiner sein muss, müssen Sie anders rechnen: Die beiden ersten Teile bekommen jeweils 100 mm und der dritte Teil 97 mm. Damit ist gewährleistet, dass der dritte Teil eingeklappt werden kann.

Sie können in QuarkXPress in einem Layout keine unterschiedlichen Dokumentgrößen einrichten. Daher legen Sie das Dokument als DIN-A4-Querformat an und fügen eine weitere Seite für die Rückseite des Folders hinzu. Dann nehmen Sie die Unterteilung der beiden Seiten in drei Teile mit vertikalen Hilfslinien von Hand vor – oder komfortabel über die Hilfslinien-Palette.

Beachten Sie folgendes: Wenn Sie einen Wickelfalzfolder aufklappen und somit die Seiten 2–4 anschauen, dann ist die Seite 4 diejenige, die eingeklappt wird und somit schmäler ist. Wenn Sie den Folder jedoch umdrehen und die Seiten 5, 6 und 1 anschauen, dann ist es die Seite 5, die eingeklappt wird und somit schmäler ist. Auf der ersten Layoutseite – dem Innenteil des Folders – ist somit der rechte Teil schmäler, auf der zweiten Layoutseite der linke Teil. Die Innenseite sollte also 99 mm – 99 mm – 97 mm angelegt werden, die Rückseite jedoch 97 mm – 99 mm – 99 mm.

Stellen Sie bei der Einrichtung des Dokuments die Ränder auf 5 mm, betrifft dies nur das ganze DIN-A4-Dokument. Sie sollten in diesem Falle noch manuell für alle sechs Teilbereiche des zweiseitigen Dokuments Hilfslinien mit 5 mm Abstand zu den trennenden Falzkanten der Teile einrichten. So haben Sie die Gewissheit, dass beim Betrachten des fertigen Folders die Gestaltungselemente der einzelnen Seiten immer den gleichen Abstand von 5 mm zum Rand bzw. zur Falzkante haben – es sei denn, Sie haben Text oder Bilder, die die Teile überlappen sollen.

3.7.3 Zeitschrift oder Buch

Die Einrichtung eines Layouts für Mehrseiter wie eine Zeitschrift oder ein Buch ist dagegen nicht ganz einfach. Zeitschriften und Bücher haben Ränder – sogenannte Stege – und eventuell Kolumnentitel. Auf diesen Seiten sind das der tote Kolumnentitel „Anleitung für QuarkXPress" und der lebende Kolumnentitel „3 – Projekteinrichtung und Layout". Außerdem noch die Pagina. Alles, was an Text und Bildern innerhalb der eingerichteten Stege eines Mehrseiters steht, nennt man Satzspiegel. Nicht zum Satzspiegel gehören Kolumnentitel, Pagina und Marginalien – das sind Erläuterungen zum Fließtext, die außerhalb des Satzspiegels stehen.

Wenn man eine Zeitschrift oder ein Buch öffnet, stellt man mitunter fest, dass man Text oder Bilder in der Mitte, wo eine Zeitschrift geklammert oder ein Buch gebunden ist, nicht richtig lesen kann. Dies hängt damit zusammen, dass der Innensteg schlecht eingerichtet wurde und zu schmal ist. Zudem haben in unterschiedlichen Publikationen die Stege insgesamt auch unterschiedliche Maße.

Es gibt mehrere Methoden, um die Stege einer Zeitschrift einzurichten, damit sich ein harmonisches Bild für Leser ergibt. Eine davon ist der „Goldene Schnitt", der ein harmonisches Seitenmaß vermittelt. Bei der Einrichtung der Stege eines Layouts ist es jedoch am einfachsten, wenn man davon ausgeht, dass der Bund- oder Innensteg die größte Breite braucht, damit man beim Aufklappen des Printmediums noch alles lesen oder sehen kann. Als Zweites folgt der Fußsteg, in dem die Pagina steht. Schließlich noch der Kopfsteg für einen Kolumnentitel und dann der Außensteg.

Sie gehen auf einer rechten Seite des Dokuments von innen nach unten nach außen nach oben – entgegen des Uhrzeigersinns – und verringern jeweils den Steg um einige Millimeter. Damit erzielen Sie gute Ergebnisse. Einzige Ausnahme: Wenn die Zeitschrift oder das Buch einen Kolumnentitel beinhalten soll, muss der Kopfsteg etwas größer sein.

Bei einer Zeitschrift definieren Sie durch die Wahl eines Layoutformats und die Maße der Stege im Fenster zum Einrichten des Layouts den Satzspiegel – derjenige Teil der Seite, der Text und Bilder enthält und für den Leser interessant ist. Mit dieser Wahl bestimmen Sie aber auch automatisch die Breite einer Textspalte, die zwar von der Anzahl der Spalten und dem Spaltenabstand abhängt, aber nicht direkt angegeben werden kann – sondern nur indirekt.

Die Spaltenbreite ist aber – wenn man für einen Verlag arbeitet, der seinen Kunden auch Anzeigenschaltungen in seinen Publikationen anbietet – maßgebend für die Anzeigengröße, die die Kunden schalten können. Seien es ein-, zwei- oder dreispaltige Anzeigen oder Anzeigen für halbe oder ganze Satzspiegelhöhe usw. Damit direkt verbunden sind die

Preise, die Anzeigenkunden zahlen müssen, und damit die Einnahmen und schließlich die Existenzgrundlage des Verlags.

Gehen Sie in diesem Fall folgendermaßen vor: Da Sie im Layouteinrichtungsfenster keine Spaltenbreite eingeben können, errechnet sich die Spaltenbreite durch Eingabe des Layoutformats, der eingegebenen Stege, die wiederum den Satzspiegel bestimmen, und dann der Anzahl der Spalten und des Spaltenabstands.

Ein Rechenbeispiel: Nach Absprache mit der Druckerei, welche Formate am kostengünstigsten verarbeitet werden können, einem Angebot für den Druckpreis und der Freigabe des Verlegers richten Sie das Dokument als DIN-A4-Format im Hochformat ein – 210 x 297 mm. Ausgehend vom Bundsteg gegen den Uhrzeigersinn nach oben gehend, richten Sie Stege mit innen 18 mm, unten 16 mm, außen 14 mm und oben 15 mm ein – weil Sie einen Kolumnentitel einbinden wollen. Aus Ihren Eingaben für Layoutgröße und Stege ergibt sich dann der folgende Satzspiegel: 210 mm – (18 mm + 14 mm) = 178 mm Breite und 297 mm – (16 mm + 15 mm) = 266 mm Höhe.

Wenn Sie das Dokument dreispaltig einrichten, geben Sie im Layouteinrichtungsfenster für Spaltenanzahl „3" ein und für Spaltenabstand „5 mm", das ist ein gängiger Wert. Sie können dies zwischen 4 und 6 mm variieren, sollten aber nicht zu sehr davon abweichen, das hindert den Lesefluss. Da die Satzspiegelhöhe für die Spaltenbreite nicht maßgebend ist, erhält man in diesem Fall eine Spaltenbreite von 178 mm – 2 x 5 mm = 168 mm : 3 = 56 mm. Dies ist ein gutes Maß für eine Spaltenbreite, denn es handelt sich um einen ganzzahligen Wert und nicht um Komma-Angaben. Dies kann man Anzeigenkunden problemlos kommunizieren. Man erhält in diesem Fall eine Anzeigengröße bei einspaltigen Anzeigen von 56 mm x max. 266 mm, bei zweispaltigen Anzeigen von 117 mm x max. 266 mm und bei dreispaltigen Anzeigen von 178 mm x max. 266 mm.

Natürlich sind immer Anzeigen möglich, die die Seitenhöhe und/oder -breite ausnutzen und über den Satzspiegel hinaus und in den Anschnitt gehen. Die genannten Anzeigengrößen sind jedoch für diese Layoutgröße und -einrichtung realistische Formate.

Der Verleger der Zeitschrift kann anhand der Anzeigengrößen – und unter Einbeziehung anderer Parameter wie Farbigkeit, Auflage, Verbreitungsgebiet usw. – die Preise für die Anzeigen berechnen und seinen Anzeigenkunden mitteilen.

Vorsicht: Sollte dem Verleger die Anzeigenbreite und damit Spaltenbreite nicht zusagen, müssen Sie das Layout, ausgehend vom Layoutformat, von der Einrichtung der Stege, der Anzahl der Spalten und vom Spaltenabstand neu einrichten.

Und: Wenn Sie Ihren redaktionellen Teil mit einer entsprechender Schriftgröße und einem entsprechenden Zeilenabstand eingerichtet haben, ist die Frage relevant, ob Sie mit diesen Angaben – der Einrichtung des Layouts, der Stege, des Satzspiegels, der Spaltenanzahl und des Spaltenabstands – auch alle redaktionellen Artikel der Redakteure unterbringen oder ob dies nicht möglich ist. In diesem Fall müssen Sie aufgrund der Layouteinrichtung, der Schriftgröße und des Zeilenabstands das Layout nochmals neu „berechnen", eventuell sogar durch eine Änderung des Layoutformats, des Satzspiegels oder des Spaltenabstands. Bis Sie zu einem befriedigenden Ergebnis für alle Beteiligten kommen – für den Verleger, die Anzeigenkunden, die Anzeigenakquisiteure, die Redakteure und Journalisten und natürlich für Sie als Gestalter.

Die Einrichtung eines Layouts bedarf einiger vorausgehender Überlegungen, um spätestens nach dem Erzeugen des PDF und dann im Druck zu einem zufriedenstellenden Ergebnis zu kommen.

4 Text, Stilvorlagen und Schriften

4.1 Text

Text importieren Sie auf drei verschiedene Wege in Ihr Layout:

- Sie ziehen einen beliebigen Rahmen auf, wählen das Inhaltswerkzeug, markieren den Rahmen und wählen den Menüpunkt „Ablage"->„Text importieren" oder das Tastenkürzel Apfel+E (Windows: Strg+E). In dem dann sich öffnenden Fenster wählen Sie die Textdatei aus.
- Einfacher geht es ohne aufgezogenen Rahmen: Nur „Ablage"->„Text importieren" wählen – oder das Tastenkürzel Apfel+E (Windows: Strg+E) –, dann eine Textdatei wählen und der Text wird in einen neuen Rahmen importiert.
- Alternativ können Sie Textdateien auch per Drag&Drop vom Schreibtisch oder einem Ordner Ihres Computers in das Layout hineinziehen. Es wird automatisch ein Textrahmen mit dem eingefügten Text erzeugt.

Wenn zu importierender Text automatisch über mehrere Seiten laufen soll, verwenden Sie in „QuarkXPress"->„Einstellungen"->„Drucklayout"->„Allgemein" (Windows: „Bearbeiten"->„Vorgaben"->...) die Option „Seiten einfügen am". Sie können zwischen „Textende", „Abschnittsende" oder „Dokumentende" wählen. Bei der Erstellung des Layouts muss jedoch vorher die Option „Automatischer Textrahmen" aktiviert worden sein. Beim Import von Text werden dann zusätzliche Seiten eingefügt.

Mac OS:	
Apfel+E	Text importieren
Umschalt+Apfel+D	Zeichenattribute
Umschalt+Apfel+F	Absatzattribute
Windows:	
Strg+E	Text importieren
Strg+Umschalt+D	Zeichenattribute
Strg+Umschalt+F	Absatzattribute

Die Formatierung des Textes für einzelne Zeichen oder Wörter und die Formatierung von Absätzen nehmen Sie auf unterschiedliche Weise vor:

- Für Zeichen oder Wörter über die Maßpalette, über den Menüpunkt „Stil" und dann über die obere Gruppe von Menüpunkten von „Schrift" bis „Text in Rahmen" oder den Menüpunkt „Zeichen".
- Für die Absatzformatierung können Sie eine Formatierung über die Maßpalette vornehmen, weiterhin über den Menüpunkt „Stil" und dann die zweite Gruppe von Menüpunkten von „Ausrichtung" bis „Absatzstilvorlagen" oder über den Menüpunkt „Formate".

4.2 Zeichen- und Absatzformatierung

4.2.1 Zeichenformate

4.2.1.1 Zeichenattribute

Um einzelne Zeichen oder Wörter zu formatieren, markieren Sie mit dem Cursor und formatieren sie dann über die Maßpalette oder über den Me-

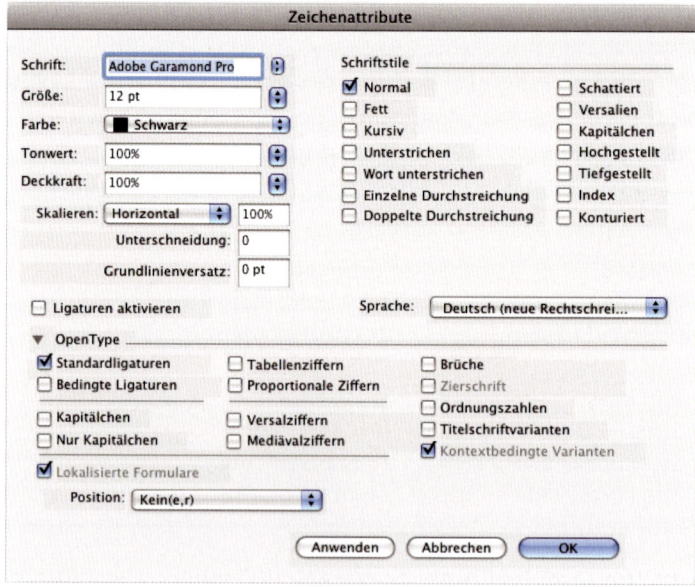

Dialog-Fenster „Zeichenattribute"

nüpunkt „Stil"->„Zeichen" – Tastenkürzel Umschalt+Apfel+D (Win-dows: Strg+Umschalt+D). Es erscheint das Dialog-Fenster „Zeichenattribute".
Hier können Sie unterschiedliche Einstellungen wählen:

- Schriftart – und damit auch Schriftstil,
- Schriftgröße,
- Schriftfarbe,
- Tonwert der Schriftfarbe,
- vertikale und horizontale Skalierung,
- Unterschneidung/Spationierung und
- Grundlinienversatz.
  Darüber hinaus
- Aktivierung von Ligaturen,
- die Sprache, nach der die Silbentrennung und Rechtschreibung agiert und
- wenn Sie eine Opentype-Schrift gewählt haben, haben Sie in dem wei-teren Menü – das Sie durch Klicken auf das kleine, graue Dreieck öff-nen können – die Möglichkeit, die echten, in der Schrift vorhandenen Schriftzeichen für z.B. Kapitälchen, Mediävalziffern oder Brüche zu aktivieren.

Mac OS:
Umschalt+Alt+Apfel+.   Vergrößert Schriftgröße um 1 pt
Umschalt+Alt+Apfel+,   Verringert Schriftgröße um 1 pt
Umschalt+Apfel+.   Vergrößert Schriftgröße zu Standard-
                         größen von 12 pt, 14 pt, 18 pt, 24 pt ...
Umschalt+Apfel+,   Verringert Schriftgröße in gleicher Weise

Windows:
Strg+Alt+Umschalt+0   Vergrößert Schriftgröße um 1 pt
Strg+Alt+Umschalt+7   Verringert Schriftgröße um 1 pt
Strg+Umschalt+0   Vergrößert Schriftgröße zu Standard-
                         größen von 12 pt, 14 pt, 18 pt, 24 pt ...
Strg+Umschalt+7   Verringert Schriftgröße in gleicher Weise

Die Schriftstile auf der rechten oberen Seite sollten mit Bedacht ange-wandt werden. Bei der Wahl von manchen dieser Stile durch Setzen eines Häkchens wird eine technische Modifikation des regulären Schriftschnitts erzeugt, sofern auf dem Computer der Originalschriftschnitt nicht installiert und aktiviert ist. Ist der Originalschnitt vorhanden, greift der Computer auch darauf zu. Überprüfen können Sie dies unter „Hilfsmittel"–>„Verwendung"–>„Schriften"–>„Weitere Info". Bei diesen modifizierten Schriftschnitten kann es vorkommen, dass ältere Drucker oder Belichter diese Schriftstile nicht drucken und die unmodifizierten ausgeben. Stile wie „Unterstrichen" oder „Durchgestrichen" können Sie jedoch bedenkenlos nutzen, da es dafür keine eigenen Schriftschnitte gibt.

Skalierung und Unterschneidung/Spationierung können Sie verwenden, wenn Sie einen Text in einer Textspalte haben, der etwas zu lang oder zu kurz ist. Verringern/verbreitern Sie geringfügig die Ziffern oder unterschneiden/spationieren Sie den Text. Auf diese Weise kann der Text manchmal in eine Textspalte eingepasst werden.

Mac OS:
Umschalt+Alt+Apfel+# Spationierung um 1/200 Geviert
Umschalt+Alt+Apfel+Ä Unterschneidung um 1/200 Geviert
Umschalt+Apfel+#   Spationierung um 1/20 Geviert
Umschalt+Apfel+Ä   Unterschneidung um 1/20 Geviert

Windows:
Strg+Umschalt+Alt+.   Spationierung um 1/200 Geviert
Strg+Umschalt+Alt+,   Unterschneidung um 1/200 Geviert
Strg+Umschalt+.   Spationierung um 1/20 Geviert
Strg+Umschalt+,   Unterschneidung um 1/20 Geviert

Wenden Sie Skalierung und Unterschneidung/Spationierung immer auf ganze Absätze an und nicht auf einzelne Wörter oder Zeilen, da man dies im Printmedium sieht.

Kann ein Text auf diese Weise nicht korrigiert werden, gibt es nur noch die Möglichkeit, entweder Absatzschaltungen im Text herauszunehmen/hinzuzufügen oder der Redakteur muss den Text kürzen/verlängern. Allerletzte Möglichkeit: Bilder verschieben oder verkleinern/vergrößern.

4.2.1.2 Text in Rahmen umwandeln

Wenn Sie Text in Rahmen umwandeln wollen, markieren Sie den Text oder Textrahmen und wählen Sie „Objekt"->„Text in Rahmen umwandeln". In dieser Menüfunktion haben Sie die Option,

- Text, der in Rahmen umgewandelt wird, im Textrahmen zu verankern. Dies ist die gleiche Vorgehensweise, wie wenn ein Objekt per Copy& Paste in einen Textrahmen eingebunden wird, damit das Mitfließen des Objekts im Text bei geändertem Umbruch gewährleistet wird.
- Text nicht zu verankern, sondern als eigenen Rahmen einzufügen oder
- den ganzen Textrahmen in editierbare Rahmen umzuwandeln.

Menüpunkt „Text in Rahmen umwandeln"

Handelt es sich um einen mehrspaltigen Text, werden die Textrahmen immer zeilenweise umgewandelt bzw. eingefügt.

Text, der in Rahmen umgewandelt wurde, lässt sich nicht mehr wie normaler Text editieren. Sie haben keine Schriftzeichen mehr in Ihrem Layout, sondern editierbare Beziér-Rahmen.

Mit der Umwandlung von Text in editierbare Rahmen haben Sie viele Gestaltungsmöglichkeiten – Sie können z.B. ein in Rahmen umgewandeltes Wort mit einem Farbverlauf oder einem Bild füllen. Dazu markieren Sie das Wort und importieren in den Rahmen ein Bild.

Hintergrundbild über ein ganzes Wort – zuvor in Rahmen gewandelt

Wenn Sie einen Text in Rahmen umgewandelt und die Option „Nicht verankern" gewählt haben, wird der Rahmen als neues Objekt in das Layout eingefügt. Sie können über „Objekt"–>„Teilen" die verketteten Pfade der Rahmen der Textzeilen in einzelne, editierbare Rahmen zerlegen.

Mein QXI gre
zurück, die da
Stilvorlagen, kl
der ganz alten

Einzelner Rahmen eines in Rahmen gewandelten Textes

- Wenden Sie den Befehl „Außenpfade" auf einen vereinten Schriftrahmen mit mehreren, nicht überlappenden Formen an. Die Menüfunktion erhält alle Informationen der Außenpfade. Die einander nicht überlappenden Außenpfade und somit nur die äußeren Pfade der Schriftzeichen werden einzeln editierbar in separate Rahmen aufgeteilt.
- Mit dem Befehl „Alle Pfade" werden alle Formen eines komplexen Rahmens in separate Rahmen aufgeteilt. Auch die Pfade innerhalb eines Zeichens – wie die Rundung in einem „o" – werden einzeln abgebildet.

- Über „Objekt"–>„Vereinen"–>„Vereinigung" können mehrere einzelne Zeichenpfade wieder zu einem Wort oder einer Gruppe vereint werden.

4.2.2 Absatzformate

4.2.2.1 Absatzattribute

Zur Formatierung eines Absatzes reicht es, wenn der Cursor in dem Absatz steht – die vorgenommenen Formatierungsoptionen betreffen dann den ganzen Absatz. Zur Formatierung mehrerer Absätze ziehen Sie den Cursor über diese Absätze, markieren sie auf diese Weise und nehmen dann die Formatierungen vor.

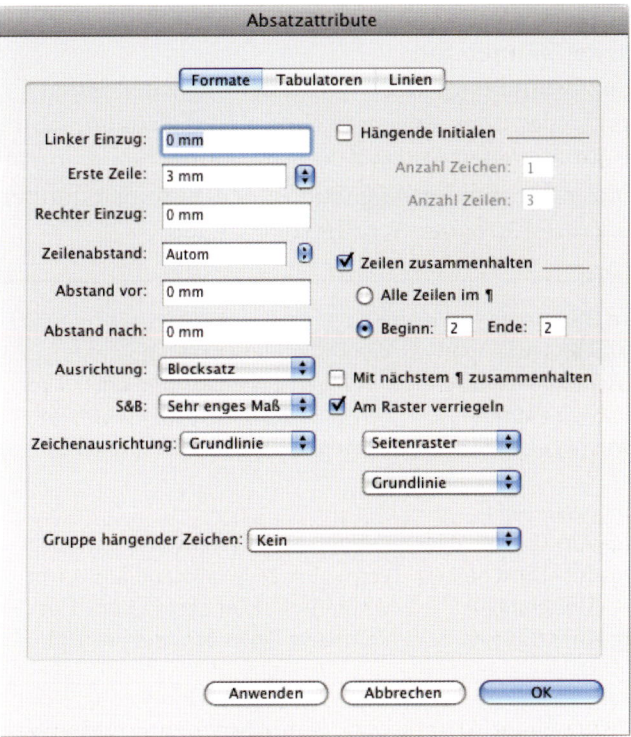

Dialog-Fenster „Absatzattribute"–>Register „Formate"

Wählen Sie den Menüpunkt „Stil"->„Formate" – Tastenkürzel Umschalt+Apfel+F (Windows: Strg+Umschalt+F). Sie erhalten das Dialog-Fenster „Absatzattribute". Sie haben die Möglichkeit, einen Absatz zu formatieren, Tabulatoren einzurichten oder dem Absatz Linien hinzuzufügen.

Bei der Absatzformatierung haben Sie folgende Optionen:
- Linker Einzug,
- rechter Einzug oder
- Erstzeileneinzug für die erste Zeile eines Absatzes.

In Printmedien haben Sie zwei Möglichkeiten, um Absätze optisch voneinander zu trennen und dem Auge des Lesers eine Hilfestellung beim Lesen zu geben. Entweder mit einer Leerzeile zwischen den Absätzen oder mit einem Erstzeileneinzug. Der allererste Absatz eines Texts erhält keinen Erstzeileneinzug – dieser ist ja der Beginn des Artikels und braucht somit nicht optisch abgehoben werden!

Des Weiteren können Sie:
- Den Zeilenabstand eingeben – entweder mit einer festen Größenangabe in Punkt oder dem automatischen Zeilenabstand, für den Sie einfach eine „0" eingeben. QuarkXPress berechnet den automatischen Zeilenabstand aufgrund der Angaben in den Voreinstellungen, die standardmäßig auf 120% der Schriftgröße stehen.

Mac OS:	
Umschalt+Alt+Apfel+L	Vergrößert Zeilenabstand um 0,1 pt
Umschalt+Alt+Apfel+K	Verringert Zeilenabstand um 0,1 pt
Umschalt+Apfel+L	Vergrößert Zeilenabstand um 1 pt
Umschalt+Apfel+K	Verringert Zeilenabstand um 1 pt
Windows:	
Strg+Alt+Umschalt+Ä	Vergrößert Zeilenabstand um 0,1 pt
Strg+Alt+Umschalt+Ö	Verringert Zeilenabstand um 0,1 pt
Strg+Umschalt+Ä	Vergrößert Zeilenabstand um 1 pt
Strg+Umschalt+Ö	Verringert Zeilenabstand um 1 pt

- Einem Absatz einen Abstand vor dem Absatz zum vorherigen vergeben.
- Einem Absatz einen Abstand nach dem Absatz zum folgenden vergeben.

- Die Ausrichtung wählen.
- Die Silbentrennung und den Blocksatz auswählen. Diese Einstellungen können Sie unter dem Menüpunkt „Bearbeiten"->„S&B" ändern, für verschiedene Projekte unter verschiedenen Namen abspeichern und im Absatzattribute-Fenster dann wählen.
- Die Zeichenausrichtung an der Ober-, Mittel-, Grund- oder Unterlinie wählen.

Auf der rechten Seite im Fenster „Absatzattribute" können Sie angeben, ob

- ein Absatz eine Initiale hat. Dies wird gern in Zeitschriften oder Büchern für den ersten Absatz eines Abschnitts oder Artikels verwendet. Sie können angeben, aus wie vielen Zeichen die Initiale bestehen und über wie viele Zeilen sie gehen soll.

Die nächsten beiden Optionen betreffen zwei unschöne typografische Vorkommnisse beim Satz von Fließtext: Schusterjunge und Hurenkind. Der Schusterjunge bezeichnet den Fall, wenn die erste Zeile eines Absatzes am Ende eines Textrahmens oder einer Spalte allein zu sehen ist. Das Hurenkind stellt die Situation dar, wenn die letzte Zeile eines Absatzes allein in einen neuen Textrahmen oder eine neue Spalte umbricht. Schusterjungen werden von Druckvorstufenbetrieben in Printmedien akzeptiert – nicht jedoch Hurenkinder.

- „Zeilen zusammenhalten" hält mit „Alle Zeilen im Absatz" ganze Absätze zusammen, sodass innerhalb des Absatzes kein Textumbruch erfolgt. Oder es werden Schusterjungen und Hurenkinder verhindert, indem Sie in den Feldern „Start" und „Ende" Werte größer als 1 eingeben.
- „Mit nächstem Absatz zusammenhalten" hält Absätze mit dem jeweils darauffolgenden zusammen.
- „Am Raster verriegeln" gibt an, ob Fließtext am Grundlinienraster einrastet.

Bei dieser letzten Formatierung haben Sie mehrere Möglichkeiten:

- Am Seitenraster oder
- am Textraster verriegeln und zwar jeweils
- an der Ober-, Mittel-, Grund- oder Unterlinie.

Die „Gruppe hängender Zeichen" wird in Abschnitt 4.2.2.2 behandelt.

 Die zweite Möglichkeit bei der Absatzformatierung besteht im Setzen von Tabulatoren. Text oder Ziffern an bestimmten Textpositionen im Layout wie in Form einer Tabelle sollten niemals mit Leerstellen eingerichtet werden, da sie damit nicht passend übereinander positioniert werden können. Die Texte sind zum Teil unterschiedlich lang oder bestehen auch aus unterschiedlich breiten Buchstaben oder Ziffern. Verwenden Sie dazu Tabulatoren! Eingerichtete Tabulatoren lassen sich im Nachhinein sehr schnell modifizieren, weil Sie nur einen anderen Wert für den Tabulator eingeben müssen – schon richtet sich der Text nach dieser Angabe aus.

Im Register „Tabulatoren" können Sie folgende Einstellungen wählen:
- Linksbündiger, zentrierter, rechtsbündiger Tabulator, zentrierte Ausrichtung an Punkt oder Komma oder beliebige Eingabe für die Ausrichtung,

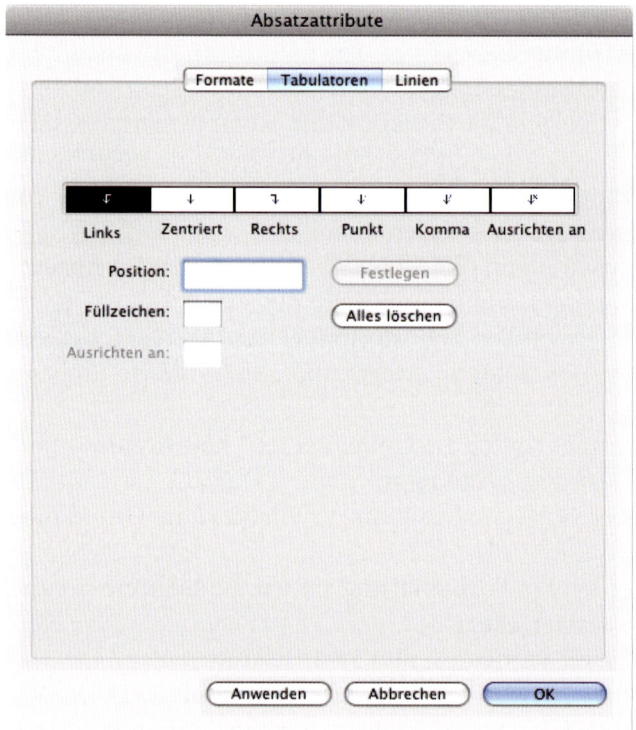

Dialog-Fenster „Absatzattribute"–>Register „Tabulatoren"

- Position,
- Füllzeichen oder
- Ausrichtungsziffer.

Die dritte Möglichkeit der Formatierung besteht darin, einzelnen Absätzen horizontale Linien vor oder hinter dem Absatz zuzuweisen. In Zeitungen werden manchmal Artikel auf diese Weise getrennt.

Die Linien können Sie einrichten, indem Sie

- „Linie oben" und/oder „Linie unten" wählen,
- bei der Länge „Einzüge" – wobei Sie den Einzug von links und rechts individuell einrichten können – oder „Text" wählen – die Linie verläuft über die gesamte Breite des Texts des Absatzes,
- den Versatz der Linie – in positiven oder negativen Angaben in Prozent oder Millimetern wählen, außerdem

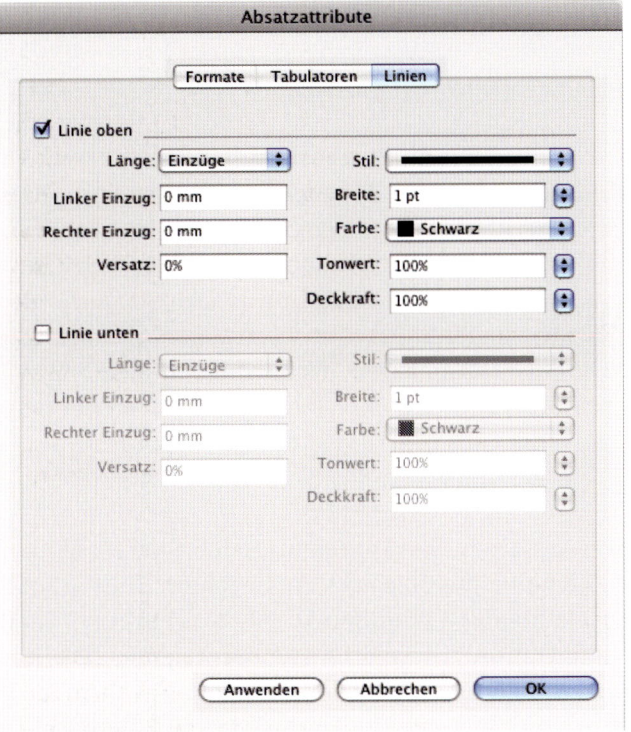

Dialog-Fenster „Absatzattribute"–>Register „Linien"

- Stil,
- Breite,
- Farbe,
- Tonwert und
- Deckkraft.

Absatzlinien bieten eine Gestaltungsmöglichkeit, eine Headline oder mehrere Textzeilen mit einem farbigen Kasten zu hinterlegen. Legen Sie die Stärke oder Breite der Linie größer an und erhöhen Sie den Versatz, bis die Linie bzw. der Kasten an der gewünschten Position sitzt. Der Vorteil bei diesem Verfahren – im Gegensatz zu einem eingefärbten Objektrahmen, den Sie hinter die Textzeile setzen: Der Kasten rutscht bei einem geänderten Umbruch mit der Textzeile mit, da er über die Absatzformatierung an den Absatz gebunden ist.

Mit Linie hinterlegte Überschrift

Hinterlegte, „mitwandernde" Linie bzw. Kasten

In den Absatzformatierungs-Fenstern haben Sie – wie in einigen anderen Dialog-Fenstern – die Möglichkeit, eingestellte Formatierungen vor dem Bestätigen zu prüfen. Verschieben Sie das Fenster, in dem Sie die Einstellungen vorgenommen haben, um einen Blick auf das Layout zu werfen, und klicken Sie auf den Button „Anwenden". Überprüfen Sie die Einstellungen in Ihrem Layout, korrigieren Sie und weisen Sie Änderungen eventuell nochmals zu, bis Sie mit dem Ergebnis zufrieden sind. Dann klicken Sie auf „OK".

4.2.2.2 Hängende Zeichen

In QXP ist es möglich, Satzkantenausgleich und Randausrichtung für hängende Zeichen eines Absatzes einzurichten. Dies geschieht bei markiertem Absatz über den Menüpunkt „Stil"–>„Formate" im Register Formate über die Option „Gruppe hängender Zeichen". Die dort anzuwählenden Einstellungen müssen jedoch vorher – ähnlich wie bei anderen Stilvorlagen – im Menüpunkt „Bearbeiten"–>„Hängende Zeichen" erst einmal eingerichtet werden.

Der Satzkantenausgleich erlaubt es, Interpunktionszeichen außerhalb von Rändern am Anfang einer Textzeile – vorangehend – oder am Ende einer „Textzeile" – nachfolgend – zu positionieren. So erzielt man einen bündigen Text entlang der Ränder. Die Randausrichtung ermöglicht es, Zeichen außerhalb der Ränder zu positionieren, um eine optisch gleichmäßige Textausrichtung entlang eines Randes zu erzielen. Dies ist sogar für eine Initiale möglich, die mit einer führenden, hängenden Zeichensetzung aus dem Textrahmen herausgezogen wird. Das ähnelt mittelalterlichen Büchern, in denen ornamental verzierte Initialen dem Textblock vorangestellt wurden. Den Satzkantenausgleich sehen Sie im ganzen Layout des Buches – in diesem Absatz ist er farblich an beliebigen Beispielen dargestellt. Den Randausgleich mit Initiale sehen Sie ebenfalls beispielhaft.

Sie können Klassen hängender Zeichen und Gruppen hängender Zeichen erstellen. Sie können aber auch die Standard-Klassen und -Gruppen verwenden, die zusammen mit QuarkXPress geliefert wurden.

Eine Klasse hängender Zeichen ist eine Gruppe aus Zeichen, die außerhalb des Randes hängen oder um denselben Prozentsatz vom Rand aus eingezogen werden sollen.

Eine Gruppe hängender Zeichen ist eine Gruppe von Klassen hängender Zeichen. Verwenden Sie eine Gruppe hängender Zeichen, um eine oder mehrere Klassen hängender Zeichen auf Absätze anzuwenden.

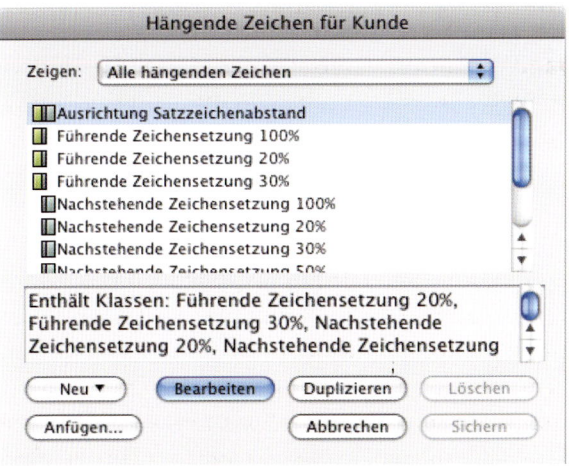

Dialog-Fenster „Hängende Zeichen"

Öffnen Sie das entsprechende Dialog-Fenster unter „Bearbeiten"- > „Hängende Zeichen". Dort können Sie die vorhandenen Gruppen und Klassen hängender Zeichen sehen. Dazu können Sie Gruppen oder Klassen

- neu erstellen,
- bearbeiten,
- duplizieren,
- löschen oder
- miteinander vergleichen. Markieren Sie zwei Klassen oder Gruppen und drücken Sie die Alt-Taste. Aus der Schaltfläche „Anfügen" wird die Schaltfläche „Vergleiche".

Markieren Sie eine Gruppe hängender Zeichen, werden im unteren grauen Kasten die Klassen hängender Zeichen angezeigt, die zu dieser Gruppe gehören. Markieren Sie eine Klasse, werden die Gruppen angezeigt, zu denen die markierte Klasse gehört, sowie die Attribute der ausgewählten Klasse.

Wenn Sie eine neue Klasse hängender Zeichen einrichten wollen, klicken Sie im Dialog-Fenster „Hängende Zeichen" auf „Neu" und wählen „Klasse". Wählen Sie die Art der Klasse – führend, nachfolgend oder hängende Initiale –, geben Sie bei den ersten beiden Klassenarten die Zeichen an, die

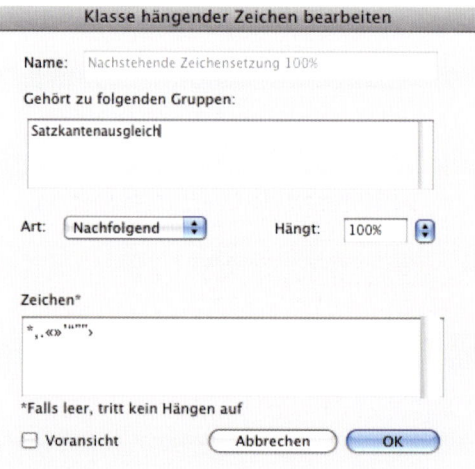

Dialog-Fenster „Klasse hängender Zeichen"

in die neue Klasse hängender Zeichen aufgenommen werden sollen, und den Prozentsatz, um den diese Klasse hängt – mit einem negativen oder positiven Wert.

Die Zeichen einer führenden Klasse hängen über den vorderen Rand. Die Zeichen einer nachfolgenden Klasse hängen über den hinteren Rand. Die Klasse „Hängende Initiale" wirkt sich nur auf Initialen am Anfang eines Absatzes aus.

Der Prozentsatz des Hängens legt fest, welcher Prozentsatz der Zeichen stets über den Rand hängen oder immer eingezogen werden soll. Bei –50% werden die Zeichen innerhalb des Randes um die Hälfte ihrer Breite eingezogen. Wählen Sie 100%, hängen die Zeichen um eine volle Breite außerhalb des Randes.

Wenn Sie eine Klasse hängender Zeichen in einer Gruppe hängender Zeichen gesichert haben, können Sie über „Voransicht" die Änderungen bereits beim Bearbeiten sehen – falls die entsprechende Gruppe mit hängenden Zeichen schon einem Absatz zugewiesen wurde.

Zum Erstellen von Gruppen hängender Zeichen klicken Sie auf „Neu" und wählen „Gruppe". Dann legen Sie die Klassen hängender Zeichen fest, die in die Gruppe hängender Zeichen aufgenommen werden sollen. Dazu markieren Sie die Checkboxen neben den Klassen, die Sie hinzufügen möchten. Benennen Sie die Gruppe und klicken Sie auf OK. Eine

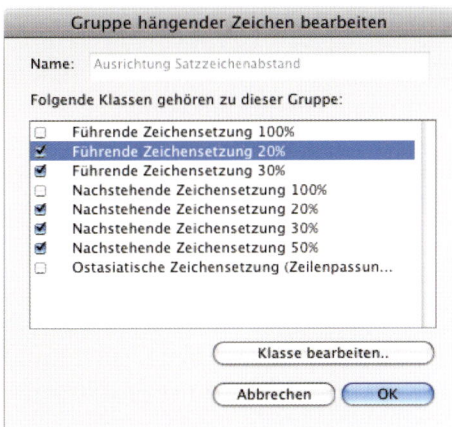

Dialog-Fenster „Gruppe hängender Zeichen"

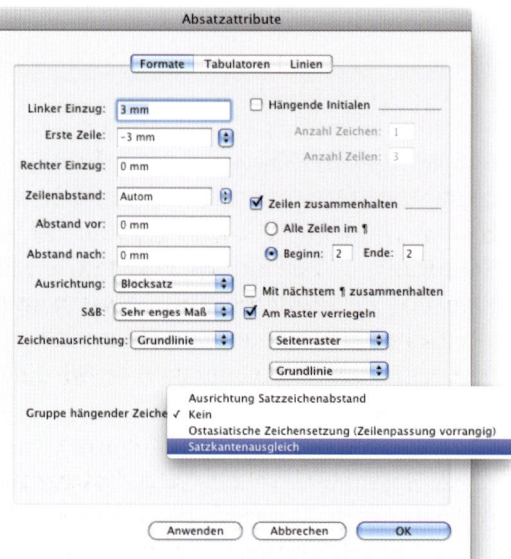

Pulldown-Menü „Absatzattribute"–>
„Gruppe hängender Zeichen"

bestehende Gruppe bearbeiten Sie über „Neu" und dann „Bearbeiten".
Dann nehmen Sie ebenfalls die gewünschten Einstellungen vor.

 Es ist nicht möglich, für das Vorangehen oder Nachfolgen eines ein-
zelnen Zeichens einer Gruppe hängender Zeichen verschiedene Werte
einzustellen. Wenn Sie für eine Gruppe mehrere Klassen gewählt haben,
deren Einstellungen sich überschneiden, erhalten Sie beim Bestätigen
mit OK eine Fehlermeldung mit dem Hinweis, die Klassen entweder zu
ändern oder die jeweilige(n) Klasse(n) aus der Gruppe zu entfernen.

Wenn Sie eine Gruppe hängender Zeichen auf Text anwenden wollen,
markieren Sie den Absatz, wählen den Menüpunkt „Stil"–>„Formate" und
dort die entsprechende Option aus dem Dropdown-Menü „Gruppe hängender Zeichen".

Wenn Sie eine Gruppe hängender Zeichen einer Absatzstilvorlage zuweisen wollen, nehmen Sie dies bei der Einrichtung oder Formatierung
der Absatzstilvorlage im Absatzattribute-Fenster unter „Bearbeiten"–>„Stilvorlagen" vor.

4.3 Stilvorlagen

4.3.1 Zeichen- und Absatzstilvorlagen

Bei der Gestaltung eines Mehrseiters wie einer Zeitung, Zeitschrift oder eines Buches arbeiten Sie mit vielen verschiedenen Formatierungen, die jedoch einheitlich sind und ständig wiederkehren. Sie verwenden Formatierungen für Headlines, Subheadlines, Fließtext – redaktionelle Artikel und Rubrikenkästen –, Bildunterschriften, Zwischentitel, Zitate oder Autorennennung. Sie können mit einer einfachen Methode diese Formatierungen einheitlich und problemlos verwalten: Mit Zeichen- und Absatzstilvorlagen.

Im Grunde ist das Einrichten von Stilvorlagen nichts anderes, als was Sie bisher zur Einrichtung einer Zeichen- oder Absatzformatierung vorgenommen haben. Der einzige Unterschied ist der, dass Sie genau diese – wiederkehrende – Formatierung für Zeichen oder Absätze in einer „Vorlage" speichern. Sie können sie somit sehr schnell und immer gleichbleibend auf andere Zeichen oder Absätze anwenden. Sie haben dadurch die Sicherheit, dass mit entsprechenden Zeichen- oder Absatzstilvorlagen, die Sie anwenden, immer die gleiche Formatierung vorhanden ist – sogar, wenn Sie die „Vorlage" im Nachhinein ändern. Denn die Änderung wirkt sich auf alle Zeichen oder Absätze aus, denen die jeweilige „Vorlage" zugewiesen wurde.

4.3.2 Zeichenstilvorlagen

Um eine Zeichenstil-Vorlage für ein oder mehrere Zeichen anzulegen, haben Sie zwei Möglichkeiten: Entweder die manuelle Eingabe von Formatierungen in einem Dialog-Fenster oder die automatische Übernahme von Formatierungen aus Text im Layout.

Bei der ersten Möglichkeit, eine Zeichenstil-Vorlage anzulegen, wählen Sie „Bearbeiten"->„Stilvorlagen". Das Dialog-Fenster zeigt Ihnen alle vorhandenen Zeichen- und Absatzstilvorlagen. Im Stilvorlagen-Dialogfenster können Sie Stilvorlagen

- neu anlegen,
- bearbeiten,

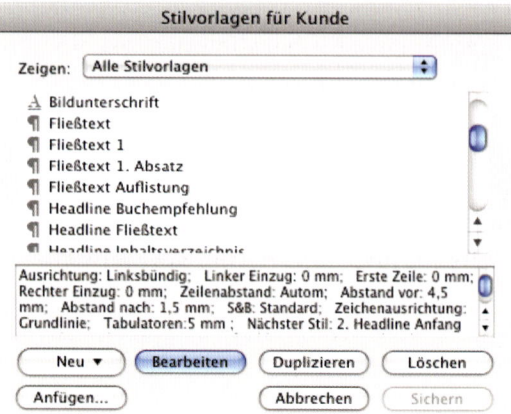

Dialog-Fenster „Stilvorlagen"

- duplizieren,
- löschen oder
- aus anderen Projekten anfügen, wenn Sie konsistente Stilvorlagen aus anderen Medien übernehmen wollen.

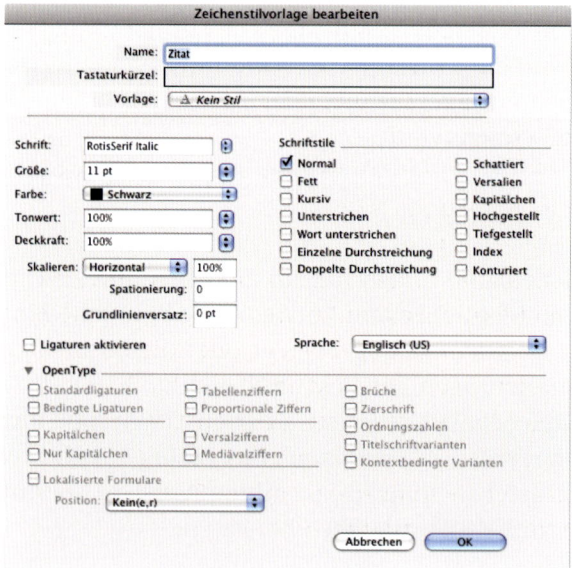

Dialog-Fenster „Zeichenstilvorlage"

Klicken Sie auf den Button „Neu" und wählen Sie den Punkt „Zeichen". Die Kurzdarstellung für eine Zeichenstilvorlage ist ein unterstrichenes „A".

Sie erhalten ein weiteres Dialog-Fenster, das in etwa dem Fenster „Zeichenattribute" entspricht.

Vergeben Sie hier einen Namen, wählen Sie eventuell ein Tastenkürzel – den Cursor in das Eingabefeld setzen und die Taste(n) drücken – und nehmen Sie die Formatierungen wie bei den Zeichenattributen vor. Klicken Sie auf „OK". Dann klicken Sie im Stilvorlagen-Dialog-Fenster auf „Sichern".

Wählen Sie die Stilvorlagen-Palette unter „Fenster"–>„Stilvorlagen". In der Palette erscheint nun die neue Zeichenstilvorlage. War die Palette schon vorher geöffnet, dann wird sie aktualisiert, wenn Sie im Dialog-Fenster „Stilvorlagen" auf den Button „Sichern" klicken.

Stilvorlagen-Palette

Um einem Text die neue Stilvorlage zuzuweisen, markieren Sie im Layout den Text und klicken Sie mit dem Mauszeiger auf die Zeichenstilvorlage. Der markierte Text übernimmt die gespeicherten Zeichen-Formatierungen. Weist die Zeichenstilvorlage in der Stilvorlagen-Palette ein kleines Pluszeichen auf, dann bedeutet dies, dass dem Text schon eine andere Formatierung zugewiesen wurde und sich die Formatierungen überlagern. Klicken Sie dann mit gedrückter Alt-Taste nochmals auf die Zeichenstil-Vorlage. Damit wird die Vorlage originär zugewiesen.

Das Pluszeichen erscheint auch, wenn Text, dem eine Stilvorlage zugewiesen wurde, nachträglich manuell modifiziert wurde.

Drücken Sie Ctrl bzw. Ctrl+Umschalt und klicken Sie auf eine Stilvorlage (Windows: rechte Maustaste), erscheint ein kleines Pulldown-Menü. Hier wählen Sie, ob Sie eine Stilvorlage

- neu anlegen,
- bearbeiten,

- duplizieren,
- mit manuell vorgenommenen Formatierungen im Absatz oder in Zeichen aktualisieren und die Aktualisierungen global über das Layout zuweisen oder
- löschen wollen.

Die gleichen Menüfunktionen haben Sie, wenn Sie eine Stilvorlage markieren und über die Menüleiste der Stilvorlagen-Palette gehen. Und das kleine viereckige Icon rechts oben listet sogar in einem Pulldown-Menü die Menüfunktionen für Zeichenstil- und gleichzeitig für Absatzstil-Vorlagen auf.

Die zweite Möglichkeit, eine Zeichenstilvorlage zu erstellen, besteht darin, Formatierungen zunächst manuell im Text vorzunehmen. Lassen Sie den Text mit dem Cursor markiert.

Dann wählen Sie ebenfalls das Menü „Bearbeiten"–>„Stilvorlagen". In dem kleinen grauen Feld unter den Stilvorlagen sind nun genau diejenigen Zeichenformatierungen aufgelistet, die Sie vorher manuell im Text vorgenommen haben. Klicken Sie auf „Neu", wählen Sie den Punkt „Zeichen" und vergeben Sie der Stilvorlage einen Namen. Die Formatierung der Stilvorlage wird auf diese Weise automatisch aus dem formatierten Text übernommen und braucht nicht nochmals bei den Zeichenattributen eingegeben werden. Klicken Sie auf „OK" und „Sichern".

4.3.3 Absatzstilvorlagen

Bei Absatzstilvorlagen gehen Sie genauso vor, nur dass sich die Formatierungen der Absatzstilvorlagen auf ganze Absätze beziehen.

Die erste Möglichkeit: Wählen Sie den Menüpunkt „Bearbeiten"–>„Stilvorlagen"–> „Neu"–>„Absatz". Die Kurzdarstellung für eine Absatzstilvorlage ist „¶" – das Sonderzeichen für eine Absatzmarke. Im Register „Allgemein" können Sie

- ein Tastenkürzel vergeben,
- eine Stilvorlage als Vorlage wählen,
- einen nächsten Stil angeben, um einen Übergang von einer Absatzstilvorlage zu einer anderen auszuwählen,
- einen Zeichenstil für den im Absatzstil verwendeten Text wählen oder
- über den Button „Bearbeiten" die Zeichenattribute frei wählen.

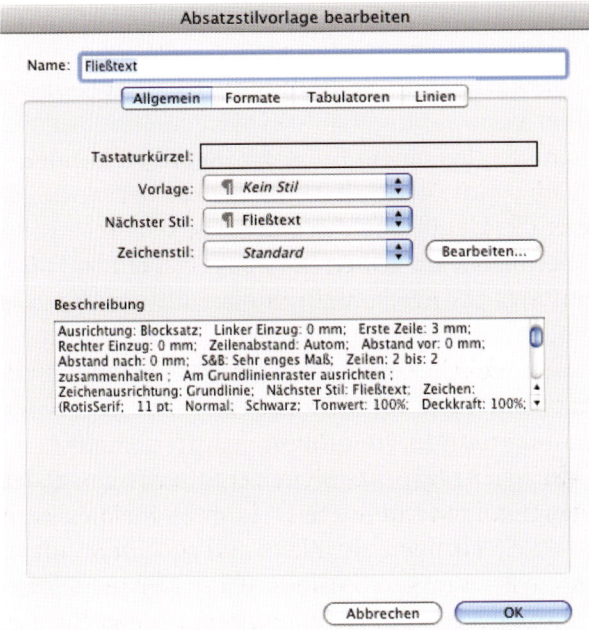

Dialog-Fenster „Absatzstil-Vorlage"–>Register „Allgemein"

In den anderen Registern haben Sie wie beim Absatzattribute-Fenster Formatierungsmöglichkeiten für Formate, Tabulatoren und Linien. Nehmen Sie die Einstellungen vor, vergeben Sie der Absatzstilvorlage einen Namen, klicken Sie auf „OK" und dann auf „Sichern".

Die zweite Möglichkeit: Sie formatieren einen Absatz manuell im Layout, lassen den Cursor im Absatz stehen und gehen in das Absatzstilvorlagen-Menü. Dort übernehmen Sie automatisch die manuellen Einstellungen aus dem Text, vergeben der Stilvorlage einen Namen und sichern die Stilvorlage.

Zeichen- und Absatzstilvorlagen sind wichtig bei der einheitlichen Gestaltung von Printmedien – vor allem bei Mehrseitern. Dort werden normalerweise immer wiederkehrende Formatierungen für Zeichen und Absätze über das ganze Printmedium hinweg gleich verwendet. Stilvorlagen verschaffen die Gewissheit, dass alle Textteile, denen die gleiche Stilvorlage zugewiesen wurde, auch genau die gleiche Formatierung aufweisen.

Wollen Sie im Nachhinein an bestimmten Texten etwas ändern, müssen Sie bei einer Verwendung von Stilvorlagen diese Änderungen nicht manuell vornehmen. Bei einem Buch mit mehreren hundert Seiten wäre dies sicherlich eine aufwändige Arbeit – die sogar Tage in Anspruch nehmen könnte.

Wollen Sie beispielsweise die Größe ihres Fließtextes von einer Schriftgröße 11 pt auf 11,5 pt ändern, rufen Sie die Absatzstilvorlage im Menü „Bearbeiten"–>„Stilvorlagen" auf, ändern in der Stilvorlage die Schriftgröße und sichern die Änderung. Im gleichen Moment wird über das ganze Layout hinweg jeder Absatz, dem diese Stilvorlage vorher zugewiesen wurde, automatisch in die größere Schrift geändert.

Über die Aktualisierungsfunktion in der Stilvorlagen-Palette – der gelbe, im Uhrzeigersinn gerichtete Pfeil – können Sie dies auch mit einem einzigen Mausklick vornehmen. Wenn Sie an einem mit einer Stilvorlage formatierten Text im Layout manuell Änderungen vornehmen, bekommen Sie darüber eine entsprechende Info, wenn Sie die Maus über diesen gelben Pfeil bewegen. Mit einem Klick auf den Pfeil wird die Stilvorlage – global – mit den Änderungen aktualisiert. Dies bedeutet jedoch, dass alle Zeichen, denen die jeweilige Zeichenstilvorlage, oder alle Absätze, denen die jeweilige Absatzstilvorlage zugewiesen wurde, automatisch über das ganze Layout geändert werden. Ein sehr mächtiger Befehl, der mit Vorsicht angewendet werden sollte. Die Aktualisierung steht dann natürlich auch in den Menüs zur Verfügung.

Auf diese Weise können somit alle Formatierungen in Stilvorlagen nachträglich geändert werden – für Zeichen und Absätze. Das Resultat ist eine konsistente Änderung über das ganze Printmedium hinweg, die nicht kontrolliert werden muss – es sei denn, durch bestimmte Änderungen hat sich der Umbruch oder ähnliches geändert.

4.4 Schriften

Schriften werden in unterschiedlicher Art eingeteilt und klassifiziert. Es gibt eine Klassifikation von Schriften, die ihrerseits einzelne Schriftfamilien haben, die wiederum einzelne Schriftschnitte haben. Der auffälligste Unterschied bei der Klassifikation von Schriften in der alltäglichen Arbeit ist das Merkmal, ob Schriften Serifen haben oder nicht – aber es ist nicht der einzige Unterschied von Schriften.

4.4.1 Antiquaschriften

Antiqua-Schriften sind Serifen-Schriften. Serifen sind die kleinen „Füßchen" an den einzelnen Buchstaben, die meistens bei Fließtext in Zeitschriften

oder Zeitungen verwendet werden. Sie verbessern den Lesefluß, da das Auge beim Lesen an den Serifen einen besseren Halt findet. Dies ist in psychologischen Untersuchungen nachgewiesen worden. Aus diesem Grund werden Serifenschriften wie Times, Bodoni oder Palatino für Fließtext genommen, wenn es um große Mengen Text geht. Fließtext wird auch in einer älteren Bezeichnung Brotschrift genannt, weil Drucker früher durch die manuelle Arbeit beim Drucken mit diesen Schriften ihr Brot verdienten. Antiqua-Schriften gehen im Ursprung auf römische Schriften zurück, wurden aber erst Ende des Mittelalters im 15. Jahrhundert richtig weiterentwickelt – aus Schriften des Mittelalters.

4.4.2 Groteskschriften

Serifenlose Schriften werden auch Groteskschriften genannt. Sie tragen diesen Namen, weil die Leser sie zu jener Zeit, als sie gestaltet wurden – im 19.

Jahrhundert –, „grotesk" fanden. Daher haben diese Schriften ihre Bezeichnung erhalten. Groteskschriften werden gern für Headlines, Subheadlines oder auch Bildunterschriften verwendet. Dafür eignen sich Groteskschriften wie Futura, Frutiger oder auch Avant Garde.

4.4.3 Dekorative oder Headline-Schriften

Die dekorativen oder Headline-Schriften sind zwar meistens auch serifenlos, aber in der Schriftgestaltung so auffallend, dass sie eine eigene Klassifikation bekommen. Es sind Schriften, die für einen sehr auffälligen Zweck benutzt werden, z.B. für Plakate als Eye-Catcher, wenn etwas sofort ins Auge springen soll. Headline-Schriften sind unterschiedlich gestaltet und variieren stark, je nach dem Zweck, für den man sie verwenden will. Headline-Schriften sind **Dom Casual**, **STENCIL** oder auch Peignot.

4.4.4 Frakturschriften

Frakturschriften gehören zu den gebrochenen oder auch gotischen Schriften, die erstmals vor etwa 900 Jahren verwendet worden sind – umgangssprachlich auch altdeutsche Schriften genannt. Heute finden Sie jedoch fast keine Verwendung mehr. Es sei denn, man möchte einem Printmedium einen antiquierten, traditionellen oder vaterländischen Charakter verleihen – gotische Schriften sind ureigenste „deutsche" Schriften. Man verwendet sie somit nur noch für Vereins- oder Jubiläumszeitschriften und Urkunden. Die Frankfurter Allgemeine Zeitung trägt in ihrem Titel eine typische Frakturschrift: **Fette Fraktur**.

4.4.5 Schreibschriften

Schreibschriften sind normalen Handschriften nachempfunden. Sie sind eine eigenständige Klassifikation. Schreibschriften werden nur selten und für ganz bestimmte Zwecke verwendet. Wenn z.B. in einem Printmedium der Eindruck eines handschriftlichen Briefs auf einem Notizzettel oder Briefpapier nachgeahmt werden soll. Beispiele sind *Jane Austen*, *Englische Schreibschrift* und am bekanntesten *Künstler Script*.

4.4.6 Schriftfamilien mit unterschiedlichen Schriften

Es gibt Schriftfamilien, die Serifen-Schriften, serifenlose Schriften und sogar Semiserifen-Schriften haben. Die Schriftfamilien Rotis und **FF Thesis** sind Beispiele dafür. Das Design der Schriften ist über die Schriftschnitte hinweg einheitlich, sodass die Schriften gut zur Gestaltung von Mehrseitern verwendet werden können. Man kann sie hierbei für viele Zwecke variieren – aber sie behalten dennoch eine einheitliche Gestaltung, da sie der gleichen Familie entstammen.

4.5 Fremdsprachige Layouts

QuarkXPress unterstützt 38 Sprachen, darunter viele, die nicht auf das lateinische Alphabet zurückgreifen. So z.B. Kyrillisch, Griechisch, Arabisch, Hebräisch, Chinesisch, Japanisch oder Koreanisch. Fremdsprachige Layouts können in einem Layout jeder anderen Standardsprache geöffnet werden, ohne dass ein Neuumbruch durchgeführt wird. Im Zuge der zunehmenden Globalisierung und Internationalisierung ist dies eine wichtige Funktion für ein mehrsprachiges und kulturübergreifendes Publishing.

Manche Layouts mit Fremdsprachen lassen sich jedoch nur beschränkt bearbeiten. Für Fremdsprachen, die z.B. einen anderen Textfluß haben – wie Hebräisch, Arabisch oder ostasiatische Sprachen, die von rechts nach links oder auch von oben nach unten geschrieben werden – wird die Plus-Version oder die ostasiatische Version von QuarkXPress benötigt. Bei diesen Fremdsprachen werden zum Teil auch andere Tastaturen und Tastaturbelegungen für die Eingabe der Sprachen verwendet, was für Westeuropäer schwierig und schwer nachvollziehbar ist, wenn sie dieser Sprachen nicht mächtig sind.

Für den Fall, dass die in einem fremdsprachigen Layout verwendete Schrift auf dem eigenen Rechner nicht vorhanden ist, gibt es erweiterte Einstellungen für die sogenannten Fallback-Schriften. Sie finden diese Einstellmöglichkeiten unter „QuarkXPress"->„Einstellungen"->„Programm"->„Fallback-Schrift" (Windows: „Bearbeiten"->„Vorgaben"->...). Diese Fallback-Schriften stellen Ersatzschriften dar, die es QuarkXPress ermöglich, je nach vorhandenen Schriften den Text im Layout mit einer Ersatzschrift dennoch darzustellen.

4.6 Unicode und OpenType

Unicode ist ein internationaler Standard, in dem für jedes sinntragende Schriftzeichen aller bekannten Schriftkulturen und Zeichensysteme ein digitaler Code festgelegt werden soll. Ziel ist die Beseitigung aller unterschiedlichen und inkompatiblen Kodierungen in verschiedenen Ländern und Kulturkreisen. Unicode wird laufend um Zeichen weiterer Schriftsysteme ergänzt.

Bei OpenType handelt es sich um ein Computerschriften-Format, das auf Unicode basiert. Es wurde zunächst von Microsoft und später in Zusammenarbeit mit Adobe entwickelt.

Im Gegensatz zu den Schrift-Formaten TrueType und PostScript bietet das Open-Type-Format einige wesentliche Verbesserungen: Die für traditionelle Fonts geltende Grenze von 256 adressierbaren Zeichen pro Font wird überwunden und die Fonts sind plattformübergreifend, können also sowohl auf Macintosh als auch auf Windows verwendet werden.

In QuarkXPress sind die Zeichen einer Schrift über die Glyphen-Palette zugänglich: „Fenster"->„Glyphen". Normale True-Type- und Postscript-Fonts weisen dort nur maximal 256 Zeichen auf. OpenType-Fonts haben jedoch einen deutlich höheren Zeichenumfang. Nicht nur typografische Sonderzeichen, sondern auch diakritische Zeichen aus fremden Sprachen und Zeichen aus asiatischen Sprachen sind hier verfügbar. Setzen Sie den Cursor in den Text, doppelklicken Sie auf das gewünschte Zeichen in der Glyphen-Palette und es wird an der jeweiligen Stelle eingefügt.

Glyphen-Palette

4.7→Sonderzeichen¶

Gebräuchliche·„unsichtbare"·Zeichen"·im·Text·Ihres·Layouts·blenden·Sie·in· Ihr·Layout·ein,·indem·Sie·„Ansicht"->„Sonderzeichen"·oder·Apfel+I·(Windows:·Strg+I)·wählen.·Auf·dem·Monitor·werden·dann·die·–·bislang·unsichtbaren·–·Sonderzeichen·für·Absatzmarke,·bedingte·Zeilenschaltung,·Ta-

bulator·oder·einfaches·Leerzeichen·angezeigt.·So·wie·in·diesem·speziel-
len Textabsatz.¶

Andere Sonderzeichen, die Bestandteile der Schrift sind und angezeigt
werden sollen, wählen Sie in der Glyphenpalette – seien es typografische
Sonderzeichen oder fremdsprachige Zeichen. Soweit die gewählte Schrift
diese beinhaltet, können die Zeichen ausgewählt und eingesetzt werden.

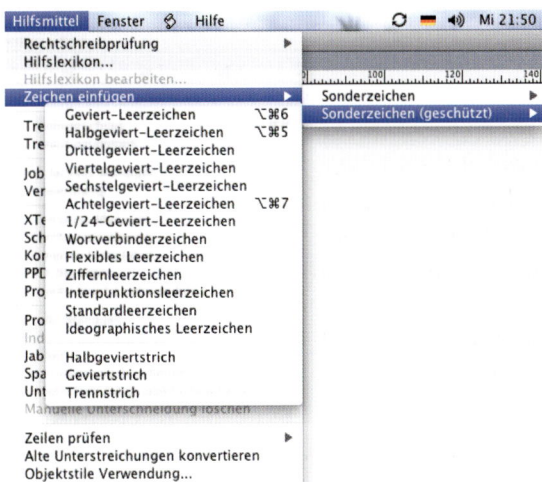

Menüpunkt „Zeichen einfügen"

Spezielle Sonderzeichen fügen Sie in QuarkXPress über „Hilfsmittel"->„Zeichen einfügen"->„Sonderzeichen" oder „Sonderzeichen (ge-
schützt)" ein. Es handelt sich dabei um spezielle typografische Sonderzeichen, die über die Tastatur oder die Glyphen-Palette nur bedingt einzugeben sind.

Sie können wählen: Soll nur ein Sonderzeichen eingesetzt werden –
oder ein geschütztes Sonderzeichen? Wollen Sie beispielsweise an einer bestimmten Stelle in einem Wort keine automatische Silbentrennung, setzen Sie den Cursor an die Stelle in dem Wort und wählen das
geschützte Wortverbinderzeichen. Oder Sie möchten ein geschütztes
Leerzeichen einsetzen, wie beispielsweise vor einem Gedankenstrich,
damit dieser nicht umbrochen wird. Dann wählen Sie ein geschütztes
Leerzeichen.

4.8 Gute Typografie

Der Buchdruck wurde im 15. Jahrhundert von Johannes Gutenberg erfunden und war die erste industrielle Buchreproduktions-Möglichkeit, wodurch Bücher nicht mehr manuell von Mönchen in Klöstern dupliziert werden mussten. Zur guten Gestaltung eines Printmediums ist es bei der Typografie – die auch auf Gutenberg zurückgeht – wichtig, auf die folgenden Dinge zu achten.

4.8.1 Registerhaltigkeit

Ein wesentliches Merkmal einer gedruckten Publikation sind Satzspiegel und Registerhaltigkeit. Gutenberg legte dafür die Grundlagen, indem er die einzelnen in Blei gegossenen Buchstaben(kegel) in einem Register aus Holz anordnete. Da Publikationen aus beidseitig bedrucktem Papier bestehen, bezeichnet Register den übereinstimmenden Sitz der Satzelemente auf der Vorder- und Rückseite einer Seite. Je nach Lichtundurchlässigkeit (Opazität) des Papiers scheint die Rückseite weniger oder stärker durch. „Registerhaltigkeit" bedeutet somit auch, dass jede Textzeile einer Spalte auf einer festen „Linie" sitzt und mit der Textzeile auf der Rückseite korrespondiert. Dies wird noch heute praktiziert und zeichnet gute Typografie aus. Für den Fließtext lässt sich dies über die Einrichtung eines Rasters in QuarkXPress bewerkstelligen. In mehrseitigen Publikationen unterstützt dies die Lesbarkeit des Textes und schmeichelt dem Auge des Lesers.

4.8.2 Schusterjunge/Hurenkind

Auch antiquiert anmutende Wörter haben seit jener Zeit Einzug in die Sprache des Gestalters gehalten, mittlerweile werden sie oft verwechselt. Was ist ein Hurenkind? In der Typografie stellt dies die letzte Zeile eines Absatzes dar, die einzeln am Anfang einer neuen Textspalte steht. Ein Schusterjunge bezeichnet dagegen eine einzelne Zeile am Ende einer Textspalte, mit der ein neuer Absatz beginnt. Beide Varianten machen im Schriftsatz kein gutes Bild.

Verlage und Druckvorstufenbetriebe akzeptieren jedoch den Schusterjungen in größeren Publikationen. Das Hurenkind ist nach wie vor verpönt. Hier bleibt nur: Nachbessern – durch Textkürzung oder -verlängerung oder gestalterische Maßnahmen!

4.8.3 An-/Abführungs-zeichen

Wörtliche Rede, Zitate, doppelsinnige Wörter und Redewendungen werden in An- und Abführungszeichen gesetzt. Die in Deutschland einzig zulässigen Zeichen sind die „99" als An- und die „66" als Abführungszeichen. Akzeptiert sind auch noch die französischen »Guillemets«, die jedoch – entgegen der Verwendung im Französischen – die Wörter mit den Spitzen einschließen.

Jedes Land hat seine eigenen typografischen Regeln. Aus diesem Grund ist es zulässig, ein englisches Zitat in englische "An- und Abführungszeichen" zu setzen. Halbe An- und Abführungen im Deutschen – für Zitate innerhalb einer wörtlichen Rede –

An- und Abführungszeichen in Europa								
Sprache	„ "	„ "	" "	" "	" „	» «	« »	» »
Deutsch	•					•		
Dänisch	•					•		
Englisch			••					
Finnisch					•			•
Französisch			••				•••	
Italienisch					•		•••	
Kroatisch						•		
Niederländisch		•		•				
Norwegisch							•	
Polnisch	•						•	
Portugiesisch			••				•	
Rumänisch	•						•	
Russisch	•						•	
Schwedisch								•
Slowenisch						•		
Spanisch				•			•	
Tschechisch	•					•		
Türkisch						••		
Ungarisch		•				•		

- • Die zu verwendenden An- und Abführungszeichen in der jeweiligen Sprache
- •• Bei größeren Schriftgraden
- ••• Vor und hinter den Zeichen steht etwas mehr Raum

erhalten die halben Zeichen: ‚9' und ‚6' oder › und ‹. Verwendet man für die An- und Abführungszeichen die "Zollzeichen" auf der Tastatur oder ‚Kommata oder Apostrophe', ist dies falsch! QuarkXPress bietet in den Grundeinstellungen Einstellmöglichkeiten, sodass Texte aus Textverarbeitungen mit Zollzeichen automatisch mit korrekten, typografischen Zeichen importiert werden.

4.8.4 Binde-/Gedankenstrich

Die falsche Verwendung des Bindestrichs und des Gedankenstrichs ist in der Praxis auch häufig zu finden.

Die Länge des Gedankenstrichs hat ihre Herkunft in den Bleikegeln Gutenbergs und entspricht einem Halbgeviert. Ein Geviert ist ursprünglich ein nicht druckendes, quadratisches Bleisatzklötzchen, dessen Seitenlänge gleich der Höhe des Schriftkegels ist – also die maximale Breite bzw. Höhe. Der Gedankenstrich dient zur Darstellung einer Gedankenpause.

Der Halbgeviertstrich eignet er sich auch zum Trennen von Rede und Gegenrede, als Minuszeichen, Bis-Strich, Streckenstrich, Spiegelstrich, Auslassungsstrich und Ersatz für Klammerzeichen. Ob bei –2 °C Temperatur, einem Preis von €20,–, in den Jahren 2005–2006, bei der Bahnfahrt Hannover – Hamburg, der Begegnung Hamburger SV – Bayern München oder der Aufzählung:

– fahren wir oder
– fahren wir nicht?

handelt es sich immer um den Halbgeviertstrich. Findet er im Fließtext am Ende einer Zeile als Gedankenstrich Verwendung, bricht er nicht in die neue Zeile um – er könnte in diesem Zusammenhang durch ein Komma ersetzt werden.

Der Bindestrich, auch Trennstrich oder Divis, bezeichnet lediglich eine Silbentrennung oder ein verbundenes Wort. Vielleicht sollte man ihn besser so schreiben: Binde-Strich – es wäre einprägsamer.

Der Geviertstrich findet im Deutschen keine Verwendung, ist jedoch im Englischen als Gedankenstrich von Bedeutung. Er wird dort normalerweise ohne Zwischenräume zwischen die Wörter gesetzt: "… he means—but he does not …". Diese Verwendung im Englischen/Amerikanischen ist nicht einheitlich, man findet auch Publikationen, in denen das Geviert mit einer Leerstelle davor und danach verwendet wird. Anyway — wichtig ist nur, dass die Schreibweise stringent durch die Publikation durchgehalten wird.

4.8.5 Auslassungszeichen

Wie geht man vor, wenn Teile eines Satzes oder eines Wortes wegfallen sollen …? Das hierfür verwendete typografisch korrekte Zeichen sind die Auslassungspunkte – im Fachterminus „Ellipse" genannt. Vorsicht, es handelt sich dabei nicht um drei hintereinandergesetzte Punkte! Sondern um ein feststehendes einzelnes Sonderzeichen. Fallen mehrere Wörter eines Satzes weg, verwendet man die Ellipse mit einer Leerstelle davor: „Ich ging meines Weges, dann aber …" Signalisiert die Ellipse die Auslassung eines Wortteils, um anderen Menschen nicht zu nahe zu treten, folgt die Ellipse natürlich ohne Leerstelle direkt am Wortteil: „Du B…!" – was „Du Blödmann!" bedeuten soll. Steht eine Ellipse am Ende eines Satzes, so entfällt der Schlusspunkt. Frage- oder Ausrufezeichen werden jedoch gesetzt …!

4.8.6 Apostroph

Die Verwendung eines Akzents ´ anstelle eines Apostroph ' ist eine weit verbreitete Unsitte. Der Apostroph – oder das Auslassungszeichen – stellt das Wegfallen eines Vokals, einer Silbe oder des Genitiv-s hinter Eigennamen, die mit einem s, ß oder x enden, dar. Oder ein Auslassen von einem oder mehreren Zeichen beim Zusammenziehen von zwei Wörtern. Das in Deutschland einzig verwendbare Zeichen hierfür ist die am Wort oben sitzende ‚9': „O'zapft is' in München." Das sicherlich bekannteste Beispiel: „Rock 'n' Roll!"

4.8.7 Ligaturen

Soll ein Printmedium den letzten Schliff erhalten und bleibt bei der Gestaltung noch Zeit übrig, bietet es sich an, im Text Ligaturen zu verwenden. Ligaturen – „Verbünde" – sind die optische oder formale Verbindung von zwei oder drei Schriftzeichen zu einer Figur. Die gängigsten Ligaturen sind: fi fl ff ffi ffl fj ffj.

Sie haben gleich mehrere Funktionen. Eigentlich sollen sie vermeiden, dass sich Zeichen ungewollt berühren, indem sie diese Zeichen gewollt miteinander verbinden. Darüber hinaus ziehen sie Doppelkonsonanten zusammen, die als Lauteinheit auftreten. Und sie können der Verzierung dienen. Die Verwendung von Ligaturen im Zeitungs- und Zeitschriftensatz wäre ein mühseliges Unterfangen und allein aus Zeitgründen gar nicht zu bewerkstelligen. Handelt es sich jedoch um hochwertige Bücher, Plakate oder Imagebroschüren, finden solche Elemente durchaus ihren Platz.

Korrektes typografisches Gestalten führt zu ausgewogenen Printmedien. Aber nicht nur, dass jeder gute Typografie liest, ohne sie bewusst wahrzunehmen, oftmals sieht man nicht einmal die typografische Fehler – geschweige denn, verbessert sie. Dem aufmerksamen Leser und Betrachter fallen aber schon nach kurzer Zeit die Kardinalfehler schlecht gesetzter Medien auf. Gestalter sollen daher nicht nur die Funktionen von QuarkXPress beherrschen, sondern auch die typografischen Regeln. Die anvisierte Zielgruppe ist immer der anspruchsvolle Leser, der dies zu schätzen weiß.

5 Farben

5.1 Farbräume

Menschen und Tiere nehmen unterschiedliche Farbräume wahr. Manche Tiere sogar infrarote oder ultraviolette Farben – diese sind dem Menschen nicht zugänglich. Der für Menschen wahrnehmbare Farbraum lässt sich in einem rein theoretischen Farbraum zusammenfassen – dem Lab-Farbraum. Er stellt eine dreidimensionale Kugel dar mit einer senkrechten Achse L für Helligkeit und zwei waagrechten Achsen a für Grün-Rot und b für Blau-Gelb: L-a-b. Diese beiden letzteren Achsen gehen horizontal durch die Mitte der Kugel und sind jeweils um 90° versetzt.

Dieser Farbraum stellt nur ein rein mathematisches Modell dar und ist ein Messraum, in dem alle wahrnehmbaren Farben enthalten sind. Eine der wichtigsten Eigenschaften des Lab-Farbmodells ist, dass es geräteunabhängig ist. Das bedeu-

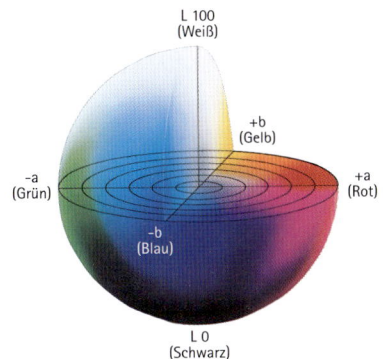

Lab-Farbraum

tet, dass die Farben unabhängig von der Art ihrer Erzeugung und Wiedergabetechnik definiert werden. Es lässt sich gut dafür verwenden, um die für uns unterschiedlich wahrnehmbaren Farbräume abzubilden.

Gestaltet man Printmedien, hat man es von vornherein mit zwei ganz unterschiedlichen Farbräumen zu tun: Dem Farbraum RGB – der die Farben Rot, Grün und Blau enthält – und dem Farbraum CMYK – der die vier Farben Cyan, Magenta, Gelb (Yellow) und Schwarz (K steht für das K in Black) enthält.

Monitore, Scanner und Digitalkameras verwenden den RGB-Farbraum, da diese Farben durchscheinend sind. Der Farbraum wird auch als additiv bezeichnet,

Additiver Farbraum RGB

weil im RGB-Farbraum die drei Primärfarben aufeinanderprojiziert die Farbe Weiß ergeben. Digitale Kameras haben aufgrund ihrer Konstruktion und ihres verwendeten Chips einen Farbraum, der noch kleiner als der RGB-Farbraum ist: der sRGB-Farbraum. Ihm fehlen meistens ein Reihe von Grüntönen, die der RGB-Farbraum noch darstellt.

Laserdrucker, Tintenstrahldrucker oder Offsetdruckmaschinen, auf denen Printmedien gedruckt werden, verwenden den CMYK-Farbraum. Da diese Medien das Licht nicht durchscheinen lassen, sondern reflektieren, bezeichnet man ihn als subtraktiven Farbraum. Die drei Primärfarben Cyan, Magenta und Yellow übereinandergedruckt ergeben die Farbe Schwarz. Da in der Praxis beim Übereinanderdrucken der drei Farben jedoch ein schmutziges Braun entsteht, wird die vierte Farbe Schwarz für Tiefe hinzugefügt.

Subtraktiver Farbraum CMY

Von der Eingabeseite her erhalten Sie für die Gestaltung eines Printmediums sicherlich Fotos einer Digitalkamera oder Scans von einem Scanner. Diese Daten liegen aber im sRGB- respektive RGB-Modus vor. Ihr Monitor stellt ebenfalls den RGB-Farbraum dar.

Bilder im RGB-Modus sollten Sie auch in diesem Farbraum – da ihn auch der Monitor so darstellt – bearbeiten, wenn Modfikationen am Bild vorgenommen werden sollen.

Wenn Sie Ihr Printmedium – ein Folder, eine Zeitschrift oder ein Buch – nach der Bildbearbeitung und Fertigstellung im Layout im Offsetdruck drucken lassen wollen, erfolgt dieser Offsetdruck aber im CMYK-Farbraum. Sie müssen also die Farben in den CMYK-Farbraum konvertieren.

Da die beiden Farbräume RGB und CMYK nicht deckungsgleich sind und nicht in jedem Farbraum die gleichen Farben vorhanden sind, gehen bei der Konvertierung einige Farbinformationen verloren bzw. werden bei der Konvertierung uminterpretiert. Geht man den einfachsten Weg ohne den Lab-Farbraum, indem man bei einem Bild in der Bildbearbeitungs-Software anstelle „Modus: RGB" einfach „Modus: CMYK" wählt und direkt umwandelt, sieht man das Ergebnis sofort am Monitor: Das

Bild wird etwas „schmutziger",
es verliert bei vielen Farben an
Helligkeit und Brillanz.

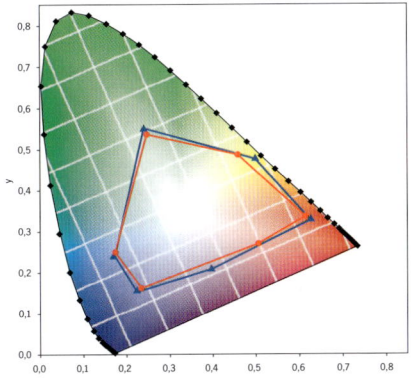

Es bleibt somit bei Fotos, die
im (s)RGB-Farbraum angelie-
fert und bearbeitet wurden, nur
übrig, sie unter Zuhilfenahme
des Lab-Farbraumes in den
CMYK-Farbraum zu konvertieren. Mit Rückgriff auf den rein
theoretischen Lab-Farbraum,
der als Referenzfarbraum dient,
lassen sich Bilder im RGB-Farbraum in einer Bildbearbeitungs-

Abbildung der nicht einheitlichen Lab-,
RGB- und CMYK-Farbräume

Software in den Lab-Farbraum konvertieren und von dort dann zurück
in den CMYK-Farbraum. Damit hat man die wenigsten Farbverluste bei
der Farbenkonvertierung.

Farben, die Sie direkt in QuarkXPress anlegen, sind von diesem Pro-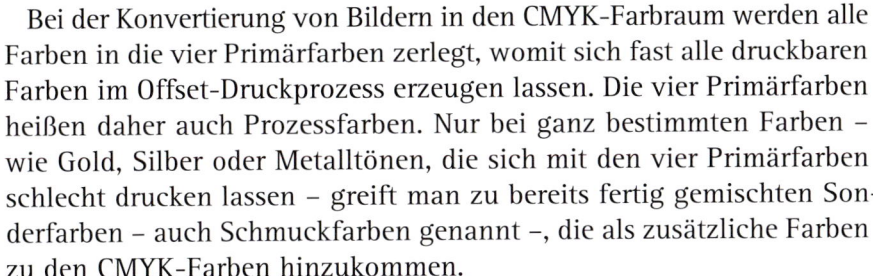
blem nicht betroffen, da Sie diese schon im CMYK-Farbraum anlegen.

Bei der Konvertierung von Bildern in den CMYK-Farbraum werden alle
Farben in die vier Primärfarben zerlegt, womit sich fast alle druckbaren
Farben im Offset-Druckprozess erzeugen lassen. Die vier Primärfarben
heißen daher auch Prozessfarben. Nur bei ganz bestimmten Farben –
wie Gold, Silber oder Metalltönen, die sich mit den vier Primärfarben
schlecht drucken lassen – greift man zu bereits fertig gemischten Sonderfarben – auch Schmuckfarben genannt –, die als zusätzliche Farben
zu den CMYK-Farben hinzukommen.

Sie können die Konvertierung von einem Eingabe-RGB-Farbraum in
den Ausgabe-CMYK-Farbraum auch mittels eines Farbmanagements wie
in Abschnitt 5.6 beschrieben lösen. Dazu werden Profile für Bilder verwendet, die spezifisch für die Eingabegeräte und die Ausgabegeräte auf
einer ganz speziellen Papiersorte erstellt wurden.

Bei einer solchen Profilierung können Sie Deckungswerte von 96 bis
98% erreichen – völlig deckungsgleiche Farben ereichen Sie aber auch
damit nicht. Eine Kalibrierung ist außerdem aufwändig und teuer.

5.2 Farben einrichten

Wählen Sie „Bearbeiten"->„Farben", wenn Sie neue Farben einrichen oder bestehende ändern wollen. Sie erhalten das folgende Dialog-Fenster:

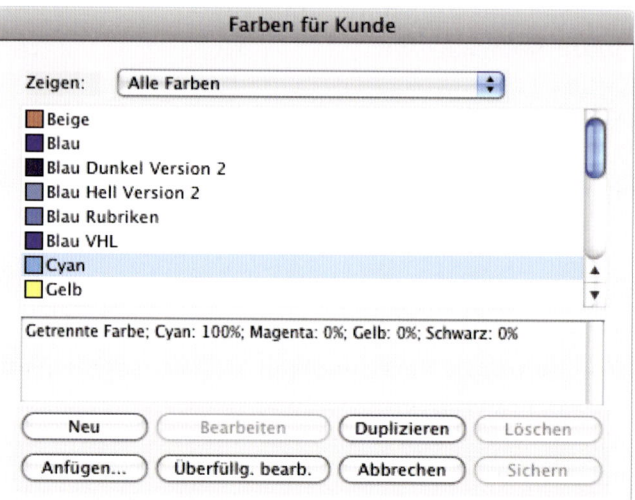

Dialog-Fenster „Farben"

Standardmäßig sind hier die Prozessfarben Cyan, Magenta, Gelb und Schwarz vorhanden – die nicht gelöscht werden können. Im unteren Info-Fenster werden der Farbmodus und die Farbwerte der angelegten Farbe angezeigt.

Die Farbe „Passkreuze" ist nur für die Belichtung notwendig – sie beinhaltet die Prozessfarben Cyan, Magenta, Gelb und Schwarz. Die Passkreuze müssen zur Seitenpositionierung des separierten Layouts auf allen Farbauszügen abgebildet werden. Die Farbe „Weiß" spielt keine Rolle, da sie keine eigentliche Farbe ist und einem Objekt oder Text nicht zugewiesen werden kann. Sie stellt die „weiße" Stelle auf dem Papier dar, auf der keine Farbe aufgetragen wird.

Falls im Fenster „Farben" auch RGB-Farben vorhanden sind – weil eventuell ein Web-Layout angelegt war oder Daten aus älteren QXP-Projekten übernommen wurden –, lautet mein Vorschlag: Löschen Sie sicherheitshalber vor der Gestaltung für ein Printmedium alle RGB-Farben. Da sie in der Farbpalette vorhanden sind, können Sie Gefahr laufen, diese Farben irrtümlich im Layout zu verwenden. Die Farben können aber im Offsetdruck nicht gedruckt werden.

Sie haben in diesem Farbmenü die Optionen,

- Farben aus anderen Projekten anzufügen,
- Farben zu bearbeiten,
- Überfüllungen zu bearbeiten,
- Farben zu duplizieren,
- Farben zu löschen und
- Änderungen zu sichern.

  Unter dem Menüpunkt „Zeigen" wählen Sie, ob

- alle Farben,
- nur Volltonfarben,
- nur Prozessfarben,
- nur Multi-Ink-Farben – also Sonderfarben, die aus Simplex- oder Duplexbildern oder Ähnlichem stammen –,
- alle Farben, die in Gebrauch sind, oder
- alle Farben, die nicht im Gebrauch sind,

Pulldown-Menü „Farben"->„Zeigen"

im Menüfenster angezeigt werden. Sie können diese Optionen dazu benutzen, um (Prozess-)Farben auf ihre korrekte Einrichtung zu prüfen. Lassen Sie sich anzeigen, welche Farben in Gebrauch sind, prüfen Sie, welche nicht gewünschten RGB- oder Volltonfarben sich darunter befinden und ändern oder löschen Sie diese.

 Zudem sollten Sie – um die Projekt-Datei schlank zu halten – alle nicht verwendeten Farben grundsätzlich löschen. Machen Sie es sich zu einem festen Prinzip, vor Beendigung der Gestaltung eines Printmediums das Projekt auf seine Farben zu überprüfen. Und bereinigen Sie das Projekt.

5.3 Prozess- und Volltonfarben

5.3.1 Prozessfarben anlegen

Klicken Sie auf den Button „Neu", um eine neue Farbe anzulegen. Geben Sie ihr einen Namen. Wählen Sie das Farbmodell, das für den Offsetdruck „CMYK" sein sollte. Wählen Sie entweder manuell mit dem Mauszeiger in dem angezeigten Farbkreis eine Farbe und mit dem Regler rechts daneben die Tiefe der Farben. Oder geben Sie die gewünschten Farbwer-

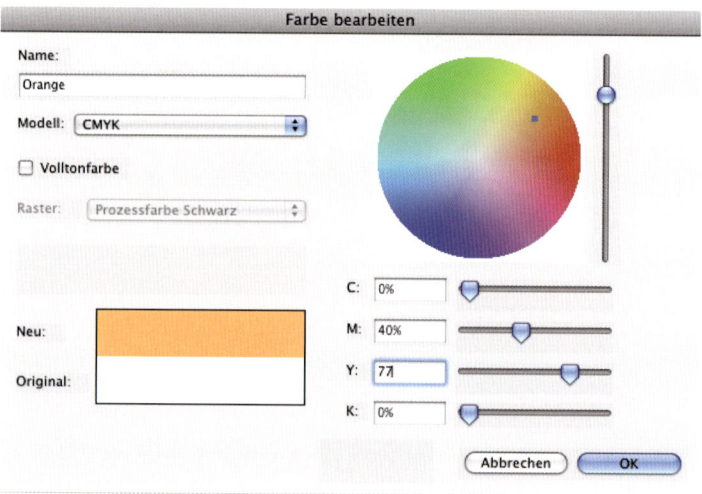

Dialog-Fenster „Farbe bearbeiten"–>Prozessfarbe

te manuell in die vier Eingabefelder ein oder wählen Sie sie über die vier Schieberegler

Geben Sie möglichst feste Prozentwerte für die Farben CMYK ein. Prozentzahlen mit Werten hinter dem Komma können bei mancher älteren Belichtungsmaschine Probleme bereiten.

Wenn Sie eine bestehende Farbe ändern, indem Sie sie im Farbenmenü markiert und auf „Bearbeiten" geklickt haben, bekommen Sie im Farbfeld unten links unter „Original" die vorhandene Farbe angezeigt und darüber unter „Neu" die geänderte Farbe.

5.3.2 Volltonfarben anlegen

Möchten Sie ein Layout jedoch nur in einer Farbe – also 1c – drucken, können Sie für diesen Fall eine einzelne Vollton- oder Schmuckfarbe anlegen. Zur Variation innerhalb des Layouts haben Sie dann immer noch die Möglichkeit, die einzelne Farbe in Tonwerten von 0 bis 100% zu verwenden. In manchen Fällen wird dies aus Kostengründen auch variiert, indem ein Printmedium zwei- oder dreifarbig angelegt und gedruckt wird. Dabei wird dann mit Duplex- oder Triplexbildern gearbeitet. Im Gegen-

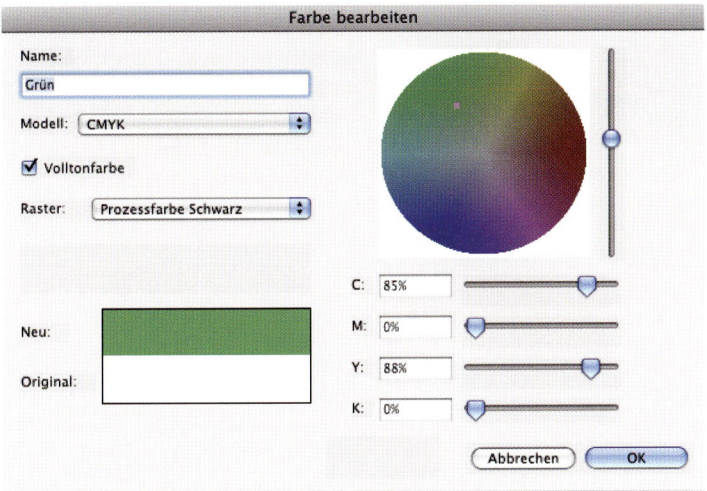

Dialog-Fenster „Farbe bearbeiten"–>Volltonfarbe

anlegen. Zur Variation innerhalb des Layouts haben Sie dann immer noch die Möglichkeit, die einzelne Farbe in Tonwerten von 0 bis 100% zu verwenden. In manchen Fällen wird dies aus Kostengründen auch variiert, indem ein Printmedium zwei- oder dreifarbig angelegt und gedruckt wird. Dabei wird dann mit Duplex- oder Triplexbildern gearbeitet. Im Gegensatz zu einem normalen Druck mit vier Prozessfarben, der einen viermaligen Druckdurchlauf mit allen vier Prozessfarben bedeutet, kann ein Druck mit wenigen Sonderfarben die Druckkosten erheblich senken. Beim Sonderfarbendruck kann auch auf Schmuckfarben wie Metalltöne zurückgegriffen werden.

Beim Anlegen der Farben wählen Sie im Dialog-Fenster die gewünschte Farbe und setzen das Häkchen bei „Volltonfarbe". Damit legen Sie eine gesonderte Schmuckfarbe an. Diese wird entweder zusätzlich zu den gewählten Prozessfarben oder gesondert gedruckt.

Es gibt eine Reihe von Farbenherstellern, die fertig gemischte, standardisierte Volltonfarben zum Druck anbieten. Die wohl bekanntesten Anbieter sind Pantone und HKS. Die Hersteller dieser Farben gewährleisten dabei, dass diese Volltonfarben auch noch in zig Jahren auf der glei-

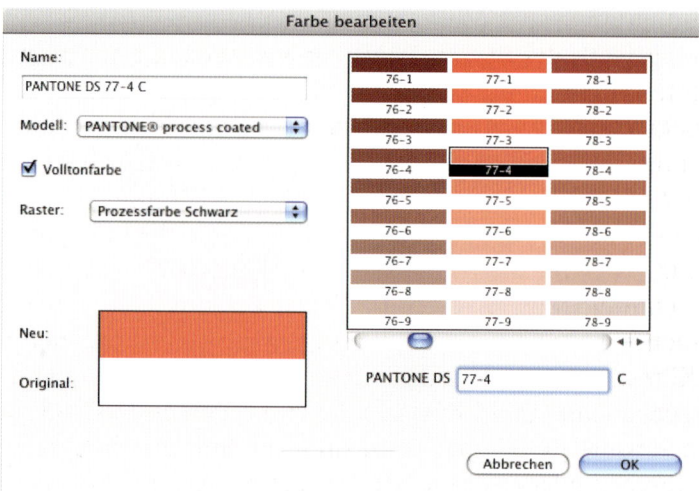

Dialog-Fenster „Farbe bearbeiten"–>Volltonfarbe aus
Pantone-Fächer

chen Druckmaschine mit dem gleichen Papier die gleichen Farbergebnisse im Druck liefern – was im Prozessfarbendruck meistens nicht gewährleistet werden kann.

Wenn Sie eine Volltonfarbe aus einem Farbfächer auswählen wollen, wählen Sie unter „Modell" den entsprechenden Hersteller und die Farbauswahl. In diesem Screenshot sehen Sie den Pantone-Farbfächer für Prozessfarbendruck auf gestrichenem Papier. Wählen Sie dann die gewünschte Farbe. Auch hier setzen Sie das Häkchen bei „Volltonfarbe".

Wenn Sie bei einem Sonderfarbendruck mit einigen wenigen Volltonfarben arbeiten und dazu Simplex-, Duplex- oder Triplexbilder in einer Bildbearbeitungs-Software anlegen, achten Sie bitte darauf, dass Sie beim Anlegen der Volltonfarben dieser Bilder die exakt gleiche Farbbezeichnung verwenden, die Sie auch für die Volltonfarben in QuarkXPress für die restliche Gestaltung des Layouts benutzen. Differieren diese Bezeichnungen, haben Sie beim Import des Bildes plötzlich noch eine zusätzliche Farbe im Layout – obwohl die Farbwerte übereinstimmen. Die zusätzliche Farbe bedeutet aber eine unnötige weitere Belichtung.

Zusätzliche Volltonfarben sind bei großen Firmen, die weltweit operieren, weit verbreitet. Die Firmen haben in ihrem Corporate Design manchmal einige festgeschriebene Schmuckfarben. Sie haben ein Image und äußeres Erscheinungsbild bei ihren Kunden, das sie wegen des Wiedererkennungswerts des Unternehmens und wegen der Kundenbindung unbedingt festigen müssen. Global operierende Firmen brauchen nicht auf die Druckpreise achten. Sie sind gern bereit, viel Geld in ihr äußeres Erscheinungsbild zu investieren. Aus diesem Grund lassen sie auch gern 6- oder 7-farbig drucken.

Beim Löschen von Farben sollten Sie Folgendes beachten: Seien Sie vorsichtig, wenn Sie im Farbmenü Farben löschen, die anscheinend nicht in Verwendung sind. Es kann die Fehlermeldung erscheinen, dass die von Ihnen ausgewählte Farbe in einer Bild-Datei verwendet wird und QuarkXPress nach dem Löschen dieser Farbe die Grafik nicht mehr richtig ausgeben kann. QuarkXPress hat weder einen Einfluss auf die in Bild-Dateien verwendeten Farben noch kann QuarkXPress dort irgendwelche Farben löschen oder ersetzen. Brechen Sie bei dieser Fehlermeldung den Vorgang lieber ab und lassen Sie die Farbe im Farbmenü.

In der Farbpalette sind alle im Layout eingerichteten Farben zu sehen – Prozess- und Volltonfarben.

In der Menüleiste können Sie

- eine neue Farbe einrichten,
- eine bestehende bearbeiten,
- die Rahmenfarbe ändern – dies wirkt sich aber nur aus, wenn dem Rahmen ein Randstil zugewiesen wurde – oder – wenn eine Linie markiert ist – der Linie eine Farbe zuweisen,
- je nach Rahmeninhalt eine Text- oder Bildfarbe zuweisen,
- bei einem Graustufenbild/einer Strichzeichnung zusätzlich eine Bildhintergrundfarbe zuweisen,
- eine Hintergrundfarbe anlegen und
- mit dem Papierkorb-Symbol eine markierte Farbe löschen.

Über das kleine Icon rechts oben erhalten Sie ein Pulldown-Menü, das Ihnen erlaubt,

Farben-Palette

- eine Farbe neu anzulegen,
- eine Farbe zu bearbeiten,
- eine Farbe zu duplizieren,
- eine Farbe zu löschen und
- eine Prozessfarbe in eine Volltonfarbe umzuwandeln und umgekehrt.

Wenn Sie eine Farbe zuweisen, können Sie auch einen Tonwert von 0 bis 100% und eine Deckkraft von 0 bis 100% in den Eingabefeldern unterhalb der Menüleiste angeben.

Die farbigen Kästchen rechts neben den Farben verweisen darauf, ob es sich um Prozess- oder Volltonfarben handelt. Eine Prozessfarbe hat ein Kästchen mit einem viertel Cyan-, Magenta-, Gelb- und Schwarzanteil. Eine Volltonfarbe wird dagegen – wie bei der Farbe „Blau Vollton" zu sehen – mit einem hellen Kästchen mit einem „Zielkreuz" dargestellt.

Sie können diese Farben nun bestimmten Elementen zuweisen – einem Textrahmen und Text, einem Bildrahmen und Bild, einem Rahmen ohne Inhalt oder Linien.

Mit dem Icon für „Bildfarbe" bei einem markierten Graustufenbild oder einer Strichzeichnung können Sie das Bild einfärben– dies geht natürlich nicht bei einem farbigen Bild mit Prozessfarben oder einer farbigen Grafik. Das Graustufenbild/Strichzeichnung enthält dann nur die gewählte Farbe und entspricht in etwa einem Simplex-Bild aus einer Bildbearbeitungs-Software – das Bild enthält die gewählte Farbe in den Tonwerten, die das Bild vorher hatte.

Mit dem Icon für „Bildhintergrundfarbe", das ebenfalls nur bei einem Graustufenbild oder einer Strichzeichnung anwählbar ist, weisen Sie eine Bildhintergrundfarbe zu. Das Bild ähnelt dann einem Duplexbild, das die vorherigen Schwarzanteile zusätzlich zu der gewählten Hintergrundfarbe enthält.

Bei der Zuweisung eines Bildhintergrund haben Sie die Möglichkeit, einen Farbverlauf zu erzeugen. Wenn Sie einen Rahmen markiert haben und das Pulldown-Menü unter „Normal" öffnen, sehen Sie die verschiedenen Möglichkeiten
- linearer Verlauf,
- zentrierter linearer Verlauf,
- rechteckiger Verlauf,
- rautenförmiger Verlauf,
- kreisförmiger Verlauf innen und
- kreisförmiger Verlauf außen.

Bei allen Verläufen wählen Sie bei „#1" eine Ausgangsfarbe und bei „#2" eine Endfarbe. Dies können zwei unterschiedliche Farben sein. Oder Sie richten einen Verlauf von einer einzigen Farbe mit einem niedrigen Tonwert bis zu einem hohen Tonwert ein. Bei manchen Verläufen können Sie auch noch angeben, in welchem Winkel der Verlauf erfolgen soll.

Ein Verlauf über drei oder mehrere Farben ist in QuarkXPress nicht möglich, dazu müssen Sie auf ein Grafikprogramm ausweichen.

5.5 Transparenzen und Schlagschatten

Sie können über die Maßpalette Transparenzen für alle erdenklichen Objekte erzeugen. Transparenzen sind farb- und nicht objektbasierend. Somit kann auf jedes Element, das eine Farbe hat, eine Transparenz angewandt werden. Dafür steht die Option „Deckkraft" von 0 bis 100% zur Verfügung. Außerdem können Sie über die Maßpalette einen Schlagschatten mit unterschiedlichen Einstellungen für alle möglichen Objekte erstellen.

Alternativ können Sie für Transparenzen und Schlagschatten bei einem markierten Element auch über die Menüfunktion „Objekt"->„Modifizieren" gehen und dort das Register „Rahmen", „Randstil", „Bild" oder „Schlagschatten" wählen, um die Einstellungen vorzunehmen. Nach den gewählten Einstellungen klicken Sie auf „Anwenden", um vorab die Auswirkungen auf das Objekt im Layout zu sehen. Die Transparenz für ein markiertes, farbiges Bild ist aber am Einfachsten über die Deckkraft-Option der Farbpalette steuerbar.

Als Beispiel für die Anwendung von Transparenzen soll folgendes Bild mit Verlauf dienen, das bisher nur über die Bearbeitung des Bildes in einer Bildbearbeitungs-Software mit Ebenenmasken und transparentem Verlauf möglich war. Möchten Sie ein Bild auf einem weißen (Papier-)Hintergrund von einer 100%igen Deckungskraft und Darstellung in den weißen Papierhintergrund verlaufen lassen, dann importieren Sie das Bild in das Layout. Erstellen Sie einen Rahmen mit exakt der gleichen Größe wie der Bildrahmen. Positionieren Sie ihn direkt über das Bild an gleicher Stelle. Dann weisen Sie dem Rahmen – je nachdem, in welche Richtung der Verlauf gehen soll – einen linearen Verlauf von der Anfangsfarbe Weiß mit 0% Deckkraft bis zur Endfarbe Weiß mit 100% Deckkraft zu. Und schon scheint das Bild einfach in das Papier zu verlaufen ...

5.6 Farbmanagement (CMS)

5.6.1 Einführung

Farbmanagement ist eine recht komplexe Angelegenheit. Denn es erfordert ein großes Maß an Wissen und Kenntnis dessen, was Farbmanagement bedeutet und was damit eingestellt wird.

Farbmanagement bedeutet – in einfachster Form ausgedrückt –, dass Eingabegeräte wie Digitalkameras, Scanner und Monitore ebenso wie Ausgabegeräte wie Tintenstrahldrucker, Proofdrucker und Offsetdruckmaschinen alle weitestgehend konsistente Farben liefern – oder Farbverfälschungen so gering wie möglich halten. Die Schwierigkeit dabei ist, dass man sich bei einigen dieser Geräte in unterschiedlichen Farbmodellen bewegt und Farben von einem Farbmodell in das andere möglichst ohne Verlust umgerechnet werden sollen.

Die Thematik kann im professionellen Umfeld so komplex werden, dass man in größeren Workgroups nicht ohne einen externen Dienstleister auskommt, der alle verwendeten Geräte zueinander kalibriert. Die Geräte werden geprüft und mit jeweils gerätespezifischen Farbprofilen versehen, damit die Farbraum-Umrechnung zu Farbstandardwerten gewährleistet ist. Zur fortlaufenden Qualitätskontrolle dienen dabei Kontrollmittel wie der Medienkeil.

Das Farbmanagement in QuarkXpress kann nicht abgeschaltet werden und ist somit immer aktiv. Nur – versuchsweise – einige Einstellungen in den Menüs von QuarkXPress vorzunehmen, reicht nicht aus.

Das folgende Zitat umschreibt einfach, aber verständlich die Notwendigkeit eines Farbmanagements: *„Die Bilder [müssen] wissen, wo sie herkommen, und das Ganze [muss] am Ende [im Druck wissen], wo die Reise hingeht."* Thomas Richard, Alzenau, www.richard-ebv.de, 25.07.2008

Das Grundprinzip des Farbmanagements sieht vor, jedes Gerät oder auch Druckverfahren mit einem Profil zu charakterisieren, das dessen farbliches Verhalten manifestiert.

Dabei wird nicht wie früher eine feste Produktions-Schiene eingetestet, in der fest stand, dass die jeweiligen Einstellungen eines Scanners im Andruck zu einem bestimmten Ergebnis führen. Sondern es wird zum Einen im Scannerprofil dessen „Farbliche Sicht der Welt" aufgezeichnet.

Zum Anderen werden die Farben, die die Andruckmaschine bei normalem Betrieb liefert, in einem Ausgabeprofil erfasst.

Um die Farben nun verlässlich durch diesen Workflow zu schleusen, werden die Charakteristiken dieser beiden Geräte miteinander verrechnet.

Es ist wie bei einer Schatzkarte, die auf einer Insel vom Startpunkt A zum Ziel B führt. Befindet man sich auf der falschen Insel, ergibt der Weg keinen Sinn (falscher/anderer Scanner). Startet man von der falschen Bucht auf der richtigen Insel (verstellter oder anders eingestellter Scanner), ergibt auch der Startpunkt A zum Ziel B keinen Sinn. Nur wenn man auf der richtigen Insel den Weg von der richtigen Bucht von A über bestimmte Wege zu B findet – und im Sinne des Farbmanagements mit den entsprechenden Profilen einkleidet –, kommt man zum Ziel und schließlich zur Schatzkiste.

Die Einrichtung erfolgt in QuarkXPress dadurch, dass Sie Einstellungen für die Quelle und solche für die Ausgabe definieren. Aus diesen definierten und gespeicherten Farbeinstellungen können Sie dann in den Voreinstellungen auswählen und somit das Farbmanagement weitestgehend korrekt einrichten. Im Menü „Ansicht" können Sie später in einem Softproof – der Farben auf dem Monitor simuliert – zwischen verschiedenen Profilen wählen und so die Farben und Bilder prüfen.

Die Bearbeitung zwischen der Eingabe und der Ausgabe erfolgt meistens in einem Bildbearbeitungs-Programm wie Photoshop. Wenn Sie dort ein entsprechendes RGB-Bild öffnen, kommt es darauf an, welche Grundeinstellungen Sie in Photoshop vorgenommen haben. Grundsätzlich können Sie

- eingebettete Profile beibehalten,
- eingebettete Profile verwerfen – ab da gilt der Arbeitsfarbraum RGB– oder
- eingebettete Profile in den Arbeitsfarbraum oder einen beliebigen anderen wandeln.

Grundsätzlich bringt das Bild jedoch sinnigerweise sein Profil mit und bleibt in diesem Farbraum, bis feststeht, wo es ausgegeben wird.

Bei Arbeiten, bei denen man überwiegend Bilddaten aus Digitalkameras und undefinierten Quellen aus dem Internet erhält, ist der Farbraum sRGB vorzuziehen ist, da dieser die tatsächlichen Farben der angelieferten Bilder wesentlich besser repräsentiert.

Für die Einrichtung des korrekten Farbmanagements in QuarkXPress benötigen Sie verschiedene Farbprofile, die nicht alle mit QuarkXPress mitgeliefert werden. Sie können sich jedoch die Farbprofile kostenlos auf der Website der European Color Initiative unter http://www.eci.org herunterladen. Klicken Sie im Navigationsmenü auf „Downloads" und suchen Sie die ICC-Profile der ECI. Sie finden dort sowohl die aktuellen Profile für den RGB- als auch für den CMYK-Farbraum. Kopieren Sie die heruntergeladenen ICC-Profile in den QuarkXPress-Ordner in Required Components/Profiles. Möglicherweise müssen Sie QuarkXPress dann nochmals starten. Alternativ finden Sie die Profile auch auf der Website der FOGRA unter http://www.fogra.de unter „Produkte" und dann „ICC-Char'daten".

Beachten Sie bitte, dass die folgenden Einstellungen die Bildschirmdarstellung und gegebenenfalls den Farbaufbau von Bildern verändern. Die folgenden Einstellungen gelten für den 4c-Bogenoffsetdruck. Für andere Druckverfahren müssen andere Profile und Einstellungen verwendet werden.

5.6.2 Farbmanagement in QuarkXPress

Wählen Sie den Menüpunkt „Bearbeiten"–>„Farbeinstellungen"–>„Quelle".
Hier werden Ihnen einige in QuarkXPress vorhandene Einstellungen gezeigt. Auch hier gilt wie bei anderen Einstellungen: Haben Sie ein Pro-

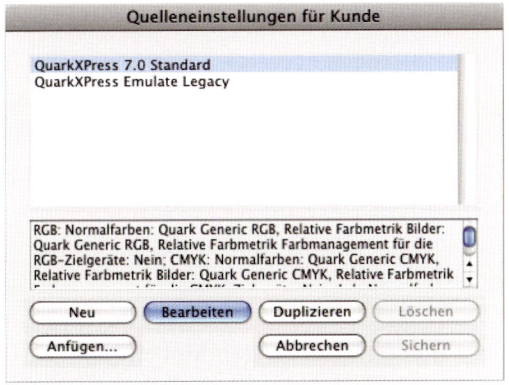

Dialog-Fenster „Quelleneinstellungen"

jekt geöffnet, gelten die Farbmanagement-Einstellungen nur für dieses Projekt. Ist kein Projekt geöffnet, gelten sie für alle folgenden Projekte.

In dem Dialogfenster werden Ihnen wie schon in einigen anderen Fenstern die Optionen „Neu", „Anfügen", „Bearbeiten", „Duplizieren", „Löschen" oder „Sichern" angeboten.

Klicken Sie auf „Neu" und vergeben Sie dann einen Namen wie „ECI_ ISOcoated", der die Einstellungen erklärt. Im Register „RGB" wählen Sie als Standard-RGB-Profil, das am besten den Farbraum Ihrer Eingabegeräte beschreibt, das ECI-RGB-Profil. Als Priorität wählen Sie „perzeptiv".

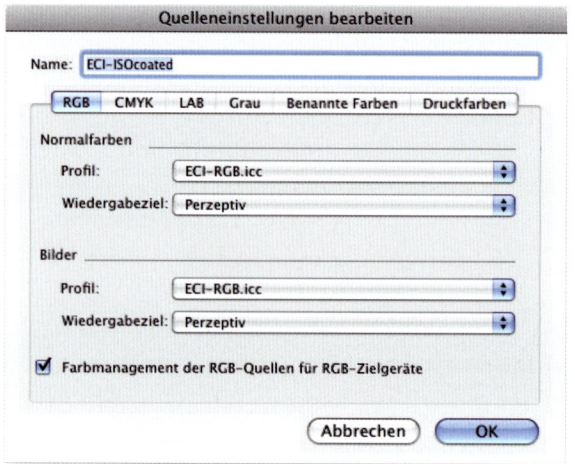

Dialog-Fenster „Quelleneinstellungen bearbeiten"–>
Register „RGB"

Mit dem Wiedergabeziel – auch „Priorität" genannt – legen Sie fest, welche Umrechnungsmethode angewendet werden soll, um Bilder von einem Farbraum in einen anderen umzurechnen.

• Perzeptiv: wahrnehmungsorientiert = fotografisch.
• Relativ farbmetrisch: Bei der Umrechnung von einem größeren in einen kleineren Farbraum werden die Farben, die außerhalb des Zielfarbraums liegen, auf dessen Hülle abgebildet (Clipping). Die Farben innerhalb beider Farbräume werden nicht verändert.

- Sättigung: Diese Umrechnung dient vor allem dazu, möglichst satte Farben, z.B. in Präsentationsgrafiken, zu erhalten.
- Absolut farbmetrisch: Die Umrechnung erfolgt wie bei der relativ farbmetrischen Umrechnung, allerdings erfolgt eine Papierweiß-Simulation.

Schließlich können Sie noch das „Farbmanagement der RGB-Quelle für RGB-Zielgeräte" aktivieren.

Im Register „CMYK" wählen Sie das Profil „ISOcoated" und als Priorität „Relativ farbmetrisch".

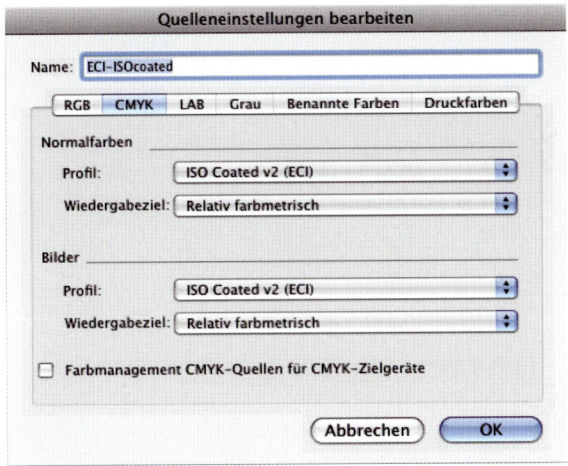

Dialog-Fenster „Quelleneinstellungen bearbeiten"–>
Register „CMYK"

Nun wählen Sie „Bearbeiten"–>„Farbeinstellungen"–>„Ausgabe". Der in QuarkXPress vorhandene Farbraum, der bei Composite-CMYK im unteren Feld angezeigt wird – nämlich „Quark Generic CMYK" –, ist für das Farbmanagement nicht geeignet. Der „Quark Generic CMYK"-Farbraum ist sehr viel kleiner als der ISOcoated-Farbraum, weshalb Sie in den folgenden Einstellungen Letzteren wählen sollten.

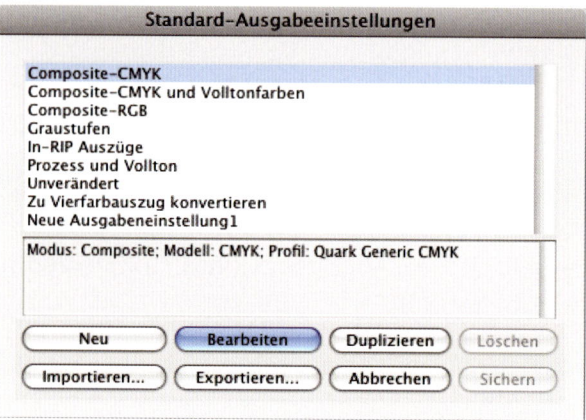

Dialog-Fenster „Ausgabeeinstellungen"

Klicken Sie auf „Neu" und vergeben Sie der Einstellung einen Namen wie „ISOcoatedCMYK" – also ein ISO-konformer CMYK-Druck auf gestrichenem Papier. Bei „Modus" wählen sie Composite, und bei „Modell" CMYK. Bei „Profil" wählen Sie das „ISOcoated"-Profil. Setzen Sie das Häkchen für „Volltonfarben zu Prozessfarben wandeln".

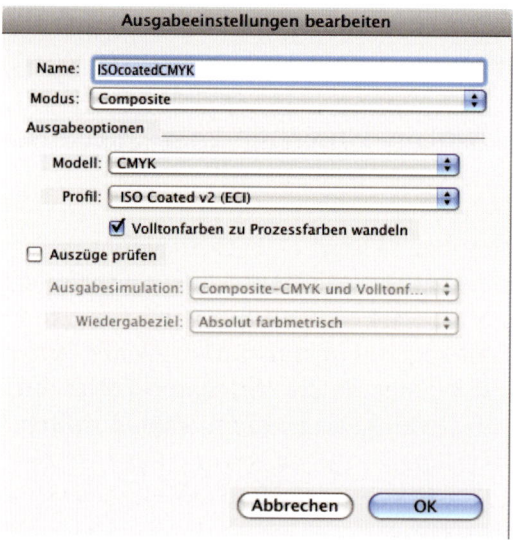

Dialog-Fenster „Ausgabeeinstellungen bearbeiten"

Dialog-Fenster „Ausgabeeinstellungen"

Richten Sie auf diese Weise noch drei weitere Einstellungen ein:
- ISOcoated + Schmuckfarben
- ISOuncoatedCMYK
- ISOuncoated + Schmuckfarben

Bei ISOcoated + Schmuckfarben deaktivieren Sie oben genanntes Häkchen. Die beiden letzten Einstellungen nehmen Sie auf die gleiche Weise vor, nur dass Sie als Profil das ISOuncoated-Profil wählen. Somit haben Sie nun für die wichtigsten Offsetdruckverfahren und Papiersorten vier neue Einstellungen gespeichert, die auch im Fenster der Ausgabeeinstellungen angezeigt werden.

Nun gehen Sie zur letzten Einstellung, nämlich der Auswahl für Quelle und Ausgabe aus den gespeicherten Optionen. Wählen Sie „QuarkXPress"->„Einstellungen"->„Drucklayout"->„Farbmanager" (Windows: „Bearbeiten"->„Vorgaben"->...). Beim „Farbmanagement-Modul" wählen Sie LogoSycn und setzen das Häkchen bei Tiefenkompensierung.

LogoSync beherrscht als Farbmanagement-Modul Tiefenkompensierung und ist plattformübergreifend verfügbar. Die Konvertierungsunterschiede zum Adobe Farbmanagement sind sehr gering

Bei den Quellenoptionen wählen Sie bei „Quelleneinstellungen" die „ECI-ISOCoated"-Einstellungen, dazu das Häkchen „Zugriffe auf Bildprofile ermöglichen". Bei den Soft-Proofing-Einstellungen wählen Sie bei „Pro-

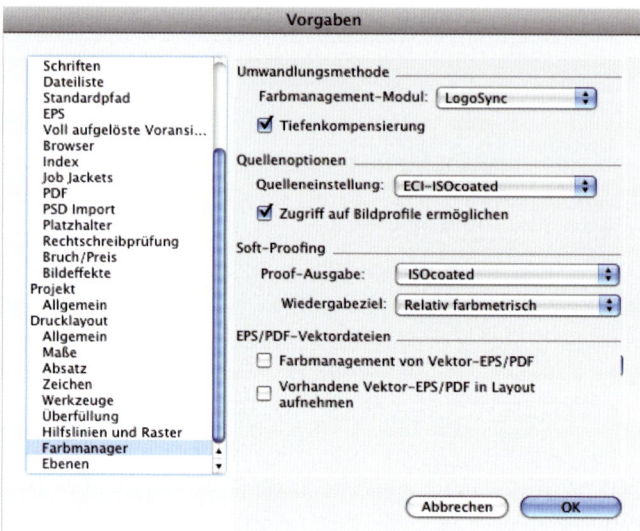

Dialog-Fenster „Einstellungen"–>„Drucklayout"–>„Farbmanager"

of-Ausgabe" die „ISOcoated"-Einstellungen – oder eine der drei anderen Einstellungen, die Sie vorgenommen haben – und das Wiedergabeziel „Relativ farbmetrisch".

Wenn Sie nun Ihr Printprojekt für verschiedene Papiere und eine Ausgabe als CMYK oder mit Schmuckfarben prüfen wollen, können Sie unter „Ansicht"–>„Proof-Ausgabe" zwischen Ihren gespeicherten Ausgabeoptionen umschalten und die Ausgabe an Ihrem Monitor kontrollieren.

Über „Hilfsmittel"–>„Verwendung" können Sie bei „Profile" die in Ihrem Projekt vorgenommenen Farbeinstellungen und sonstigen verwendeten Profile prüfen.

Um diese Beschreibungen nochmals zusammenzufassen: *„Es kommt immer ein Profil-Pärchen zum Einsatz, das eine, das das Bild beschreibt – also das Quellprofil –, und dann das Ausgabeprofil, das das Ausgabemedium beschreibt – in der Regel einen konkreten Druckprozess [auf ein bestimmtes Papier]. (...) [Das] Minimieren der Abweichungen [der Farbwerte] funktioniert nur, wenn sowohl Abstammung als auch Bestimmung mittels Profil respektiert wurden."* Thomas Richard, Alzenau, www.richard-ebv.de, 25.07.2008

6 Bilder

6.1 Bildformate

Es gibt zwei Arten von Bildformaten, die Sie erzeugen und in Ihr Layout importieren können: Pixelbilder, die Graustufenbilder oder Farbfotos darstellen, oder Vektorgrafiken für Grafiken, Infografiken und Logos.

Bilder, die Sie über einen Scanner, eine Digitalkamera oder über einen Screenshot erhalten, sind gerasterte Pixelbilder. Sie bestehen aus einzelnen Pixeln, die entsprechende Graustufen- oder Farbwerte enthalten. Sie liegen meistens im unkomprimierten TIF- oder komprimierten JPG-Format vor. Fotos von Digitalkameras werden auch in einem internen RAW-Format gespeichert, das noch keine Bearbeitung oder Komprimierung enthält. Das RAW-Format muss erst in ein bearbeitbares Dateiformat umgewandelt werden.

Pixelbilder gewährleisten zwar eine weitestgehend fotorealistische Darstellung, haben jedoch zwei Nachteile. Zum einen haben Sie meistens große Datenmengen – ein TIF-Bild kann unter Umständen 100 bis 200 MB oder mehr haben –, und Sie können das Bild nicht beliebig skalieren. Skalierungen um 120 bis 130% sind noch akzeptabel – alles, was darüber hinausgeht, sollte man nicht machen. Denn eine Bildbearbeitungs-Software berechnet bei einer Skalierung eines Pixelbilds nach einem Algorithmus neue Pixel hinzu. Wenn jedoch keine Bildinformation in der ursprünglichen Datei vorhanden ist, woher sollen diese Pixel kommen? Skalierte und hochgerechnete Pixelbilder sind daher meistens unscharf und pixelig.

Das Problem von großen Datenmengen können Sie umgehen, indem Sie ein Pixelbild im JPG-Format abspeichern. Dieses Format ermöglicht eine Komprimierung. Sie ist aber leider nicht verlustfrei. Es gehen also einige Bildinformationen verloren, was aber normalerweise beim Offsetdruck nicht zu erkennen ist.

Für eine reproduzierbare Wiedergabe von Fotos sollten Sie Graustufen- und Farbbilder mit mindestens 300 dpi und Strichzeichnungen mit mindestens 800 dpi Auflösung einscannen.

Fotos aus Digitalkameras haben generell ein großes Format, aber eine Bildschirmauflösung von 72 dpi. Die Bilder lassen sich in einer Bildbearbeitungs-Software auf eine Offsetdruckauflösung von 300 dpi ändern, indem im entsprechenden Menüpunkt diese erforderliche Auflösung eingegeben, jedoch das Format dabei ohne Neuberechnung verringert wird.

Vektorgrafiken werden mit Grafikprogrammen wie Illustrator, FreeHand oder CorelDRAW erzeugt. Vektoren sind mathematisch berechnete Objekte, die z.B. eine Linie in der Form darstellen, dass sie in einem x,y-Koordinatensystem zwei Anfangskoordinaten x1 und y1 und zwei Endkoordinaten x2 und y2 hat. Auf diese Weise werden Rechtecke, Kreise, Ellipsen oder gekrümmte Linien berechnet. Die Objekte können eine Füll-, Verlaufs- oder Linienfarbe haben. Vektorgrafiken werden im EPS-Format abgespeichert. Die Bildinformationen sind – da sie mathematisch berechnet werden – sehr klein und lassen sich schnell an einen postscript fähigen Drucker schicken.

Vektorgrafiken haben den Vorteil, dass sie ohne Qualitätsverlust beliebig skalierbar sind. Sie können ein kleines Logo als Vektorgrafik ohne Probleme auf 1000% skalieren und es enthält alle Bildinformationen des Ausgangslogos.

Sie können auch PDF-Dateien in Ihr Layout importieren. Da man aus einer PDF-Datei immer nur eine einzelne Seite in einen Rahmen importieren kann, geben Sie die entsprechende Seite beim Import an. Beachten Sie außerdem, dass Sie keine Seite einer PDF-Datei mit Bildschirmauflösung importieren, wenn Sie im Offsetdruck drucken wollen.

6.2 Bilder importieren

Sie importieren Bilder ebenso wie Text in Ihr Layout: indem Sie einen beliebigen Rahmen aufziehen und das Bild über „Ablage"–>„Importieren" einladen, über „Ablage"–>„Importieren" ohne Rahmen direkt ein Bild importieren oder indem Sie das Bild per Drag&Drop einfach in Ihr Layout ziehen.

QuarkXPress zeigt im Layout als Bildvorschau von jedem importierten Bild eine niedrig aufgelöste 72-dpi-Vorschau und speichert den jeweiligen Pfad zur Bilddatei. Die hochauflösenden Bilddaten werden erst für die Ausgabe benutzt. Eine volle Bildauflösung eines einzelnen Bildes lässt sich bei markiertem Bild über „Objekt"->„Voransichtsauflö-sung"->„Volle Auflösung" bewirken. Eine vollaufgelöste Bildansicht aller importierten Bilder erreicht man über „Ansicht"->„Voll aufgelöste Voransicht". Die Darstellung ist jedoch davon abhängig, was in den Grundeinstellungen unter „QuarkXPress"->„Einstellungen"->„Programm"->„Voll aufgelöste Voransicht" (Windows: „Bearbeiten"->„Vorgaben"->...) eingestellt ist: Unter „Voll aufgelöste Voransichten anzeigen für" bestimmen Sie, ob alle Bilder mit vollaufgelöster Voransicht auch so angezeigt werden – oder nur das aktuell markierte Bild. Die Ansicht von allen Bildern in hoher Auflösung kann dazu führen, dass der Arbeitsspeicher Ihres Computers stark beansprucht wird und QuarkXPress bei der Arbeit langsamer wird.

Importiertes Bild mit Originalabmessung (außen) und Bildrahmen (innen)

Das Bild wird im Layout zunächst in der Originalgröße dargestellt. Es wird in einem Rahmen mit halben bzw. dreiviertel Angreif-Kreisen gezeigt. Der Bildrahmen, der – bezogen auf die Originalabmessung – die Ansicht des zu druckenden Bildes zeigt, wird gesondert dargestellt. Der Bildanteil der Originalabmessung außerhalb des Bildrahmens wird der Übersichtlichkeit halber leicht transparent gezeigt. Klicken Sie außerhalb des Bildes auf Ihr Layout, wird die Bildvorschau auf den Bildrahmen beschnitten.

Wenn Sie ein importiertes Bild durch ein anderes ersetzen möchten, können Sie dessen eingestellte Attribute wie Position und Größe beibehalten. Markieren Sie das Bild und wählen Sie „Ablage"–>„Importieren" (Windows: „Datei"–>...). Im Öffnen-Dialog wählen Sie das Bild, das das alte ersetzen soll, und setzen unten rechts bei „Bildrahmenattribute beibehalten" ein Häkchen.

6.3 Bilder modifizieren

Sie haben verschiedene Möglichkeiten, ein Bild zu modifizieren:

- Duplizieren: Markieren Sie das Bild mit dem Objektwerkzeug, halten Sie die Maustaste gedrückt, drücken Sie Alt und verschieben Sie es mit dem Mauszeiger.
- Verschieben: Mit dem Bildinhalts-Werkzeug lässt sich ein Bild innerhalb des Rahmens verschieben.
- Beschneiden: Mit den Seitenanfassern des Rahmens lässt sich ein Bild beschneiden.
- Drehen: Geht man mit dem Mauszeiger über einen der Eckpunkte, ändert er sich in einen Bogen mit zwei Pfeilspitzen. Damit kann man das Bild drehen. Greift man einen Eckpunkt der Originalabmessung, wird nur das Bild gedreht. Der Bildrahmen bleibt in seiner ursprünglichen Form erhalten. So dreht man das Originalbild und behält gleichzeitig einen vertikalen, rechteckigen Bildrahmen bei. Greift man einen Eckpunkt des Bildrahmens, dreht man sowohl Originalbild als auch Bildrahmen. Gleichzeitiges Drücken der Umschalttaste dreht das Bild in 45°-Schritten. Auch über die Maßpalette kann man ein Bild drehen.
- Größe: Die Größe des Bildrahmens lässt sich in der Maßpalette eingeben. Ebenso die Größe des Originalbildes in Prozentwerten von der Ausgangsgröße 100%.

- Proportional vergrößern/verkleinern: Drücken der Umschalttaste und Greifen eines Eckpunkts. Greift man den Bildrahmen, verändert sich dieser proportional – unabhängig vom Originalbild. Greift man einen Eckpunkt des Originalbildes, ändert sich das Bild proportional – unabhängig vom Bildrahmen.
- Proportional vergrößern/verkleinern zur Bildmitte: Drücken von Umschalt+Alt beim Ziehen eines Eckpunkts. Der jeweilige Rahmen ändern sich unabhängig vom anderen.
- Proportional vergrößern/verkleinern des gesamten Bildes (Originalbild und Bildrahmen) zur Mitte: Drücken von Umschalt+Apfel (Windows: Strg+Umschalt) und Ziehen eines Eckpunktes des Bildrahmens.

Zusätzlich können Sie bei markiertem Bild

- durch Drücken der Apfel- (Windows: Strg-)Taste den halbtransparenten Teil des gesamten Originalbildes ausblenden und nur den Bildrahmen prüfen und
- mit der Funktion „Stil"->„Rahmen an Bild anpassen" die Rahmen für Originalbild und Bildrahmen wieder kongruent übereinandersetzen.

Über das Menü „Stil" oder mit Tastenkürzeln können Sie das Bild unproportional oder proportional an den Bildrahmen anpassen. Und das Bild in der Mitte des Rahmens zentrieren. Für den oft verwendeten Menüpunkt „Rahmen an Bild anpassen" gibt es kein Tastenkürzel.

Beim unproportionalen Anpassen wird das Bild dem Bildrahmen angepasst, ohne auf vorhandene Proportionen zu achten. Damit ändert sich hierbei prozentual die Höhe und Breite des Bildes. Das sollte nur in Aus-

Mac OS:	
Umschalt+Apfel+F	Bild auf Rahmen ausdehnen
Umschalt+Alt+Apfel+F	Bild auf Rahmen skalieren
Umschalt+Apfel+M	Bild zentrieren
Windows:	
Strg+Umschalt+F	Bild auf Rahmen ausdehnen
Strg+Umschalt+Alt+F	Bild auf Rahmen skalieren
Strg+Umschalt+M	Bild zentrieren

nahmefällen verwendet werden – mit maximalen Differenzen von 3 bis 4% bei Breite und Höhe. Alles andere sieht man beim Ausdruck des Layouts. Beim proportionalen Anpassen wird das Bild verkleinert oder vergrößert und passt sich proportional der Größe des Bildrahmens an. Sie können das Bild auch in der Mitte des Bildrahmens zentrieren.

Zwei Tastenkürzel verkleinern oder vergrößern ein Bild in 5%-Schritten im Bildrahmen, bis es von der Größe Ihren Anforderungen entspricht. Achten Sie darauf, dass Sie ein Bild nicht mehr als 120 bis 130% vergrößern – alles, was darüber hinausgeht, bedeutet ein schlechtes Ergebnis im Offsetdruck. Sie können ein Bild in QuarkXPress auf maximal 10% der Originalgröße verkleinern. Wenn Sie das Bild noch kleiner brauchen, müssen Sie eine entsprechende XTension für QuarkXPress verwenden oder es in einer Bildbearbeitungs-Software herunterskalieren.

Mac OS:	
Umschalt+Alt+Apfel+,	Bild in 5%-Schritten verkleinern
Umschalt+Alt+Apfel+.	Bild in 5%-Schritten vergrößern
Windows:	
Strg+Umschalt+Alt+,	Bild in 5%-Schritten verkleinern
Strg+Umschalt+Alt+.	Bild in 5%-Schritten vergrößern

Sie können über das „Abonnieren" ein importiertes Bild in einer Bildbearbeitungs-Software aus dem Layout heraus schnell nachträglich bearbeiten. Doppelklicken Sie mit dem Bildinhalts-Werkzeug auf das Bild und es öffnet sich ein kleines Dialog-Fenster, in dem Sie den Button „Original bearbeiten" wählen. Es öffnet sich automatisch das Bildbearbeitungs-Programm, mit dem Sie das Bild zuletzt bearbeitet und gespeichert haben. Nehmen Sie Ihre Änderungen vor, speichern Sie das Bild erneut und gehen Sie zurück in Ihr Layout. Doppelklicken Sie

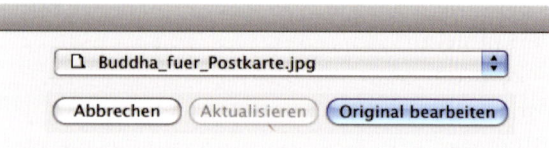

nochmals auf das modifizierte Bild und wählen Sie den Button „Aktualisieren". Schon wird die Verknüpfung mit dem geänderten Bild aktualisiert und das modifizierte Bild ist in das Layout eingebunden.

6.4 Umfluss und Konturenführung

Wählen Sie für importierte Bilder einen Umfluss, den Sie unter dem Menüpunkt „Objekt"–>„Modifizieren" im Register „Umfluss" – oder mit dem Tastenkürzel Apfel+M (Windows: Strg+M) – einrichten. Sie können z.B. einen Bildrahmen – der für einen Bildumfluss aber immer über dem Textrahmen stehen muss – von einem Text umfließen lassen, indem Sie in dem Menüpunkt bei „Art" die Option „Objekt" wählen und den Abstand zum Bildrahmen angeben. Oder Sie nehmen diese Einstellung für das importierte Bild direkt in der Maßpalette vor.

Auf diese Weise können Sie ein Bild auch mit einem eingebetteten Beschneidungspfad von Text umfließen lassen, indem Sie die Option „Eingebetteter Pfad" wählen.

Wenn die Bilddatei einen eingebetteten Alpha-Kanal enthält – der im Gegensatz zu Beschneidungspfaden Transparenzdaten enthalten kann, die den sanften Übergang eines Vordergrundbildes in einen neuen Hintergrund erlauben –, können Sie dies in QuarkXPress auch verwenden. Sie wählen dazu einfach im Modifizieren-Menü oder in der Maßpalette den Punkt „Alpha-Kanal" und geben dazu einen entsprechenden Abstand ein.

6.5 Bildstatus und Überprüfung

Mit dem Menübefehl „Hilfsmittel"–>„Verwendung" können Sie alle importierten Bilder prüfen. Klicken Sie auf das Register „Bilder", um den Status aller Bilder einzusehen. Wenn ein Bild aufgeführt ist, das den Status „Fehlt" hat, dann kann QuarkXPress die Verknüpfung zu der ursprünglichen Bilddatei nicht finden. Sie sollten dann über „Aktualisieren" die Verknüpfung zum entsprechenden Speicherort wieder herstellen.

Steht der Status auf „Modifiziert", dann wurde das bisherige Bild geändert. Ein Klick auf „Aktualisieren" stellt die Verknüpfung zu der modifizierten Bilddatei wieder her.

Dialog-Fenster „Verwendung"->Register „Bilder"

Haben Sie mehrere modifizierte Bild markiert, können Sie bei gedrückter Umschalt-Taste durch Klicken auf „Aktualisieren" alle in der Verwen-
dungsliste ausgewählte modifizierte Bilder auf einmal aktualisieren. Wenn
Sie die Alt-Taste gedrückt halten und auf „Aktualisieren" klicken, werden alle modifizierten Bilder ohne Rückfrage aktualisiert.

Wenn Sie ein Bild in der Auflistung markieren, erhalten Sie im unteren Bereich des Fensters unter „Weitere Info" weitere Informationen zu
dem Bild – gegebenenfalls müssen Sie erst auf den nach rechts weisenden, kleinen, grauen Pfeil klicken. Sie erhalten Informationen zu dem
bisherigen Speicherort, Dateigröße, Farbtiefe und Dateityp. Klicken Sie
bei markiertem Bild mit gedrückter Apfel-Taste (Windows: Strg-Taste)
auf „Zeigen", wird die Bilddatei im Finder (Windows: Explorer) angezeigt.

Sie können in diesem Fenster auch den Druck eines Bildes unterdrücken,
indem Sie links in der Auflistung neben dem Bild kein Häkchen setzen.

6.6 AI-Import

Native AI-Dateien aus Adobe Illustrator können – sofern in Illustrator
beim Speichern die Option „PDF-kompatible Datei erstellen" aktiviert war –
direkt in ein QuarkXPress-Layout importiert werden. QuarkXPress geht
hier den Umweg über das in der Illustrator-Zeichnung enthaltene PDF

und platziert dieses. Die AI-Dateien können jedoch in QuarkXPress nicht wie native PSD-Dateien bearbeitet werden. Der Import verläuft wie bei Text und anderen Bildern entweder mit oder ohne einen aufgezogenen Rahmen über „Ablage"–>„Importieren" (Windows: „Datei"–>...) oder durch Drag&Drop in das Layout. Dabei wird das ganze Arbeitsdokument der AI-Datei importiert, nicht nur die eigentlichen Elemente einer AI-Seite, die beim Speichern als EPS aus Illustrator heraus gesichert werden.

6.7 PSD-Import

Native Photoshop-Dateien können in ein Layout importiert werden. Diese beinhalten nach dem Import alle Ebenen, Ebenenmasken, Kanäle und Pfade. Somit können einzelne Bestandteile der PSD-Dateien ein- oder ausgeblendet werden, indem Sie in der Palette PSD Import auf die Miniaturansichten klicken. Ebenen können in der Ebenenansicht über das Pulldown-Menü miteinander verrechnet werden. Es ist natürlich nicht möglich, Ebenen in einer PSD-Datei mit der Ebenen-Palette in QuarkXPress zu modifizieren.

Der Screenshot zeigt das Bildcomposing der Werkzeugleiste von S. 8, das als PSD-Datei mit allen Ebenen und Kanälen importiert wurde. Die

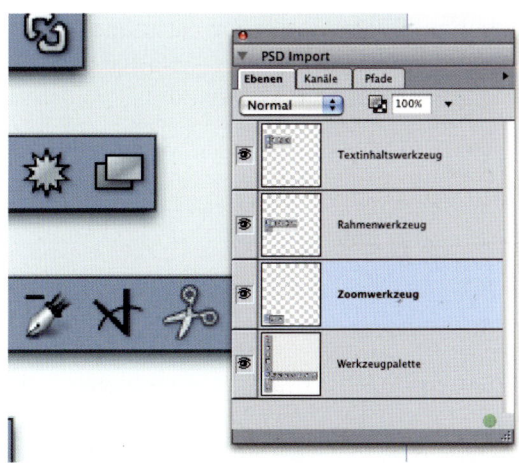

PSD Import-Palette mit Ebenen

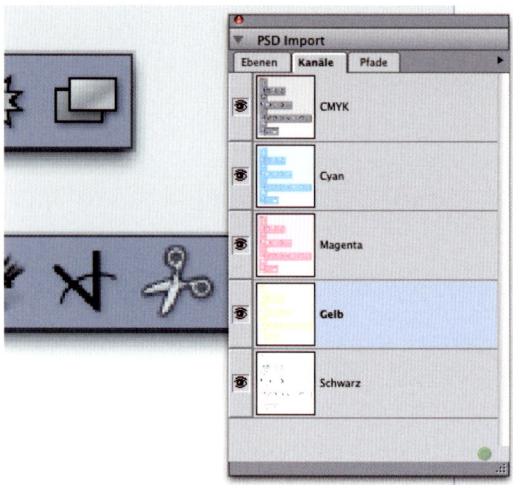

PSD Import-Palette mit Kanälen

vier verschiedenen Flyout-Menüs der Werkzeuge werden in einzelnen Ebenen angezeigt, die ein- und ausgeblendet werden können.

Bei den Farbkanälen sind der Farbmodus CMYK und die vier einzelnen Farbkanäle Cyan, Magenta, Gelb und Schwarz dargestellt.

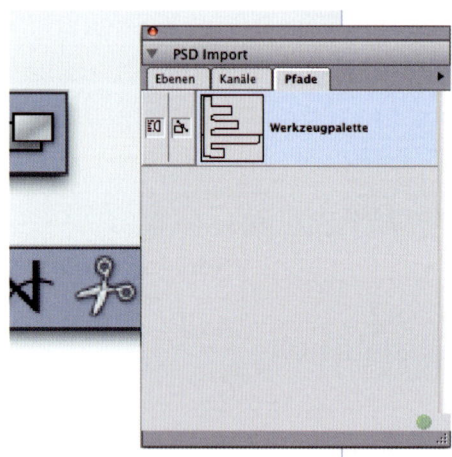

PSD Import-Palette mit Pfaden

Im Register Pfade wird der Pfad angezeigt, der um die Werkzeugleisten-Bestandteile gelegt wurde. Sie können beim markiertem Pfad durch Setzen eines Häkchens in der linken Box einen Textumfluss bewirken. Und durch Setzen eines Häkchens in der rechten Box den Teil ausserhalb des Pfades im Bild ausblenden.

In jedem Register haben Sie über den kleinen nach rechts zeigenden schwarzen Pfeil rechts oben in der Palette weitere Optionen. Sie können im Pulldown-Menü einzelne bzw. alle Ebenen, Kanäle oder Pfade zurücksetzen. Außerdem kann in den Palettenoptionen die Miniaturansichtsgröße in den Registern verändert werden. Auf dem Macintosh haben Sie diese Einstellmöglichkeiten zusätzlich auch mit gedrückter Ctrl-Taste über den grünen Punkt unten rechts.

In der Ebenen-Ansicht können Sie im Pulldown-Menü verschiedene Füllmethoden bestimmen, mit der die Pixel einer markierten Ebene mit darunterliegenden Bildpixeln gefüllt werden. Auf diese Weise lassen sich zahlreiche Spezialeffekte kreieren. Rechts neben dem Pulldown-Menü ist ein Eingabefeld für die Deckkraft der markierten Ebene. Zur Anwendung dieser beiden Optionen markieren Sie die jeweils gewünschte Ebene.

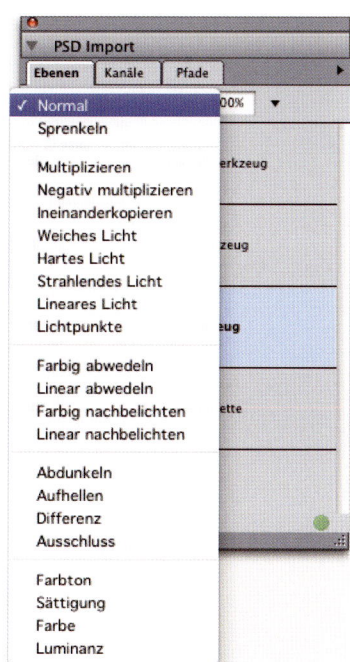

Steht eine Ebene auf „Normal", dann hat sie keine eigene Füllmethode. Wählen Sie für eine Ebene eine andere Füllmethode, wird diese nur auf die markierte Ebene angewandt. Die Änderungen sind nicht-desktruktiv und können jederzeit zurückgesetzt werden.

Es bestehen folgende Möglichkeiten für eine Füllmethode:

Pulldown-Menü der Ebenen-Füllmethoden

- Sprenkeln: Die Ergebnisfarbe ergibt sich als zufällige Ersetzung der Pixel durch die Ausgangsfarbe und hängt ab von der Deckkraft an der Position des einzelnen Pixels.

- Multiplizieren: Es wird anhand der Farbinformationen in den einzelnen Kanälen die Ausgangsfarbe mit der Füllfarbe multipliziert.
- Negativ multiplizieren: Es werden anhand der Farbinformationen in den einzelnen Kanälen die „Negative" der Füll- und Ausgangsfarbe multipliziert. Die Wirkung entspricht dem Übereinanderprojizieren von mehreren Dias.
- Ineinanderkopieren: Es wird eine Multiplikation bzw. Negativmultiplikation der Farben durchgeführt. Die Ausgangsfarbe wird mit der Füllfarbe gemischt, um Lichter und Tiefen der Originalfarbe widerzuspiegeln.
- Weiches Licht: Es werden je nach Füllfarbe die Farben aufgehellt oder verdunkelt. Die Wirkung entspricht dem Anstrahlen mit diffusem Scheinwerferlicht.
- Abdunkeln: Es wird anhand der Farbinformationen in den einzelnen Kanälen die jeweils dunklere Farbe als Ergebnisfarbe gewählt.
- Hartes Licht: Es wird eine Multiplikation bzw. Negativmultiplikation der Farben durchgeführt. Die Wirkung gleicht dem Beleuchten mit einem Spot-Strahler mit direktem Licht.
- Strahlendes Licht: Die Farben werden je nach Füllfarbe durch Erhöhen oder Verringern des Kontrasts abgewedelt oder nachbelichtet.
- Lineares Licht: Die Farben werden je nach der Füllfarbe durch Erhöhen oder Verringern der Helligkeit abgewedelt oder nachbelichtet.
- Lichtpunkt: Die Farben werden je nach der Füllfarbe ersetzt. Diese Option ist für zusätzliche Spezialeffekte in Bildern nützlich.
- Farbig abwedeln: Es wird anhand der Farbinformationen in den einzelnen Kanälen und durch Verringern des Kontrasts die Ausgangsfarbe aufgehellt.
- Linear abwedeln: Es wird anhand der Farbinformationen in den einzelnen Kanälen und durch Erhöhen der Helligkeit die Ausgangsfarbe aufgehellt.
- Farbig nachbelichten: Es wird anhand der Farbinformationen in den einzelnen Kanälen und durch Erhöhen des Kontrasts die Ausgangsfarbe abgedunkelt.
- Linear nachbelichten: Es wird anhand der Farbinformationen in den einzelnen Kanälen und durch Verringern der Helligkeit die Ausgangsfarbe abgedunkelt.

- Abdunkeln: Es wird anhand der Farbinformationen in den einzelnen Kanälen die jeweils dunklere Farbe als Ergebnisfarbe gewählt.
- Aufhellen: Es wird anhand der Farbinformationen in den einzelnen Kanälen die jeweils hellere Farbe als Ergebnisfarbe gewählt.
- Differenz: Es wird anhand der Farbinformationen in den einzelnen Kanälen die Farbe mit dem niedrigeren Helligkeitswert von der mit dem höheren Helligkeitswert subtrahiert.
- Ausschluss: Es wird ein Effekt, der dem Modus „Differenz" ähnelt, aber kontrastärmer ist, erzeugt.
- Farbton: Es wird eine Ergebnisfarbe mit der Luminanz und der Sättigung der Ausgangsfarbe und dem Farbton der Füllfarbe erzeugt.
- Sättigung: Es wird eine Ergebnisfarbe mit der Luminanz und dem Farbton der Ausgangsfarbe und der Sättigung der Füllfarbe erzeugt.
- Farbe: Es wird eine Ergebnisfarbe mit der Luminanz der Ausgangsfarbe und dem Farbton und der Sättigung der Füllfarbe erzeugt. Sie können auf diese Weise Monochrom-Bilder kolorieren und Farbbildern einen Farbstich zuweisen, da die Graustufen erhalten bleiben.
- Luminanz: Es wird eine Ergebnisfarbe mit dem Farbton und der Sättigung der Ausgangsfarbe und der Luminanz der Füllfarbe erzeugt. Die umgekehrte Wirkung des Modus „Farbe".

6.8 Bildeffekte

Sie können auf importierte Bilder Bildeffekte anwenden – ohne den Umweg über eine Bildbearbeitungs-Software zu gehen. Verwenden Sie dazu die Bildeffekte-Palette aus dem Menü „Fenster", um unterschiedliche Effekte auszuprobieren. Bearbeitbare Bildformate sind in diesem Fall:
- TIFF (.tif)
- PNG (.png)
- JPEG (.jpg)
- Scitex CT (.sct)
- GIF (.gif)
- PICT (.pct oder .pict)
- BMP (.bmp)
- Raster-/Photoshop-EPS (.eps)
  Für native Photoshop-Bilder sind Bildeffekte nicht verfügbar.

Sie können für die Ausführung von Bildeffekten die genannte Palette verwenden, um einem markierten Bild Effekte zuzuordnen. Sie können aber auch die Menüpunkte „Stil"–>„Bildeffekte"–>„Farbabstimmung" oder „Stil"–>„Bildeffekte"–>„Filter" anwenden.

Zunächst können Sie im Menü der Bildeffekte-Palette wählen zwischen

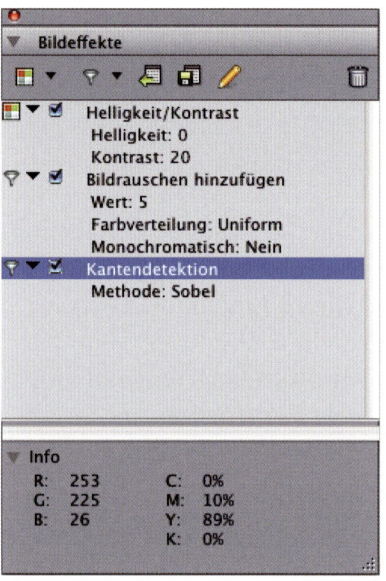

- „Farbabstimmung" – mit dem entsprechenden Pulldown-Menü,
- „Filter" – mit dem entsprechenden Pulldown-Menü,
- „Voreinstellungen laden" von in einem anderen Projekt gesicherten Bildeffekten,
- „Voreinstellung sichern" oder
- einen „Effekt bearbeiten".

Wenn Sie mit dem Mauszeiger über ein markiertes Bild ziehen, werden Ihnen im Info-Bereich der Bildeffekte-Palette die RGB- bzw. CMYK-Werte angezeigt.

Die Änderungen, die durch Bildeffekte durchgeführt werden, sind nicht-destruktiv – die Quelldatei des Bildes wird dadurch nicht beeinträchtigt. Die Farbabstimmungen

Bildeffekte-Palette mit durchgeführten Modifikationen

und Filter werden zusammen mit dem Layout gespeichert.

Die durchgeführten Effekte werden auf ein Bild so angewandt, wie sie in der Palette Bildeffekte zu sehen sind – von oben nach unten. Möchten Sie die Reihenfolge von vorgenommenen Bildeffekten ändern bzw. einen Effekt ausschließen, ziehen Sie die Effekte in der Liste einfach nach oben oder unten bzw. deaktivieren Sie den Effekt durch Löschen des Häkchens.

Um mit Bildeffekten arbeiten zu können, muss die Vista XTensions Software geladen sein. Aus diesem Grund finden Sie die Bildeffekte auch unter „Hilfsmittel"–>„Verwendung" unter dem Begriff „Vista". Dort sind alle Bilder aufgelistet, die mit Bildeffekten modifiziert worden sind.

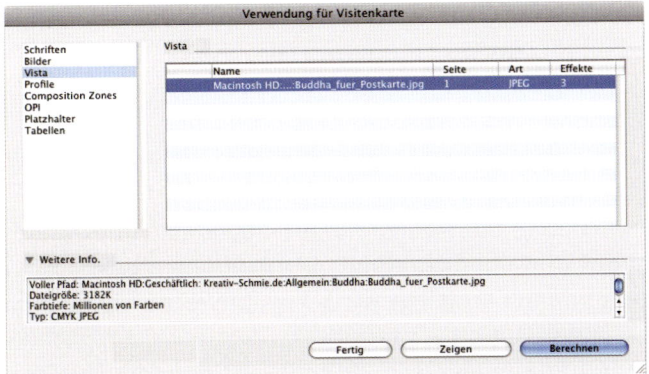

Dialog-Fenster „Verwendung"–>Register „Bildeffekte"

Sie können Bilder mit einer beliebigen Anzahl von Farbabstimmungen, Filtern und Transformationen exportieren. Das betrifft Drehung und Beschnitt in QuarkXPress bis hin zu allen Bildeffekten.

Sie können Modifikationen auf diesem Weg direkt mit der entsprechenden Bilddatei sichern. Oder in einer Kopie der ursprünglichen Bilddatei speichern.

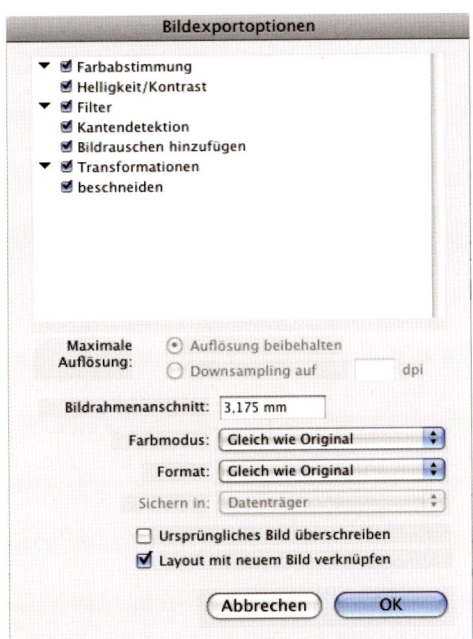

Wenn Sie auf das modifizierte Bild und dann „Berechnen" klicken, erhalten Sie das Dialog-Fenster „Bildexportoptionen", mit dem Sie Angaben über das modifizierte und zu speichernde Bild machen können.

- Haben Sie das markierte Bild auch skaliert, wird Ihnen die Option angeboten, das Bild auf eine Ausgabeauflösung herunterzurechnen. Wählen Sie dazu „Ma-

Dialog-Fenster „Bildexportoptionen"

ximale Auflösung" und entweder „Auflösung beibehalten" oder „Downsampling" aus.

- Beim Bildrahmenanschnitt wählen Sie einen Anschnitt für das neu berechnete Bild.
- Zudem wählen Sie unter „Farbmodus" den Farbmodus des Bildes und
- unter „Format" den Dateityp.
- Außerdem können Sie wählen, ob die Quelldatei eines Bildes über „Ursprüngliches Bild überschreiben" überschrieben oder
- eine neue Bilddatei angelegt wird – deaktivieren Sie das Häkchen bei oben genannter Option – und ob
- über „Layout mit neuem Bild verknüpfen" mit dem Layout verknüpft werden soll.

Die verfügbaren Bildeffekte teilen sich in den Bereich „Farbabstimmung" und „Filter".

„Farbabstimmung":

- Stufen: Mit dem Effekt „Stufen" können Sie Lichter aufhellen, Mitteltöne individuell einstellen und Schatten verdichten, wenn das Bild zu hell oder zu dunkel ist.
- Kurven: Mithilfe des Effekts „Kurven" können Sie präzise Einstellungen der Tonwerte vornehmen, um ein Bild aufzuhellen oder abzudunkeln. Das präzise Verhalten des Werkzeugs verlangt mehr Erfahrung als die Verwendung des Effekts Stufen.
- Helligkeit/Kontrast: Mit dem Effekt „Helligkeit/Kontrast" können Sie den Tonwert aller Pixel verändern, um einfache Änderungen am Tonwertumfang vorzunehmen.

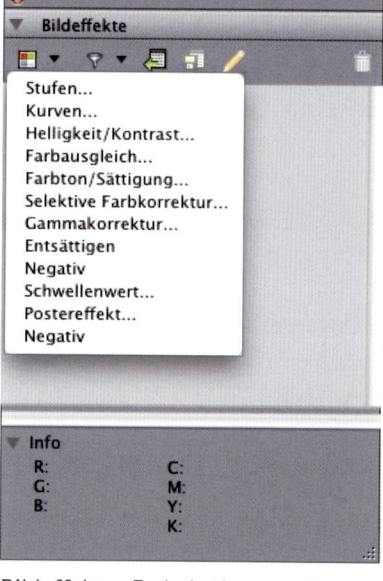

Bildeffekte „Farbabstimmung"

- Farbausgleich: Den Effekt „Farbausgleich" verwenden Sie, um unerwünschte Farbstiche zu entfernen oder über- bzw. untersättigte Farben zu korrigieren.

- Farbton/Sättigung: Der Effekt „Farbton/Sättigung" wird im Allgemeinen als Spezialeffekt verwendet, wurde aber für die Einstellung der Gesamtfarbintensität und Gesamthelligkeit in ausgewaschenen, verblichenen Bildern geschaffen.

- Selektive Farbkorrektur: Diesen Effekt verwenden Sie, um das Verfahren älterer Drucker für die Korrektur bestimmter Farben zu simulieren. Er erhöht oder vermindert den Anteil der Prozessfarbe in jeder Primärfarbe eines Bildes.

- Gammakorrektur: Sie können für Bilder, die für die Wiedergabe am Bildschirm gedacht sind, den Weißpunkt mithilfe der Gammakorrektur einstellen. Verwenden Sie die Dialogbox Gammakorrektur, indem Sie durch die Eingabe eines neuen Wertes in das Feld „Gamma" die Mitteltöne einstellen.

- Entsättigen: Mit dem Effekt „Entsättigen" wird ein Farbbild in ein Schwarzweißbild umgewandelt. Es bewahrt dabei den Farbmodus und die Helligkeitswerte aller Pixel.

- Invertieren: Mit dem Effekt „Invertieren" werden die Grauwerte aller Kanäle eines Bildes umgekehrt. Dieser Effekt wird für 1-bit-, Graustufen- und RGB-Bilder empfohlen. Dieser Effekt ist für CMYK-Bilder nicht empfehlenswert, da CMYK-Bilder einen Schwarzkanal besitzen.

- Schwellenwert: Der Effekt „Schwellenwert" wandelt Farbbilder in Schwarzweißbilder ohne Grautöne um. Geben Sie einen Wert in das Feld „Schwellenwert" ein oder bewegen Sie den Schieber.

- Postereffekt: Der Postereffekt erzeugt spezielle Effekte durch die Veränderung der Tonwertstufen der einzelnen Kanäle eines Bildes.

- Negativ: Der Effekt „Negativ" kehrt die Helligkeit und den Farbton von CMYK-Bildern um.
  „Filter":

- Bereinigen: Mit dem Filter „Bereinigen" ermitteln Sie die Kanten in einem Bild und zeichnen das gesamte Bild mit Ausnahme dieser Kanten weich. Es werden Störungen entfernt. Dieser Filter ist beim Entfernen von Staub von gescannten Bildern nützlich.

- Gaußscher Weichzeichner: Der Filter „Gaußscher Weichzeichner" sorgt für weiche Übergänge durch Berechnen des Mittelwertes für Pixel an harten Kanten und schattierten Bereichen eines Bildes.

- Unscharfe Maske: Mit dem Filter „Unscharfe Maske" werden Pixelwerte in einem definierten Bereich mit dem angegebenen Schwellenwert verglichen. Ist der Kontrastwert eines Pixels geringer als der Schwellenwert, wird der Kontrast erhöht.
- Kantenerkennung: Mit dem Filter „Kantenerkennung" werden die Kanten eines Bildes mit dunklen Linien vor weißem Hintergrund umrissen.
- Solarisieren: Der Filter „Solarisieren" erzeugt einen Solarisierungseffekt, indem er negative und positive Bereiche eines Bildes mischt.
- Diffundieren: Der Filter „Diffundieren" vermischt Pixel, damit das Bild weniger scharf erscheint.

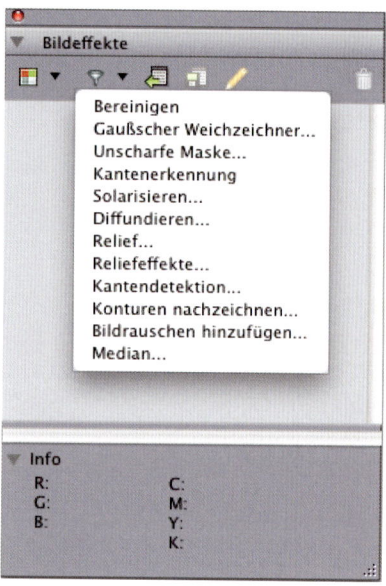

Bildeffekte „Filter"

- Relief: Der Filter „Relief" lässt bestimmte Bereiche des Bildes erhaben oder geprägt erscheinen
- Kantendetektion: Der Filter „Kantendetektion" zeigt nur die im Bild vorhandenen Kanten an. Er unterdrückt die Darstellung der übrigen Farben. Der Filter bietet zwei mathematische Verfahren: Sobel und Prewitt. Das Sobel-Verfahren ist genauer, da es eine größere Anzahl benachbarter Pixel in die Berechnung einbezieht.
- Konturen nachzeichnen: Der Filter „Konturen nachzeichnen" umrandet dünn die Übergänge zwischen großen, hellen Bildpartien für die einzelnen Farbkanäle und erzeugt so eine Schwarzweiß-Umriss-Variante des Bildes.
- Bildrauschen: Der Filter „Bildrauschen hinzufügen" fügt in ein Bild zufällige Pixel ein, um mit hoch empfindlichem Film aufgenommene Fotos zu simulieren.
- Median: Der Filter „Median" verringert oder beseitigt den Eindruck der Bewegung in einem angegebenen Bildbereich.

6.9 Objektstile

Objektstile ermöglichen es, Zusammenstellungen von Objektattributen wie Farbe, Randstil, Linienstärke, Bildmaßstab und Textabstand als Stile abzuspeichern und diese aus einer Palette heraus auf andere Objekte anzuwenden. Außerdem kann man mit einem „Suchen&Ersetzen"-Menüpunkt Objektattribute ändern.

6.9.1 Objektstile einrichten

Um einen Objektstil zu erstellen, haben Sie – ähnlich wie bei den Zeichen- oder Absatzstilvorlagen – zwei Möglichkeiten: Entweder Sie haben in Ihrem Layout ein Objekt bereits formatiert und wollen dessen Attribute in einen Objektstil übernehmen. Oder Sie legen den Objektstil im entsprechenden Eingabefenster mit allen Attributen ganz neu fest. In beiden Fällen wählen Sie den Menüpunkt „Bearbeiten"->„Objektstile".

Dialog-Fenster „Objektstile"

Im Objektstile-Fenster haben Sie die Möglichkeit,
- einen Objektstil neu anzulegen,
- Objektstile eines anderen Projekts, die Sie dort exportiert haben, in Ihr jetziges Projekt zu importieren.
- Objektstile zu bearbeiten,
- zu exportieren,

- zu duplizieren,
- zu löschen und
- neu angelegte Objektstile oder Änderungen an bestehenden Objektstilen zu sichern.

Wenn Sie auf den Button „Neu" oder bei einem bestehendem Objektstil auf „Bearbeiten" klicken, erhalten Sie ein Fenster mit acht Registern, in denen Sie verschiedene Einstellungen vornehmen können. Sie betreffen alle Attribute, die ein Objekt haben kann. Es gibt jedoch folgende Ausnahme bei Objektstilen: Schlagschatten kann in einem Objektstil nicht definiert werden. Zudem funktionieren Objektstile nicht mit Tabellen. Außerdem sollen Objektstile nicht mit mehrfach genutzten Inhalten verwendet werden, weil es hier sonst zu Überlagerungen von Attributen kommen kann, die die Formatierungen verkomplizieren.

Die Einstellungen der Register sind selbsterklärend, werden hier aber zur Übersicht nochmals aufgelistet. Durch das Setzen eines Häkchens bei „Anwenden" aktivieren Sie das jeweilige Register.

Register „Allgemein": Vergabe eines Namens für einen Objektstil und eines Tastenkürzels und – optional – die Wahl eines anderen Objektstils als Vorlage für den einzurichtenden.

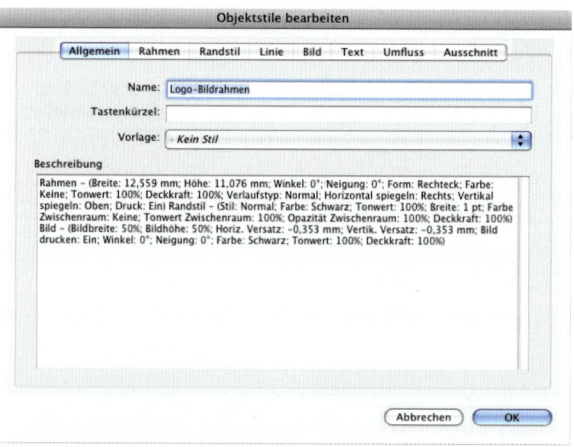

Dialog-Fenster „Objektstile"–>Register „Allgemein"

Register „Rahmen":
- Linker Rand
- Oberer Rand
- Breite
- Höhe
- Winkel
- Neigung
- Form
- Eckenradius
- Verankerte Ausrichtung
- Grundlinienversatz
- Druck

- Farbe
- Tonwert
- Deckkraft
- Verlaufstyp
- Verlaufsfarbe
- Verlaufstonwert
- Verlaufsopazität
- Verlaufswinkel
- Horizontal gespiegelt
- Vertikal gespiegelt

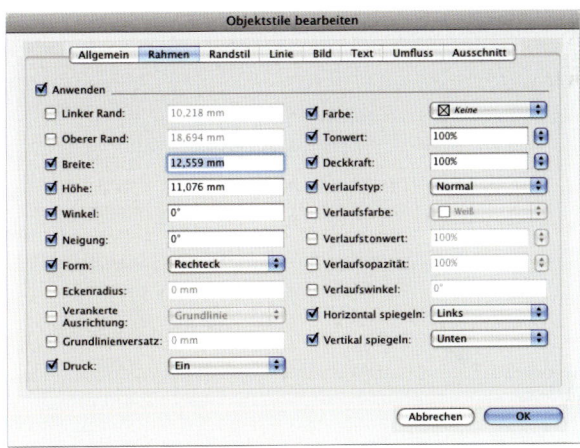

Dialog-Fenster „Objektstile"->Register „Rahmen"

Register „Randstil":
- Stil
- Farbe
- Tonwert
- Deckkraft

- Breite
- Farbe Zwischenraum
- Tonwert Zwischenraum
- Opazität Zwischenraum

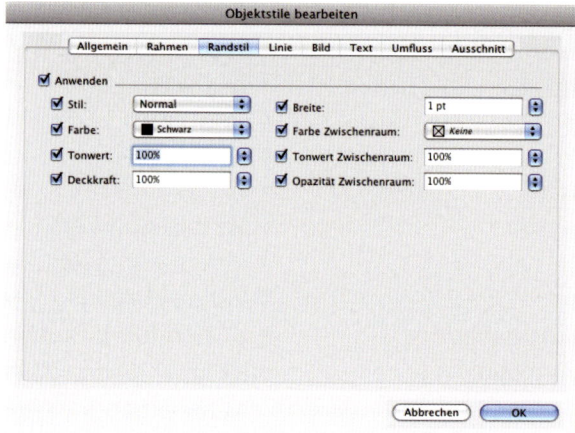

Dialog-Fenster „Objektstile"–>Register „Randstil"

Register „Linie":

- Start horizontal
- Start vertikal
- Länge
- Winkel
- Druck
- Breite
- Stil

- Enden
- Farbe
- Tonwert
- Deckkraft
- Farbe Zwischenraum
- Tonwert Zwischenraum
- Opazität Zwischenraum

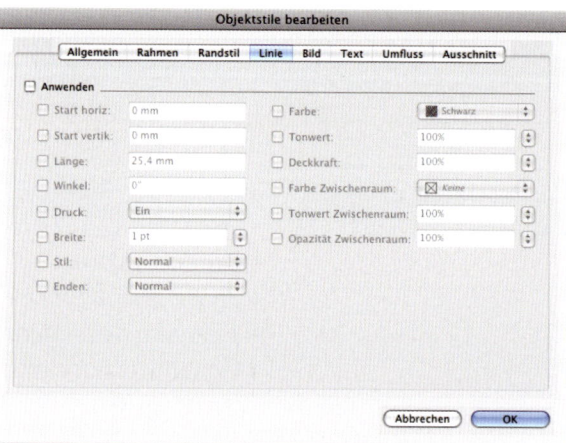

Dialog-Fenster „Objektstile"–>Register „Linie"

Register „Bild":
- Bildgröße
- Bildhöhe
- Horizontaler Versatz
- Vertikaler Versatz
- Bild drucken
- Bildwinkel
- Bildneigung
- Farbe
- Tonwert
- Deckkraft

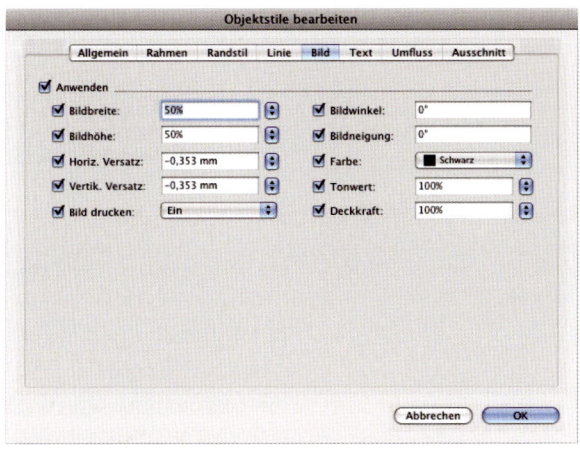

Dialog-Fenster „Objektstile"–>Register „Bild"

Register „Text":
- Spalten
- Spaltenabstand
- Abstand oben
- Abstand links
- Abstand unten
- Abstand rechts
- Textwinkel
- Textneigung
- Erste Grundlinie
  - Minimum
  - Versatz
- Vertikale Ausrichtung
  - Typ
- Maximaler Absatz-Abstand

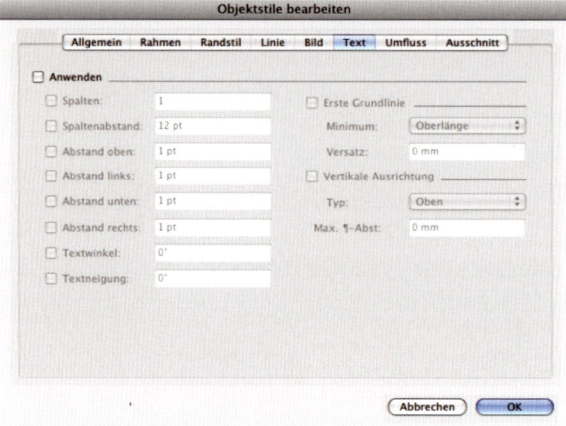

Dialog-Fenster „Objektstile"–>Register „Text"

Register „Umfluss":
- Typ
- Oben
- Links
- Unten
- Rechts
- Invertieren
- Außerhalb Kanten
- Auf Rahmen begrenzen

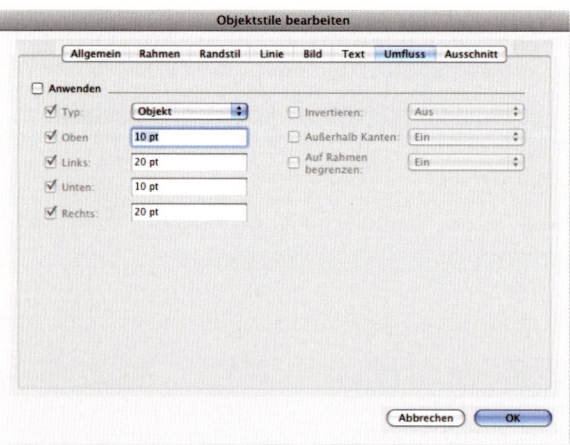

Dialog-Fenster „Objektstile"–>Register „Umfluss"

Register „Ausschnitt":
Wie bei „Umfluss".

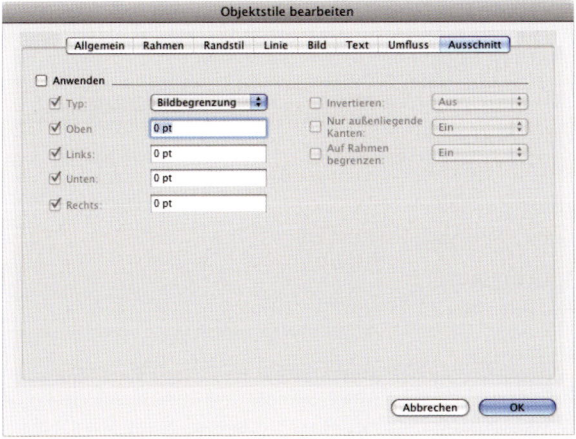

Dialog-Fenster „Objektstile"–>Register „Ausschnitt"

6.9.2 Objektstile-Palette

Wenn Sie im Objektstile-Menü einen Objektstil eingerichtet haben, erscheint dieser in der Objektstile-Palette, die Sie unter „Fenster"–>„Objektstile" aufrufen.

Mit diesem Menü weisen Sie einem Objekt einen Objektstil zu, indem Sie das
Objekt markieren und dann auf den Objektstil in der Palette klicken. Beim Zuweisen eines Stils werden nur die im Stil
definierten Attribute übernommen. Die
im Stil nicht angelegten Attribute des Objekts bleiben unberührt.

In der Palette haben Sie über das Menü
die Möglichkeit, einen neuen Objektstil
anzulegen, zu bearbeiten, zu duplizieren
oder zu löschen. Außerdem können Sie

Objektstile-Palette

mit dem Pulldown-Menü – über das kleine Symbol rechts oben – Objektstile importieren oder exportieren. Zudem rufen Sie über dieses Pulldown-Menü das Fenster „Objektstile Verwendung" auf, das Sie aber auch über „Hilfsmittel"–>„Objektstile Verwendung" aufrufen können.

Wenn ein Objekt, das einen Objektstil zugewiesen bekommen hat, nachträglich manuell geändert wurde, zeigt der Objektstil in der Objektstil-Palette bei markiertem Objekt ein kleines Pluszeichen. Und im „Objektstile Verwendung"-Fenster ändert sich der Status auf „Modifiziert".

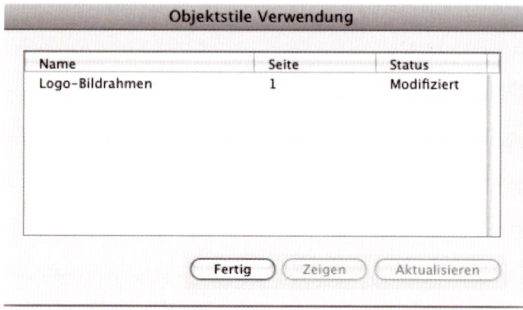

Objektstile Verwendung

Wollen Sie diesem Objekt den alten, ungeänderten Objektstil zuweisen, klicken Sie mit gedrückter Alt-Taste nochmal auf den Stil in der Palette. Oder Sie markieren das Objekt im „Verwendung"-Fenster und klicken auf „Aktualisieren". Der alte Objektstil wird zugewiesen und der Status ändert sich auf „OK".

6.9.3 Objekt suchen/ersetzen

Sie können Attribute von Objekten durch ein „Suchen&Ersetzen"-Fenster ändern. Wählen Sie dazu „Bearbeiten"–>„Objekt suchen/ersetzen".

Die Suche nach Objekteigenschaften ist auf sechs Bereiche reduziert: Rahmen, Rahmenfarbe, Randstil, Linie, Bild und Text. Diese sechs Register finden Sie auch in dem geöffneten „Suchen&Ersetzen"-Fenster. Ein siebtes Register zeigt eine Kurzfassung aller gewünschten Attribute, die gesucht und ersetzt werden sollen.

Sie wählen zur Suche im linken Teil der Register die entsprechenden Attribute und geben Werte oder Optionen an, wählen diese Attribute im rechten Teil zum Ersetzen und geben dort diejenigen Werte oder Optionen an, in die geändert werden soll.

Sie können in jedem Register die Suche jeweils im unteren Teil auf Textrahmen, Bildrahmen, inhaltslose Rahmen, Linien oder Textpfade beschränken.

Da diese Attribute-Auswahl in den einzelnen Registern selbsterklärend ist, erfolgt auch hier nur eine kurze Übersicht.

Register „Rahmen":

- Linker Rand
- Oberer Rand
- Breite
- Höhe
- Winkel
- Neigung

- Form
- Eckenradius
- Verankerte Ausrichtung
- Horizontal spiegeln
- Vertikal spiegeln
- Druck

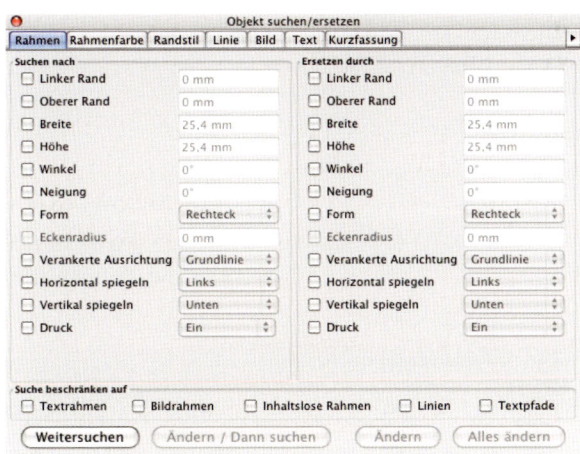

Dialog-Fenster „Objekt suchen/ersetzen"–>
Register „Rahmen"

Register „Rahmenfarbe":

- Farbe
- Tonwert
- Deckkraft
- Verlaufstyp

- Farbe
- Tonwert
- Deckkraft
- Winkel

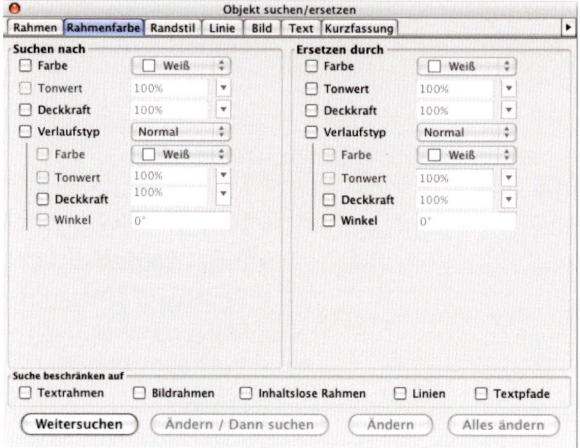

Dialog-Fenster „Objekt suchen/ersetzen"–>
Register „Rahmenfarbe"

Register „Randstil":

- Stil
- Farbe
- Tonwert
- Deckkraft

- Breite
- Farbe Zwischenraum
- Tonwert Zwischenraum
- Opazität Zwischenraum

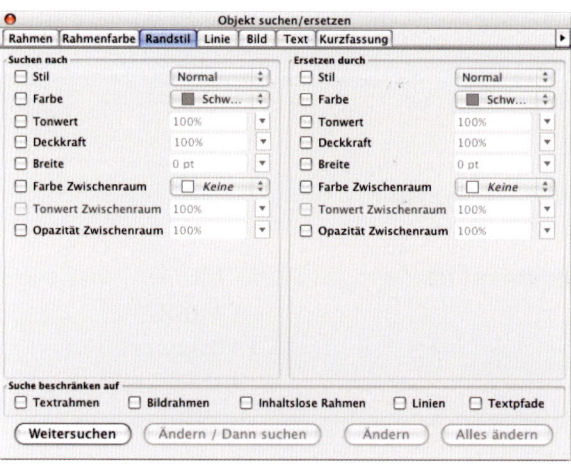

Dialog-Fenster „Objekt suchen/ersetzen"–>Register „Randstil"

Register „Linie":

- Start horizontal
- Start vertikal
- Länge
- Winkel
- Druck
- Breite
- Stil

- Enden
- Farbe
- Tonwert
- Deckkraft
- Farbe Zwischenraum
- Tonwert Zwischenraum
- Opazität Zwischenraum

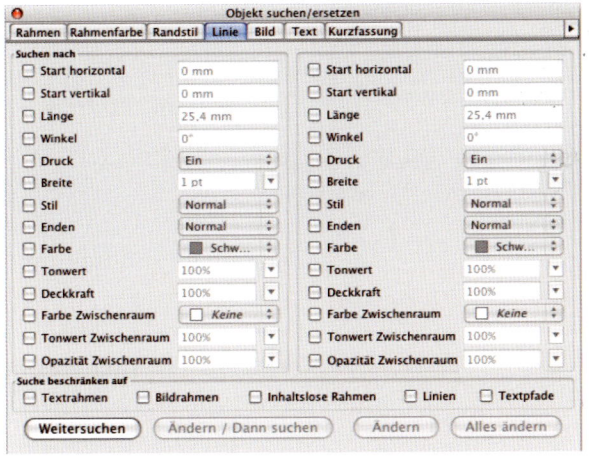

Dialog-Fenster „Objekt suchen/ersetzen"–>Register „Linie"

Register „Bild":

- Bildbreite
- Bildhöhe
- Horizontaler Versatz
- Vertikaler Versatz
- Bild drucken

- Bildwinkel
- Bildneigung
- Farbe
- Tonwert
- Deckkraft

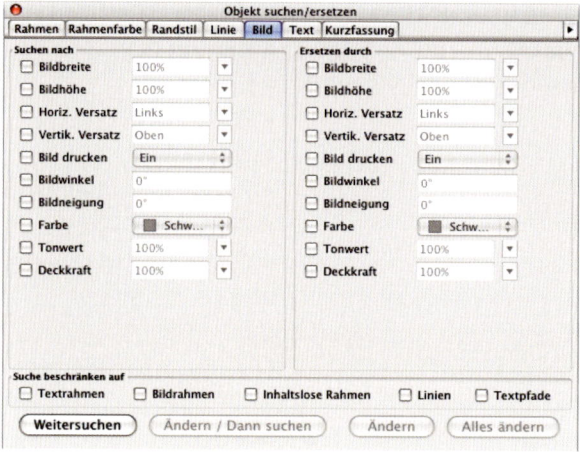

Dialog-Fenster „Objekt suchen/ersetzen"–>Register „Bild"

Register „Text":
- Spalten
- Spaltenabstand
- Abstand
- Textwinkel
- Textneigung

- Erste Grundlinie
  - Minimum
  - Versatz
- Vertikale Ausrichtung
  - Typ
  - Maximaler Absatz-Abstand

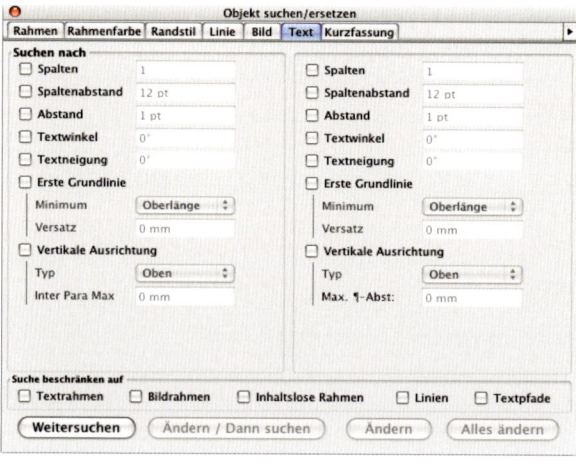

Dialog-Fenster „Objekt suchen/ersetzen"–>Register „Text"

Register „Kurzfassung":
- Alle aktivierten Attribute, nach denen gesucht werden soll und die ersetzt werden sollen, in einer Auflistung.

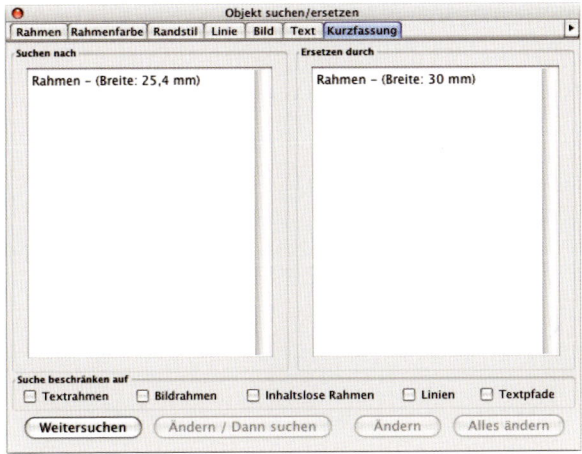

Dialog-Fenster „Objekt suchen/ersetzen"–>Register „Zusammenfassung"

6.10 (Bild-)Dateien exportieren

Auf die gleiche Art und Weise, wie Sie Text- oder Bilddateien per Drag& Drop vom Desktop oder aus einem Dateiordner in das Layout Ihres Projekts importieren, exportieren Sie auch Inhalte: Ziehen Sie Textrahmen oder Grafiken und Bilder einfach aus dem Layout auf den Desktop oder in einen Ordner. Sofort wird dort eine Textdatei erzeugt bzw. bei Grafiken und Bildern die ursprüngliche Datei erstellt. Sie können Inhalte auch direkt in andere Anwendungen wie Word oder Illustrator und Photoshop ziehen – ebenfalls per Drag&Drop.

7 Tabellen

Sie können mit QuarkXPress komfortabel Tabellen erstellen und formatieren. Es können sogar externe Tabellen dynamisch mit einem Layout verbunden werden.

Vorbei sind die Zeiten, in denen Tabellen manuell mühsam mit dünnen horizontalen und vertikalen Linien erstellt werden mussten. Es war immer eine mühevolle Arbeit, Linien genau zu positionieren und Textrahmen anstelle von Textzellen zu setzen – und bei einer Vergrößerung oder Verkleinerung der Tabelle fing die Arbeit wieder von vorne an.

Das Tabellenwerkzeug und die Formatierungsmöglichkeiten von Tabellen lassen aber nunmehr fast keine Wünsche offen.

7.1 Tabellen anlegen

Sie können auf drei Arten Tabellen in QuarkXPress erzeugen:
- Sie importieren eine bestehende Tabelle aus Microsoft Excel,
- Sie erzeugen eine leere Tabelle mit dem Tabellenwerkzeug und füllen diese Tabelle nach Ihren Anforderungen aus oder
- Sie haben einen Text in Ihrem QuarkXPress-Dokument, den Sie in eine Tabelle umwandeln.

7.1.1 Tabellen importieren

Sie können in ein Layout schon bestehende und formatierte Tabellen aus Microsoft Excel® importieren. Dieser Import ist dynamisch eingerichtet, da Änderungen in der Excel-Tabelle durch Aktualisieren in die jeweilige Tabelle in QuarkXPress übernommen werden können.

Wenn Sie eine Tabelle aus Excel importieren, wird die Verwendung der Tabelle auf die gleiche Weise gehandhabt wie die Verwendung von Bildern. Nach einer Änderung der externen Excel-Tabelle erhalten Sie somit beim Drucken des Layouts oder der Ausgabe als PDF eine Mitteilung, dass die Tabelle modifiziert wurde und aktualisiert werden muss. Über den Menüpunkt „Hilfsmittel"->„Verwendung"->„Tabellen" prüfen

Sie – wie bei Bildern – den Status der importierten Tabellen und aktualisieren diese.

Ziehen Sie mit dem Tabellenwerkzeug einen leeren Tabellenrahmen auf. Es erscheint das Dialog-Fenster „Tabelleneigenschaften". Setzen Sie ein Häkchen auf die Option „Link zu externen Daten".

Dialog-Fenster „Tabelleneigenschaften"

Dann wählen Sie

- Tabstopp-Reihenfolge, wenn Sie eine bestimmte Art bevorzugen, wie bei Drücken von Ctrl+Tab (Windows: Strg+Tab) durch die Zellen einer Tabelle navigiert wird,
- „Automatische Anpassung" – wenn Sie die Geometrie, also die Maße der Tabelle, nicht beibehalten wollen –, um die Zeilen(höhe) und/oder Spalten(breite) automatisch an den Text anzupassen oder
- „Geometrie beibehalten", damit bei jeder neu hinzugefügten Zeile oder Spalte die anderen Zeilen oder Spalten verschmälert werden, um die Maße der Gesamttabelle insgesamt beizubehalten.

Wenn Sie auf „OK" klicken, öffnet sich ein weiteres Fenster. Wählen Sie unter „Durchsuchen ..." die Excel-Datei aus und bestimmen Sie, welches Arbeitsblatt und welchen Tabellenbereich in dem gewählten Arbeitsblatt Sie importieren wollen. Wählen Sie unter den Optionen:

- „Verborgene Zeilen einschließen": Es werden Zeilen importiert, die in Excel verborgen wurden.

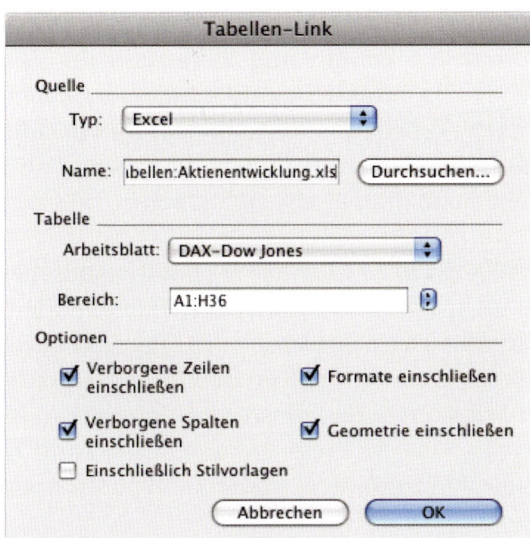

Dialog-Fenster „Tabellen-Link"

- „Verborgene Spalten einschließen": Betrifft in gleicher Weise verborgene Spalten.
- „Einschließlich Stilvorlagen": Es werden Stilmerkmale, die in Excel angewandt wurden, importiert.
- „Formate einschließen": Es werden alle Formatierungen – soweit möglich – aus der Excel-Tabelle importiert. Wenn die Formatierungen aus Excel übernommen, später aber manuell Änderungen an der Formatierung der Tabelle vorgenommen werden, dann werden bei einer Aktualisierung der Tabelle über den Menüpunkt „Hilfsmittel"–>„Verwendung"–>„Tabellen" alle manuellen Formatierungen gelöscht. Werden die Formatierungen aus Excel nicht übernommen, werden bei einem Aktualisieren alle manuellen Änderungen so weit wie möglich beibehalten.
- „Geometrie einschließen": Die Größe und die Maße der Tabelle bleiben unabhängig von der Anzahl der Zeilen und Spalten erhalten.

Wenn Sie auf „OK" klicken, wird die Excel-Tabelle mit den entsprechenden Einstellungen in Ihr Layout importiert.

Der dynamische Import von Excel bedeutet auch, dass Sie die Excel-Tabelle mit einer festen Zeilen- und Spaltenanzahl – dem Tabellenbereich – importieren. Nachträgliche Änderungen der Zeilen- und Spaltenanzahl in der Excel-Tabelle wirken sich daher nicht unbedingt auf die in QuarkXPress importierte Tabelle aus. In diesem Fall sollten Sie die geänderte Tabelle noch einmal mit einem neuen Tabellenbereich importieren.

Hinweis: Je größere Excel-Tabellen Sie mit dynamischer Verknüpfung importieren, je mehr Formatierungen von Tabellen Sie einbinden und je mehr – insgesamt auf das Layout des QuarkXPress-Projekts bezogen – große, über eine oder mehrere Seiten verlaufende Tabellen Sie einbinden oder selbst erstellen, umso schlechter kann die Performance und Stabilität von QuarkXPress werden. Dies kann die Arbeit mit QuarkXPress sehr verlangsamen – oder auch zu Programm-Abstürzen führen.

7.1.2 Tabellen neu erstellen

Wenn Sie eine Tabelle neu erstellen wollen, gehen Sie ähnlich vor. Ziehen Sie mit dem Tabellenwerkzeug einen Tabellenrahmen auf. Sie erhalten das folgende Dialog-Fenster.

Hier wählen Sie – zusätzlich zu den Optionen, die beim Tabellen-Import erläutert werden –

Dialog-Fenster „Tabelleneigenschaften"

- die Anzahl der Zeilen und der Spalten,
- den Zellentyp, also Text- oder Bildzellen. Text-, Bildzellen und Zellen ohne Inhalt – also nur zur Einfärbung – können Sie bei markierter Zelle über „Objekt"->„Inhalt"->... jederzeit hin- und herwandeln. Importieren lässt sich in Tabellenzellen – wie bei normalen Rahmen im Layout – eine beliebige Text- oder Bilddatei, ohne den Inhalt zu wandeln.
- ob die Zellen – bei Text – miteinander verkettet sein sollen, und bei Letzterem
- die Verkettungsreihenfolge.

Klicken Sie auf „OK" und die Tabelle wird entsprechend Ihren Angaben im Layout erstellt.

In die jeweiligen Zellen geben Sie manuell Inhalte wie Text, Bilder oder Farben ein. Mit den Cursortasten oder der Maus navigieren Sie durch die einzelnen Zellen. Die einzelnen Zellen haben ähnliche Formatierungsmöglichkeiten wie Text-, Bild- oder reine Rahmen.

Verkettete Zellen lassen sich mit dem Verkettungs- und Entkettungswerkzeug wie verkettete Textrahmen bearbeiten – also entketten und wieder verketten.

7.1.3 Text in Tabellen umwandeln

Sie können Text in einem Textrahmen in Ihrem Layout direkt in eine Tabelle umwandeln. Bereiten Sie den Text bzw. die gewünschten einzelnen Zelleninhalte in der Form vor, dass Sie Zeilen und Spalten in einer bestimmten Weise trennen. Eine gängige Vorgehensweise ist es, Zeilen durch eine Absatzschaltung und Spalten durch Tabulatoren zu kennzeichnen.

Markieren Sie den vorbereiteten Text, der in eine Tabelle umgewandelt werden soll, und wählen Sie den Menüpunkt „Tabelle"->„Text in Tabelle konvertieren ...". Sie erhalten das folgende Dialog-Fenster. Geben Sie

- die Art der Unterteilung der Zeilen und Spalten ein. Es sind jeweils Absätze, Tabulatoren, Abstand oder Kommata anwählbar – wenn jedoch bei einem Pulldown-Menü eine Auswahl getroffen ist, ist diese im anderen nicht mehr anwählbar. Weiter geben Sie
- die Anzahl der Zeilen und Spalten,
- die Eingabereihenfolge
- und eventuell die „Automatische Anpassung" ein.

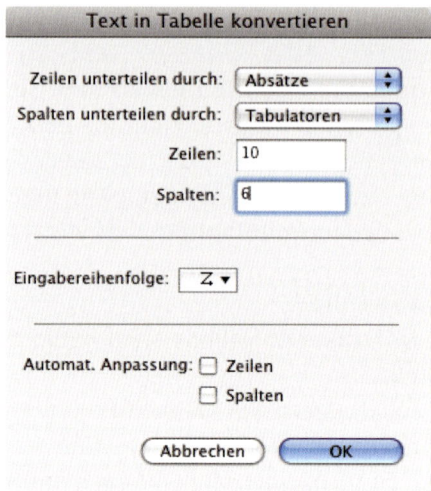

Dialog-Fenster „Text in Tabelle konvertieren"

Wenn Sie auf „OK" klicken, wird die neue Tabelle aus dem markierten Text erstellt. Der markierte Text bleibt jedoch zur Sicherheit im vorherigen Textrahmen erhalten.

7.2 Tabellen einrichten

7.2.1 Modifizieren und formatieren

Um eine Tabelle zu modifizieren, finden Sie fast alle Menüpunkte unter „Tabelle"->... Je nachdem, ob Sie eine einzelne Zelle, mehrere Zellen, eine oder mehrere Zeilen oder Spalten oder eine ganze Tabelle markiert haben, erhalten Sie unterschiedliche Auswahlmöglichkeiten in dem Pulldown-Menü.

- Einzelne Zellen markieren Sie, indem Sie den Cursor hineinsetzen.
- Mehrere Zellen markieren Sie, indem Sie mit dem Cursor über die Zellen bei gedrückter Maustaste hinwegziehen.
- Eine oder mehrere Zeilen oder Spalten markieren Sie, indem Sie bei ausgewählter Tabelle den Cursor einige Millimeter links/rechts von einer Zeile oder über/unter einer Spalte bewegen. Der Mauszeiger verwandelt sich in einen kleinen schwarzen Pfeil. Mit einem Klicken mar-

kieren Sie die ganze Zeile oder Spalte. Auf diese Weise können Sie auch mehrere Zeilen oder Spalten und mit zusätzlich gedrückter Umschalt-Taste auch auseinanderliegende Zeilen oder Spalten markieren.

- Den Inhalt der ganzen Tabelle markieren Sie, indem Sie mit dem Cursor über alle Zellen hinwegziehen.

Sie können in einer bestehenden Tabelle

- Zeilen oder Spalten einfügen – geben Sie dabei an, ob die Zeilen oder Spalten ober- oder unterhalb bzw. links oder rechts hinzugefügt werden und ob die Attribute der gewählten Zeile oder Spalte übernommen werden sollen,

- bestimmte Teile der Tabelle auswählen, um sie dann zu modifizieren oder zu formatieren,

- Zeilen oder Spalten löschen,

- markierte Zellen kombinieren – sowohl vertikal als auch horizontal, auch über mehrere Zeilen oder Spalten hinweg. Die kombinierten Zellen lassen sich auf die gleiche Weise auch wieder trennen.

Markieren einer Tabellenzeile

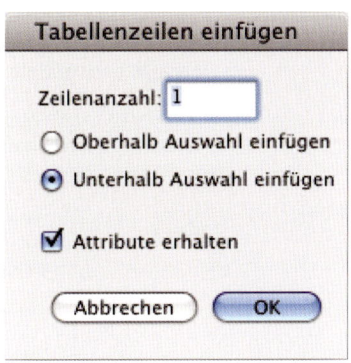

Dialog-Fenster „Tabellenzeilen einfügen"

Zellen kombinieren

Menüpunkt „Tabelle"–>„Auswählen"

Weiter ist es möglich:

- eine Tabelle aufzuteilen – falls die Tabelle von der Größe her nicht auf eine Seite des Layouts passt,
- separate Tabellen zu erstellen – die Verknüpfung von aufgeteilten Tabellen aufheben, um diese separat auf unterschiedlichen Seiten des Layouts weiter zu bearbeiten,
- einen Tabellenkopf und/oder -fuß in der auf einer anderen Seite weiter verlaufenden Tabelle zu wiederholen,
- Text in Tabellen zu konvertieren,
- eine Tabelle in reinen Text oder eine Gruppe zurückzuverwandeln. Wenn Sie eine Tabelle in reinen Text oder eine Gruppe zurückverwandeln, wird bei Text der Tabelleninhalt in reinen Text in einem Textrahmen verwandelt, getrennt durch die gewünschten Trennungen. Wird eine Tabelle in eine Gruppe verwandelt, besteht sie nunmehr aus einer Anzahl von einzelnen Text- oder Bildrahmen, die den jeweiligen Zelleninhalt enthalten. Die Gruppe von Textrahmen ist zunächst gruppiert, kann jedoch über „Objekt"–>„Gruppierung rückgängig" entgruppiert werden. Dann sind die Text- bzw. Bildrahmen einzeln verschieb- und editierbar.
- Textzellen zu verknüpfen oder
- die Geometrie einer Tabelle beizubehalten.

Dialog-Fenster „Modifizieren"–>Register „Tabelle"

Wenn Sie eine ganze Tabelle mit dem Objektwerkzeug markiert haben und „Objekt"–>„Modifizieren" wählen, erhalten Sie im Register „Tabelle" und „Raster" zwei Möglichkeiten, die Tabelle umfassend zu formatieren. Die Register „Randstil", „Umfluss" und „Schlagschatten" stehen Ihnen wie bei anderen Rahmen auch zur Verfügung.

Im Register „Tabelle" haben Sie die üblichen Formatierungs-Möglichkeiten, die auch für andere Rahmen gelten. Der linke Teil bezieht sich auf die Tabelle als Ganzes, der rechte Teil auf die Rahmen-, also Hintergrundfarbe der Tabelle, einen möglichen Verlauf der Hintergrundfarbe und die Deckkraft der ganzen Tabelle.

Die Farben einer Tabelle werden auf eine bestimmte Weise verwaltet. Im Hintergrund liegt die Farbe der ganzen Tabelle – des Tabellenrahmens –, darüber liegen die Farben der einzelnen Text- oder Bildzellen und darüber schließlich die Inhalte der Text- oder Bildzellen mit ihren Farben.

Die Hintergrundfarbe einer Tabelle sehen Sie erst, wenn Sie die Zellenfarbe von einer, mehreren oder allen Zellen auf „Keine" gestellt haben.

 Dem Hintergrund einer Tabelle als Ganzes kann kein Hintergrundbild zugewiesen werden, sonden nur eine Farbe mit oder ohne Verlauf. Behelfen Sie sich mit einem Trick: Ziehen Sie einen Bildrahmen auf mit exakt der gleichen Größe und der gleichen Position der Tabelle. Importieren Sie das gewünschte Bild. Stellen Sie das markierte Bild hinter die Tabelle mit „Objekt"->„Ganz nach hinten" oder Umschalt+F5. Stellen Sie die Zellenfarbe aller Zellen auf „Keine". Und schon haben Sie das gewünschte Hintergrundbild! Um das Verschieben des Bildrahmens oder

```
Mac OS:
Objekt ganz nach vorn          F5
Objekt ganz nach hinten        Umschalt+F5
Rahmen im Hintergrund unter (einem) anderen Objekt(en) mar-
kieren          Umschalt+Alt+Apfel und auf den Rahmen klicken
Markierte Objekte gruppieren                Apfel+G
Markierte Objektgruppe entgruppieren    Apfel+U

Windows:
Rahmen im Hintergrund unter (einem) anderen Objekt(en) mar-
kieren          Strg+Alt+Umschalt und auf den Rahmen klicken
Markierte Objekte gruppieren                Strg+G
Markierte Objektgruppe entgruppieren    Strg+U
```

der Tabelle zu vermeiden, gruppieren Sie beide markierte Rahmen über „Objekt"->„Gruppieren" oder Apfel+G (Windows: Strg+G).

Über das Register „Raster" erhalten Sie eine Voransicht des Tabellenrasters. Links oben wählen Sie über die drei kleinen Symbole entweder alle Rasterlinien einer Tabelle oder nur die horizontalen oder die vertikalen Rasterlinien. Diese können Sie dann in gewohnter Weise über die darunterstehenden Einstellmöglichkeiten formatieren.

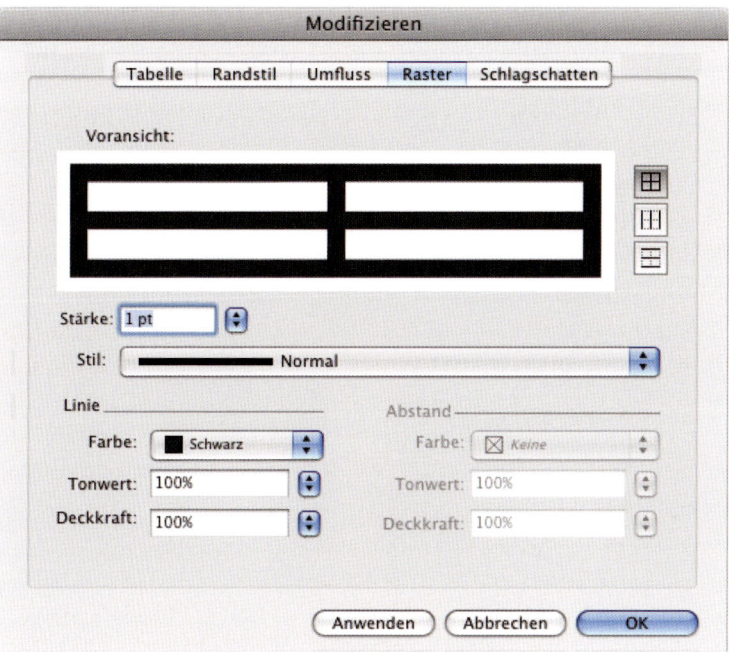

Dialog-Fenster „Modifizieren"–>Register „Raster"

Es besteht keine Möglichkeit, einzelne horizontale oder vertikale Rasterlinien oder die Ränder einer einzelnen Zelle zu modifizieren.

Wenn Sie eine einzelne Text- oder Bildzelle markiert haben und den Menüpunkt „Objekt"–>„Modifizieren" wählen, erhalten Sie ein Register „Zelle" und ein Register „Text" bzw. „Bild". Die Register „Text" bzw. „Bild" bieten Ihnen in etwa die gleichen Formatierungsmöglichkeiten wie für Text- bzw. Bildrahmen.

Das Register „Zelle" bietet Ihnen auf der linken Seite die Möglichkeit, die Breite und Höhe für die markierte Zelle manuell einzugeben. „Automatische Anpassung" für Spaltenbreite oder Zeilenhöhe ist nur aktivierbar, wenn Sie diese Option beim Import oder Erstellen schon angewählt haben. Hier geben Sie die maximale Spaltenbreite bzw. Zeilenhöhe ein, die angenommen wird, wenn Text automatisch in Zellen eingepasst werden soll. Der Button „Gleichmäßig verteilen" bewirkt, dass allen Spalten bzw. Zeilen eine gleiche Breite oder Höhe zugeteilt wird –

Dialog-Fenster „Modifizieren"–>Register „Zelle"

bezogen auf das Maß der gesamten Tabelle. Auf der rechten Seite können Sie der Text- bzw. Bildzelle wieder eine Farbe oder einen Verlauf
als Hintergrund eingeben.

Manuell können Sie die Breite oder Höhe einer Zelle auch verändern,
indem Sie mit dem Mauszeiger auf den Rand einer Zelle gehen. Der Mauszeiger verwandelt sich in das Rasterverschiebungssymbol – wie bei einer Hilfslinie. Klicken Sie die Rasterlinie an und verschieben Sie sie. Auf
die gleiche Weise verschieben Sie auch die Ränder einer Tabelle.

7.2.2 Tabellen fortsetzen

7.2.2.1 Tabellen aufteilen

Tabellen passen nicht immer auf eine Seite des Layouts. Sie können daher wie verknüpfte Textrahmen geteilt und umbrochen und automatisch

an anderen Stellen des Layouts fortgesetzt werden. Eine Legende lässt sich in Form von Kopf- und Fußzeilen anlegen. Um eine Tabelle aufzuteilen, markieren Sie die Tabelle und wählen „Tabelle"–>„Tabellenaufteilung". Im Fenster „Tabellenumbruch festlegen" definieren Sie die Stärke (Breite) und Höhe der Tabelle – die Maximalgröße, die sie haben darf, ab der sie aufgeteilt wird. Je nach Ihren Angaben kann die Tabelle in zwei oder auch mehrere Tabellen aufgeteilt werden. Diese lassen sich dann auf andere Layoutseiten verschieben und bearbeiten.

Diese Aufteilung einer Tabelle ist dynamisch. Wenn Sie den Rahmen und damit die Maße eines der Tabellenteile verändern oder Zeilen oder Spalten hinzufügen oder löschen, wirkt sich dies auf die komplette verknüpfte Tabelle aus. Somit sind die Angaben für Stärke und Höhe nur maßgeblich für die Größe bzw. den Rahmen der Tabelle, nicht jedoch für den Inhalt. Die Angaben für die Tabellenteilung können Sie jederzeit ändern, wenn Sie den gleichen Menüpunkt nochmals aufrufen.

Eine Tabellenaufteilung funktioniert in beide Richtun-

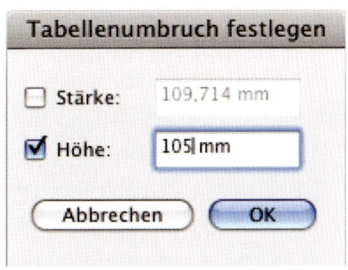

Dialog-Fenster „Tabellenumbruch"

KONZERNBILANZ (IFRS)		
In Tausend €		
	31. März 2008	31. März 2007
AKTIVA		
Sachanlagen		
Zur Veräußerung verfügbare Finanzinvestitionen		
Geschäfts- oder Firmenwert		
Immaterielle Vermögenswerte		
Langfristige Vermögenswerte		
Sonstige Vermögenswerte		
Forderungen aus Lieferungen und Leistungen		
Zur Veräußerung verfügbare Finanzinvestitionen		
Zahlungsmittel und Zahlungsmitteläquivalente		
Aktiva aus nicht fortgeführten Aktivitäten		
Kurzfristige Vermögenswerte		
Summe Aktiva		

KONZERNBILANZ (IFRS)		
In Tausend €		
	31. März 2008	31. März 2007
PASSIVA		
Gezeichnetes Kapital		
Kapitalrücklage		
Sonstige ergebnisneutrale Veränderungen des Eigenkapitals		
Bilanzverlust		
Eigenkapital		
Passive latente Steuern		
Finanzielle Schulden		
Langfristige Schulden		
Schulden aus Lieferungen und Leistungen		
Sonstige kurzfristige Schulden		
Finanzielle Schulden		
Passiva aus nicht fortgeführten Aktivitäten		
Kurzfristige Schulden		
Summe Passiva		

Aufgeteilte Tabelle mit dreizeiligem Tabellenkopf

gen. Sie setzt bei Bedarf die Tabelle, wenn sie wächst, auf anderen Seiten fort. Und sie fügt im umgekehrten Fall die Einzeltabellen wieder zusammen. Wollen Sie eine Tabellenteilung rückgängig machen, markieren Sie eine der verknüpften Tabellen, wählen Sie ebenfalls den Menüpunkt „Tabellenaufteilung" aus und deaktivieren Sie die beiden Häkchen bei Stärke und Höhe. Die aufgeteilten und verknüpften Tabellen werden wieder in die Ursprungstabelle zurückverwandelt.

Sie können die Verknüpfung zwischen aufgeteilten Tabellen auch lösen, um die einzelnen Tabellen separat weiterzubearbeiten. Dazu markieren Sie eine der verknüpften Tabellen und wählen „Tabelle"->„Separate Tabellen erstellen".

7.2.2.2 Tabellenkopf/-fuß

Sie können aufgeteilten und verknüpften Tabellen automatische und synchronisierte Kopf- und Fußzeilen hinzufügen. Diese fungieren als Legende und machen dem Leser den inhaltlichen Zusammenhang zwischen mehreren verteilten Tabellen deutlich. Ändern Sie in einer Kopf- oder Fußzeile in einer der verknüpften Tabellen etwas, wird diese Änderung sofort in den anderen Kopf- bzw. Fußzeilen übernommen.

Um eine Kopfzeile einzufügen, markieren Sie – nachdem Sie eine Tabelle aufgeteilt haben – die gewünschte Zeile in der jeweiligen Tabelle. Sie können auch mehrere Zeilen am Anfang einer Tabelle markieren und als Kopfzeilen definieren. Wählen Sie „Tabelle"->„Als Tabellenkopf wiederholen". Die Zeilen erscheinen als Kopfzeilen in allen anderen verknüpften Tabellen.

Um eine Fußzeile einzufügen, markieren Sie die letzte(n) Zeile(n) einer Tabelle und wählen „Tabelle"->„Als Tabellenfuß wiederholen". Auch hierfür können Sie mehrere Zeilen auswählen.

Um die eingerichtete Kopf- und/oder Fußzeile zu entfernen, markieren Sie diese in einer der Tabellen und deaktivieren Sie sie durch Wählen des gleichen Menüpunkts.

Enthält eine Tabelle Kopf- und Fußzeilen, werden die übrigen Zeilen zu „Zeilen im Haupttext". Im Menüpunkt „Tabelle"->„Auswählen" ist dann nur die Auswahl aller Kopfzeilen, Fußzeilen oder Zeilen im Haupttext für eine Formatierung möglich.

8 Ebenen

Ebenen sind ursprünglich aus der Arbeit mit mehrsprachigen Dokumenten hervorgegangen. Bei einem umfangreichen Mehrseiter, der in mehreren Versionen mit verschiedenen Sprachen gestaltet und gedruckt werden soll, sich aber sonst von der Gestaltung nicht unterscheidet, legt man nur ein Projekt und ein Layout an. Jedoch mehrere Ebenen: Für Bilder und sonstige Gestaltungselemente, die sich nicht ändern, eine oder mehrere Ebenen. Und für jede Sprache eine entsprechende Textebene. Die Bildebene(n) müssen über den Textebenen liegen, damit die Bilder vom Text umflossen werden können.

Auf die entsprechenden Textebenen wird nun der jeweilige fremdsprachige Text importiert. Arbeitet man am Text aus Sprache A, dann blendet man die anderen fremdsprachigen Textebenen aus. Man hat dann nur die Bildebene(n) und die Textebene der Sprache A zur Verfügung. Somit kann man das Layout für diese Sprache gestalten, umbrechen und korrigieren und – indem man die Ausgabe der anderen fremdsprachigen Ebenen in der Ebenen-Palette unterdrückt – auch einzeln ausgeben.

Für die Textebenen der Sprache B und C verfährt man genauso: Die jeweils aktuelle wird eingeblendet und bearbeitet, die anderen werden ausgeblendet. Auch hier wird die Ausgabe der anderen Ebenen unterdrückt.

Eine andere Aufgabe für die Arbeit mit Ebenen ist auch der folgende Fall: Man gestaltet einen Mehrseiter und hat bei der Arbeit unterschiedliche Korrekturdurchläufe. Die Anzeigenakquisiteure interessieren nur die Anzeigen. Der Chefredakteur und die anderen Journalisten korrigieren nur den Text. Nur der Vorgesetze oder Verleger erhält den gesamten Mehrseiter zur (optischen) Kontrolle.

Man legt dazu den Text zuunterst auf eine Ebene, dann alle Bilder und Gestaltungselemente auf eine zweite Ebene und alle Anzeigen auf eine dritte Ebene. Für die Redakteure druckt man nur die Textebene aus, indem man die anderen Ebenen bei der Ausgabe unterdrückt. Dies hat sogar den Vorteil, dass der Druck schneller und unkomplizierter vonstatten geht, da große Bilder und Fotos nicht zeitaufwändig mitgedruckt werden. Die Akquisiteure erhalten einen Ausdruck der Anzeigenebene. Und der Verleger einen Ausdruck mit allen Ebenen des Mehrseiters.

Die Ebenen-Palette rufen Sie über „Fenster"->„Ebenen" auf. Die Palette enthält standardmäßig nur die Ebene „Standard".

Im Menü der Ebenen-Palette haben Sie folgende Optionen:

- „Neue Ebene": Damit legen Sie eine neue Ebene an. Sie wird zunächst „Ebene 1" benannt, weitere Ebenen werden fortlaufend nummeriert.
- „Objekt verschieben auf Ebene": Damit verschieben Sie ein markiertes Objekt von einer Ebene auf eine andere Ebene.
- „Ebenen vereinigen": Vereinigt zwei Ebenen zu einer neuen Ebene.

Ebenen-Palette

- Der Papierkorb löscht eine markierte Ebene.

Doppelklicken Sie zwei Mal auf den Namen einer neu erzeugten oder vorhandenen Ebene. Das Dialog-Fenster „Attribute" erscheint. Hier können Sie

- der Ebene einen neuen Namen geben,
- die Farbe der Ebene anlegen, wählen, ob die Ebene
- sichtbar oder unsichtbar ist,
- gesperrt oder nicht gesperrt ist,
- bei der Ausgabe und dem Druck ausgegeben wird oder nicht und
- ob die Objekte auf der Ebene für die untergeordneten Ebenen einen Umfluss besitzen.

Dialog-Fenster „Attribute"

In der Ebenen-Palette sehen Sie bei einer Ebene folgende Angaben:

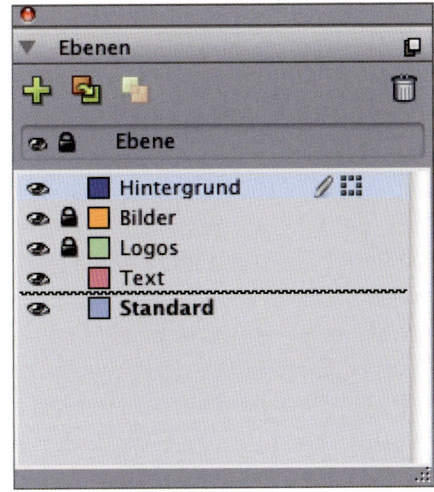

Ebene verschieben

- „Auge": Es gibt an, ob eine Ebene sichtbar ist oder ob sie ausgeblendet ist. Einfaches Klicken entfernt das Auge-Symbol und blendet die Ebene aus, nochmaliges Klicken blendet sie wieder ein.

- „Schloss": Sperrt eine Ebene, damit sie nicht mehr bearbeitet werden kann oder Objekte nicht versehentlich verschoben werden.

- „Farbfeld": Die Farbe kennzeichnet die entsprechende Ebene. Die auf ihr liegenden Objekte haben eine Rahmenanfasser-Farbe in der Farbe der Ebene, damit die entsprechende Ebene der Objekte schnell identifiziert werden kann.

- Name der Ebenen,

- „Stift": Er kennzeichnet die Ebene, auf der Sie sich gerade bewegen und markiert, dass Sie auf dieser Ebene gerade arbeiten. Ist die Ebene mit dem Schloss gesperrt, ist der Stift durchgestrichen, was anzeigt, dass die Ebene nicht verändert werden kann.

- „Kleines Quadrat mit gestrichelter Linie": Es markiert das Objekt, das Sie in Ihrem Layout gerade markiert haben. Es muss nicht zwingend auf der Ebene sein, auf der Sie sich gerade bewegen oder die Sie bearbeiten.

Ebenen verschieben Sie einfach, indem Sie eine Ebene in der Palette mit dem Mauszeiger wählen und an die gewünschte Stelle in der Ebenenhierarchie ziehen. Der jeweilige Ort zwischen zwei Ebenen wird vor dem Loslassen der Maus mit einem horizontalen schwarzen Strich angezeigt. Beachten Sie bitte, dass ein Verschieben von Ebenen Auswirkungen auf Umfluss-Einstellungen haben kann. Eine Text-Ebene oberhalb einer Bild-Ebene lässt die Bilder nicht mehr vom Text umfließen.

Objekte auf einer Ebene können Sie auf zwei Arten auf eine andere Ebene verschieben.

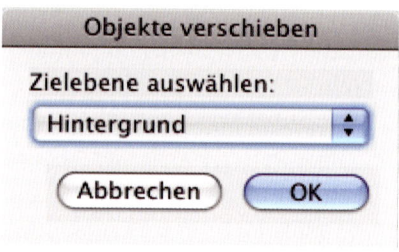

Markieren Sie das gewünschte Objekt oder die gewünschten Objekte auf einer Ebene oder unterschiedlichen Ebenen im Layout und wählen Sie in der Ebenen-Palette den Menüpunkt „Objekt verschieben auf Ebene". Sie erhalten das nebenstehende

Dialog-Fenster „Objekt auf Ebene verschieben"

Fenster, in dem Sie die gewünschte Zielebene für das/die Objekt/e auswählen. Das/die Objekt/e werden auf dieser Ebene an der gleichen Stelle positioniert, wo sie sich vorher in der/den anderen Ebene/n befanden.

Ein einzelnes Objekt können Sie auch mit der Maus verschieben. Markieren Sie es in Ihrem Layout. Die Ebenenpalette zeigt mit dem gestrichelten Quadrat-Symbol, auf welcher Ebene das Objekt sich befindet. Wollen Sie z.B. ein markiertes Objekt, das auf einer Bild-Ebenen liegt – und dort in der Palette mit dem Quadrat gekennzeichnet ist –, auf eine Hintergrund-Ebene verschieben, grei-

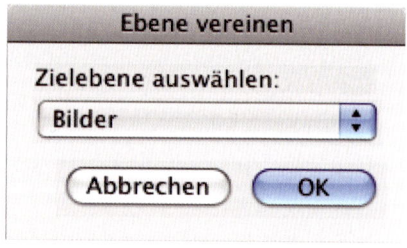

fen Sie das Quadrat und verschieben Sie es auf die Hintergrund-Ebene. Sofort befindet sich das markierte Objekt auf dieser Ebene.

Sie können mehrere Ebenen vereinen, wenn Sie sie in der Ebenen-Palette markieren und den Menüpunkt „Ebenen vereinen" wählen. Im nebenstehenden

Dialog-Fenster „Ebenen vereinen"

Fenster werden Sie nach der Zielebene gefragt, auf die alle Objekte verlagert werden sollen.

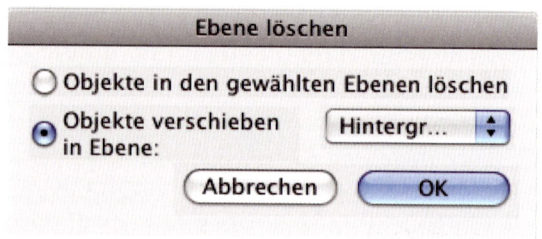

Möchten Sie eine Ebene löschen, markieren Sie sie in der Ebenen-Palette und klicken Sie

Dialog-Fenster „Ebene löschen"

auf das Papierkorb-Symbol. In dem erscheinenden Fenster wählen Sie, ob die Objekte auf dieser Ebene gelöscht oder ob sie auf eine andere Ebene verschoben werden sollen. Diese können Sie in dem Fenster auswählen.

Im Pulldown-Menü der Ebenen-Palette, das Sie über das kleine Symbol oben rechts erreichen, haben Sie noch diese Optionen:

- Eine neue Ebene anlegen.
- Die markierte Ebene löschen.
- Die markierte Ebene bearbeiten.
- Die markierte Ebene duplizieren.
- Alle Elemente auf der markierten Ebene auswählen.
- Alle Ebenen zeigen.
- Alle Ebenen verbergen.
- Alle anderen Ebenen verbergen.
- Alle Ebenen sperren.
- Wenn Ebenen gesperrt sind, alle Ebenen entsperren.
- Nicht verwendete Ebenen löschen.

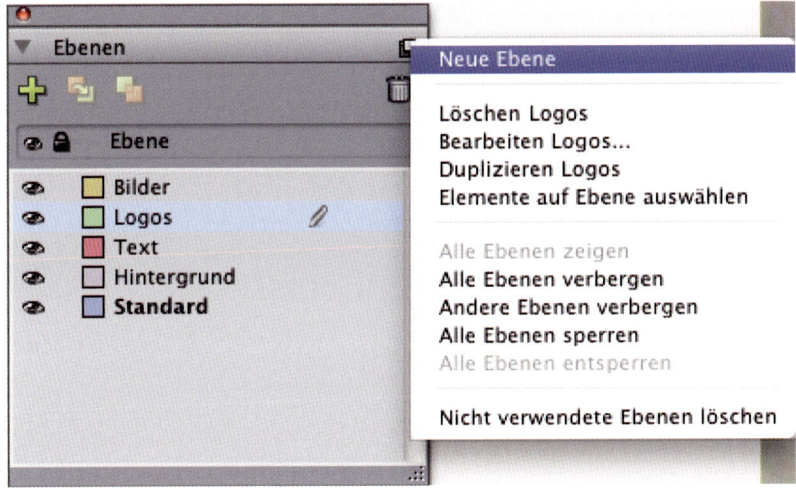

Pulldown-Menü der Ebenen-Palette

Die beiden folgenden Screenshots zeigen Ihnen nochmals anschaulich, wie ein Objekt auf einer bestimmten Ebene mit der Ebenenfarbe in seinem Bildanfasser-Rahmen markiert wird. Das Logo liegt ursprünglich

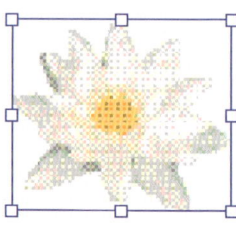

Objekt von Ebene „Hintergrund" auf ...

auf der Ebene „Hintergrund", was durch die blaue Ebenen-Farbe des Rahmens und bei markiertem Objekt in der Palette durch das kleine Quadrat-Symbol gekennzeichnet wird. Wird das Quadrat-Symbol auf die Ebene

... Ebene „Bilder" verschieben

„Bilder" gezogen, wird das Logo auf die Bilder-Ebene verschoben. Es taucht dort das kleine Quadrat-Symbol auf. Und die Rahmenanfasser-Farbe nimmt sofort den Farbton Orange der Bilder-Ebene an.

9 Export und Ausgabe

QuarkXPress bietet eine Menge Möglichkeiten, ein Layout zu exportieren oder auszugeben. Die einfachste, mittlerweile aber antiquierte Ausgabe ist die eines offenen Jobs – das Projekt einschließlich aller verwendeten Bilder, Tabellen und Schriften zu sammeln und an eine Druckerei zu geben. Einzelne Seiten lassen sich als EPS und somit als Bilddatei ausgeben – mittlerweile mit den in der Seite verwendeten Schriften – und dann in anderen Programmen weiterverwenden oder zu einem PDF umwandeln. Ein Projekt mit einzelnen Layouts lässt sich als Projektdatei der Version 7 exportieren. Das Layout kann als unterschiedliches PDF-Dokument für Print oder Web mit den vielfältigsten Optionen exportiert werden. Und schließlich kann das Layout ganz normal auf verschiedenen Druckern ausgedruckt werden.

9.1 Layout überprüfen

Vor dem Export oder der Ausgabe des Layouts sollten Sie es überprüfen, ob es nicht Fehler enthält. Vier wichtige Punkte sind zu überprüfen, um einen korrekten Druck in der Druckerei und einen richtigen Ausdruck auf Ihrem Drucker zu gewährleisten.

Als Erstes sollten Sie – wie in Kapitel 5 über Farben beschrieben – die im Layout verwendeten Farben überprüfen. Klären Sie, ob – bei einem Vierfarbdruck in einer Offsetdruckerei – im Layout nur Prozessfarben verwendet werden und keine Schmuckfarben. Oder stellen Sie sicher, wenn ein Duplex- oder Triplexdruck durchgeführt werden soll, auch nur die entsprechenden Schmuckfarben verwendet werden und diese richtig eingerichtet sind. Alle anderen Farben, die nicht benötigt werden, löschen Sie zur Sicherheit. Die grundlegenden Prozessfarben Cyan, Magenta, Gelb und Schwarz lassen sich jedoch nicht löschen!

Als Zweites überprüfen Sie die im Layout verwendeten Schriften. Prüfen Sie, ob Schriften verwendet werden, die auf Ihrem System nicht installiert oder nicht aktiviert sind. Und ob einem Schriftschnitt ein künstlicher Schriftstil zugewiesen wurde, den der Computer berechnet, der aber kein originärer Schriftschnitt ist.

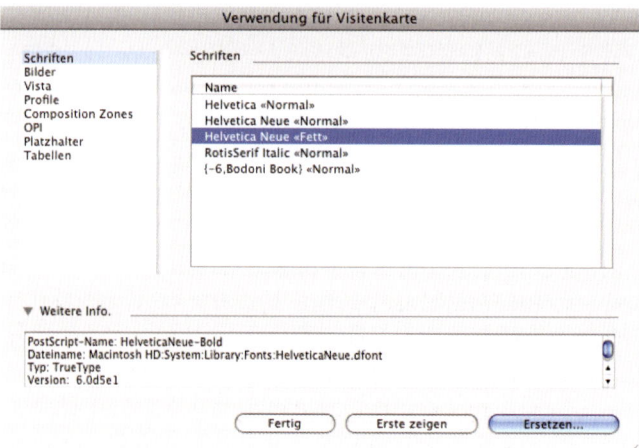

Menüfenster „Verwendung"–>„Schriften"

Der obere Screenshot eines Layouts zeigt eine Schriftenauflistung:

- Schriften mit dem Zusatz «Normal» sind in Ordnung.
- Bei der Schrift „Helvetica Neue" zeigt der in Anführungszeichen stehende Stil «Fett», dass der regulären Schrift der Stil „Fett" zugewiesen wurde. Aber im Fenster „Weitere Info" wird der korrekte Schriftschnitt angezeigt. QuarkXPress hat bei der künstlichen Fettung den Originalschriftschnitt „HelveticaNeue-Bold" genommen. Ein Fehler liegt vor, wenn ein Stil zugewiesen wurde, aber das Info-Fenster nicht den entsprechende Originalschnitt anzeigt. Dann wird der künstliche Stil nicht ausgegeben. Ein Schriftenprobleme ist folgendes:
- „Bodoni Book" hat ein Minuszeichen in einer geschweiften Klammer. Dies bedeutet, dass die Schrift nicht vorhanden oder nicht aktiviert ist. Nach Installation und/oder Aktivierung der Schrift ändert sich die Anzeige auf „Bodoni Book «Normal»". Im Info-Fenster erscheint die geladene Schrift.

Sie können Schriften oder Schriftstile über den Button „Ersetzen" für das ganze Layout austauschen.

Als Drittes überprüfen Sie die Bilder. Im Register „Bilder" wird der Status der Bilder angezeigt, ob Bilder fehlen, modifiziert wurden und aktualisiert werden müssen oder ob sie OK sind.

Als Viertes überprüfen Sie im Register „Tabellen" auf die gleiche Weise importierte und verknüpfte Excel-Dateien.

Damit haben Sie Ihr Dokument auf die wesentlichen Punkte Farben, Schriften, Bilder und Tabellen überpüft – womit einem PDF-Export, einem Offsetdruck oder Ausdruck auf einem Heim- oder Bürodrucker nichts mehr im Wege steht.

9.2 Für Ausgabe sammeln – „offener Job"

Als die Weitergabe von Daten eines Layouts als hochauflösende und geprüfte PDF-Datei an Druckereien für den Offsetdruck noch kein Standard war, gab man die Daten eines Printprodukts als „offener Job" weiter. Dies beinhaltete die QuarkXPress-Datei mit allen verwendeten Bildern und Schriften. Die Druckerei installierte die mitgelieferten Schriften auf einem Computer, öffnete die QuarkXPress-Datei, aktualisierte die Verknüpfung der QuarkXPress-Datei zu den mitgelieferten Bildern, belichtete die Daten und druckte das Printmedium.

Diese Vorgehensweise war jedoch immer mit einer hohen Fehlerquote behaftet. Problematisch konnte es schon bei der Bereitstellung der Daten für den offenen Job sein, wenn man zwei unterschiedliche Bilder mit gleichem Namen, aber unterschiedlichem Speicherort im Layout verwendete. Leicht konnte das eine Bild mit dem gleichlautenden anderen Bild überschrieben werden, womit eines der Bilder im Layout fehlte. In der Druckerei konnte der Mitarbeiter, der die QuarkXPress-Datei bearbeitete, an dem offenen Layout unbeabsichtigt ein Objekt verschieben, was beim Belichten und beim Druck nicht auffiel. Oder wenn die Druckerei auf ihrem Computer eine gleichlautende Schrift installiert hatte wie eine der mitgelieferten Schriften, die aber von einem anderen Hersteller war und somit eine andere Laufweite hatte, konnte sich der Umbruch ändern.

Dies kann heute mit einer sorgsam erstellten und geprüften PDF-Datei nicht mehr passieren, da eine PDF-Datei ein geschlossenes Format ist, an der ohne spezielle Tools und ohne Fachwissen nicht mehr viel geändert werden kann.

Dennoch ist es in manchen Fällen sinnvoll, alle zu einem Layout gehörenden Daten in einem Ordner zu sammeln. Es kann für die Arbeit auf einem Rechner übersichtlicher sein und man kann diese Ordner mit allen benötigten Daten zu einem Projekt oder Layout leichter auf CD, DVD oder einer externen Festplatte archivieren.

Sorgen Sie vor der Sammlung auf Ihrem Rechner oder einer externen Festplatte für ausreichend Speicherplatz. Bei einem Mehrseiter mit über hundert Fotos können schnell über 1 GB Daten zusammenkommen. Wählen Sie den Menüpunkt „Ablage"->„Für Ausgabe sammeln" (Windows: „Datei"->...). Vor der eigentlichen Sammlung werden Sie in unterschiedlichen kleinen Dialogfenstern gefragt, ob Tabellen – die jedoch kein eigenes Aktivierungsfeld in dem Dialog-Fenster für die Sammlung haben – und Bilder aktualisiert werden sollen und das Projekt gesichert werden soll. Außerdem können Fehlermeldungen auf dem Monitor erscheinen, wenn es Probleme bei einer Sammlung gibt.

Dann erscheint das folgende Dialog-Fenster:

Dialog-Fenster „Für Ausgabe sammeln"

Hier wählen Sie folgende Optionen:
- Name des Berichts über Ihr Projekt,
- Speicherort der Sammlung und
- links unten können Sie einen neuen Ordner für die Sammlung anlegen.
  Über das Register „Für Ausgabe sammeln" wählen Sie, ob
- nur der Projekt-Bericht oder auch
- das Layout,

- die verketteten Bilder,
- Druckerschriften,
- Farbprofile und
- Bildschirmschriften gesammelt werden sollen.

Unter Windows enthält das Dialog-Fenster nur eine Option für Schriften, es werden damit alle für den Druck des Layouts erforderlichen Schriften gesammelt.

Es werden mit der/den Option/en Schriften auch Schriften gesammelt, die in importierten EPS-Dateien verwendet werden, sofern sie auf dem Computer aktiviert sind.

- Über das Register „Vista" können Sie die Option „Bildänderungen anzeigen" wählen, um Bildeffekte vor dem Sammeln auf Bilder anzuwenden. Ist diese Option nicht aktiviert, werden Bilder ohne eingerechnete Bildeffekte - also im Originalzustand – gesammelt.

Die Projektdatei, der Projekt-Bericht und alle zugehörigen Daten werden am ausgewählten Speicherort oder in dem neu angelegten Ordner gesammelt. Schriften, Bilder und Tabellen werden in jeweils gleichlautenden Ordnern gepeichert.

Manchmal kann es sinnvoll sein, nur den Bericht zu speichern. Der Bericht eines Projekts enthält eine Übersicht über alle im Projekt angelegten und verwendeten Einstellungen und Elemente, wie Seitenzahl, Layoutgröße, Farben, Schriften, Bilder, Stilvorlagen, XTensions usw. Ein Projekt-Bericht kann auch detailliert Auskunft darüber geben, mit welchen QuarkXPress-Versionen das Projekt schon bearbeitet wurde. Ein möglicher Ausschnitt aus einem Bericht kann folgendermaßen aussehen:

```
----------
Zuletzt gesicherte Version: 8.00r0 (Mehrsprachig)
Das Projekt wurde mit folgenden Versionen von QuarkXPress gesichert:
        6.10r0 (Mehrsprachig)
        6.50r0 (Mehrsprachig)
        7.20r0 (Mehrsprachig)
        7.31r0 (Mehrsprachig)
        8.00r0 (Mehrsprachig)
        7.31r0 (Mehrsprachig)
        8.00r0 (Mehrsprachig)
----------
```

Dies kann ein erster Hinweis sein, wenn QuarkXPress bei einem Projekt bei bestimmten Menüfunktionen nicht ordnungsgemäß arbeitet und seine Dienste verweigert. Jede dieser aufgelisteten Versionen schreibt einen eigenen Projektcode in das Projekt, der manchmal von einer neueren Version nicht mehr richtig interpretiert werden kann. Eine mögliche Fehlerquelle!

9.3 Export

Sie können entweder über den Menüpunkt „Ablage"->„Exportieren" (Windows: „Datei"->...) exportieren oder im Arbeitsfenster links unten über den kleinen, nach oben rechts weisenden, grünen Pfeil.

9.3.1 Als Projekt exportieren

Sie können ein Projekt mit einem oder mehreren Layouts für die ältere QuarkXPress-Version 7 exportieren, um es dann damit zu öffnen. Neue Funktionen, die nur die Version 8 bereitstellt und die Sie in Ihrem Projekt angewandt haben, gehen dabei natürlich verloren. Wählen Sie „Ablage"->„Exportieren"->„Layouts als Projekt" (Windows: „Datei"->...). Im

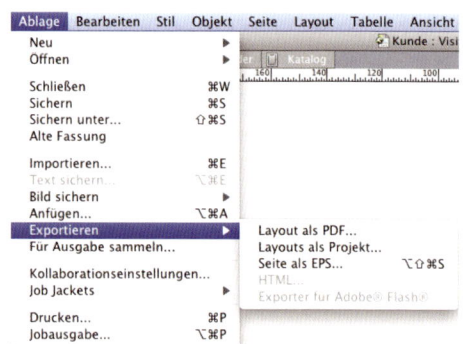

Menüpunkt „Exportieren"

Dialog-Fenster wählen Sie einen Speicherort oder legen einen neuen Ordner an und wählen die zu exportierenden Layouts in Ihrem Projekt aus.

Um das Projekt oder einzelne Layouts in einer noch älteren QuarkXPress-Version zu bearbeiten, brauchen Sie allerdings die älteren QuarkXPress-Versionen. QXP 8 exportiert als QXP 7, QXP 7 konvertiert zu QXP 6, QXP 6 speichert als Version 5 usw. Da es sich hierbei immer um mehrere Jahre alte QXP-Versionen handelt, die auf neueren Betriebssystemen nicht laufen, ist es hierfür meistens unerlässlich, einen „antiquierten" Rechner mit einem alten Betriebssystem noch irgendwo im Büro stehen zu haben, auf dem die exportierte Datei überprüft werden kann.

9.3.2 Seite als EPS exportieren

Sie können einzelne Seiten Ihres Layouts als Vektorgrafik im EPS-Format exportieren. Eine EPS-Datei kann man in einem Vektorgrafik-Programm wie Illustrator, FreeHand oder CorelDRAW öffnen und zum Teil auch editieren. In einer Bildbearbeitungs-Software wie Photoshop wird ein EPS zuerst gerastert – also in eine Pixelgrafik umgewandelt –, kann dann aber auch bearbeitet werden. Außerdem lässt sich eine EPS-Datei in jedes andere Layoutprogramm importieren. Und schließlich ist der Export einer Seite als EPS ein probates Mittel, um eine einzelne Seite als PDF zu betrachten, da die EPS-Datei mit dem Acrobat Distiller schnell in ein PDF konvertiert werden kann. Der Export als EPS bezieht sich immer nur auf eine einzelne Seite – auch bei einem Mehrseiter –, kann jedoch in den Einstellungen auf die Montagefläche und damit eine Doppelseite ausgeweitet werden. Anders als in Vektorprogrammen, in denen nur die aktuellen Elemente auf einer Seite in ein EPS exportiert und gesichert werden – unabhängig von der Dokumentgröße –, wird in QuarkXPress die ganze Layoutseite gespeichert.

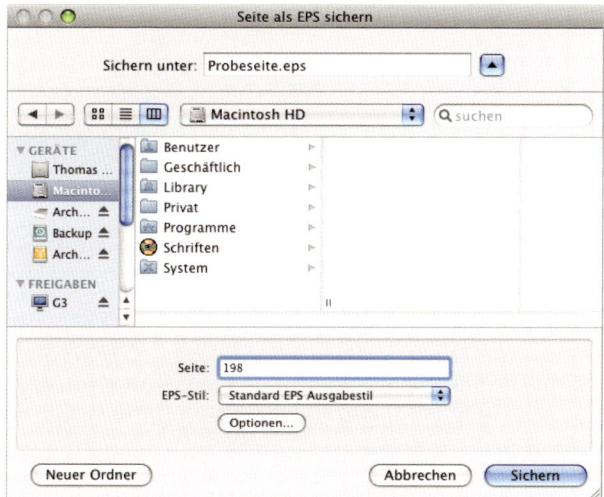

Dialog-Fenster „Seite als EPS sichern"

Um eine Seite als EPS zu speichern, wählen Sie „Ablage"–>„Exportieren"–>„Seite als EPS" (Windows: „Datei"–>...). Es öffnet sich ein Dialog-Fenster. Die jeweiligen Dialog-Fenster für Export und Ausgabe – „Für Ausgabe sammeln", „Export als Projekt", „Export als EPS", „Export als PDF" und „Drucken" – sind in QuarkXPress stark vereinheitlicht. Daher ähnelt das Fenster für „Seite als EPS sichern" dem Fenster von „Für Ausgabe sammeln". Auch haben Sie in den Ausgabemöglichkeiten als EPS, PDF und Drucken einheitlich die Möglichkeit, Stile anzulegen, in denen immer wiederkehrende Einstellungen für bestimmte Medien gespeichert und angewendet werden können.

Im Dialog-Fenster für den EPS-Export wählen Sie wie gewohnt den Speicherort oder einen neuen Ordner sowie die zu exportierende Seite. Sie müssen für einen Export im Layout nicht aktuell auf der zu exportierenden Seite sein, sondern können jede beliebige Seite für den Export eingeben. Als EPS-Stil ist „Standard EPS-Ausgabestil" voreingestellt – unter verschiedenen Stilen können Sie erst wählen, wenn Sie Änderungen der voreingestellten Einstellungen vornehmen und diese als neue(n) Stil(e) abspeichern. Schließlich klicken Sie auf den Button „Optionen".

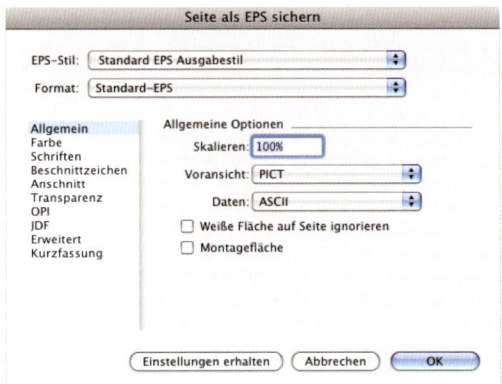

Dialog-Fenster „Seite als EPS sichern"–> „Optionen"

Auch die Einheitlichkeit der Optionen-Fenster der Exportmöglichkeiten als EPS und PDF und des Druckens fällt sofort ins Auge, wenn man die

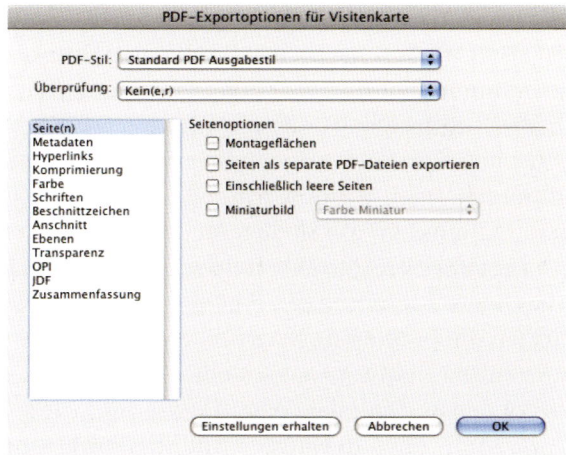

Dialog-Fenster „Layout als PDF"–>„Optionen"

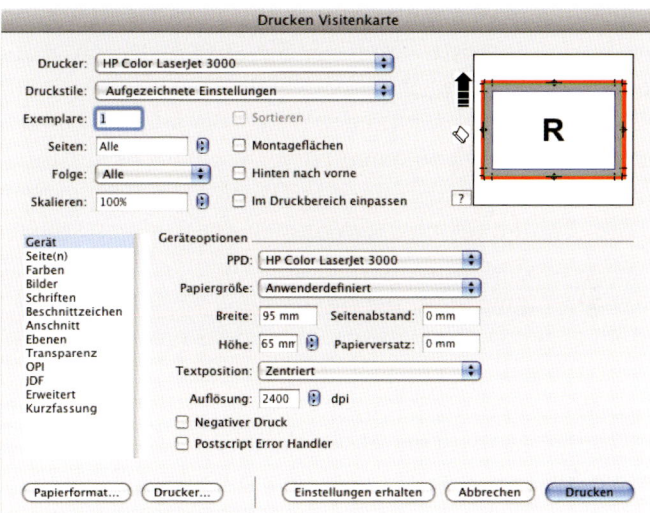

Dialog-Fenster „Drucken"

Fenster gegenüberstellt. Wichtig sind in diesen Fenstern die in dem weißen Kasten links unten angegebenen Register, die den Registern entsprechen, wie sie im Menüpunkt „Modifizieren" für unterschiedliche Elemente vorhanden sind. Die Komplexität nimmt von dem Export als EPS über

den Export als PDF zum Drucken zu, was man an der Anzahl der Register von 10 über 13 zu wiederum 13 sieht, wobei das Drucken-Fenster auf der rechten Seite nochmals viele Einstellungen zulässt. Viele Register sind identisch – so „Beschnittzeichen", „Transparenz", „OPI" und „JDF" –, sodass diese identischen Optionen nur an einer Stelle mit einem hinweisenden Screenshot abgehandelt werden. Einheitlich ist auch, dass bei allen drei Export- bzw. Ausgabe-Möglichkeiten im oberen Teil ein (voreingestellter) Standard-Ausgabestil ausgewählt werden kann. Und natürlich selbst erstellte Stile, nachdem Änderungen vorgenommen und als neuer Stil abgespeichert wurden. Im rechten unteren Teil werden jeweils die Optionen des links ausgewählten Registers dargestellt.

Generell gilt bei diesen Dialog-Fenstern, dass Sie

- mit „OK" die Einstellungen bestätigen und die Funktionen ausführen,
- mit „Abbrechen" alle Änderungen widerrufen und nichts davon gespeichert wird und
- mit „Einstellungen erhalten" die Einstellungen bis zum nächsten Aufrufen dieses Menüpunktes erhalten, Sie aber nicht mit „OK" das Ausführen der Einstellungen bewirkt haben.

Sie haben bei der Verwendung der Stile folgende Optionen:

- Keine Änderungen vornehmen und den „Standard EPS Ausgabestil" verwenden. Nehmen Sie Änderungen vor, zeigt sich dies am Sternzeichen vor dem Stil. Führen Sie die Änderungen aus und bestätigen mit „OK", werden die Änderungen in den Stil „Benutzerdefinierte Einstellungen" gespeichert und angezeigt. Brechen Sie ab, finden Sie beim nächsten Aufrufen im ersten Dialog-Fenster zum Speichern als EPS den Stil „Aufgezeichnete Einstellungen" vor.
- Den Stil „Benutzerdefinierte Einstellungen" wählen, manuell Änderungen vornehmen, aber nichts abspeichern.
- Einen neuen Stil anlegen. Dazu nehmen Sie manuelle Änderungen vor, wählen „Neuer Stil für EPS-Ausgabe" aus, vergeben dem neuen Stil einen Namen und speichern ihn, um ihn für spätere Printmedien verwenden zu können.

Bei der Option „Format" wählen Sie, ob Sie die Seite als Standard-EPS, Mehrdatei-DCS oder Einzeldatei-DCS exportieren wollen.

Register „Allgemein":

- Wählen Sie eine Skalierung der Seite, die als EPS exportiert werden soll.

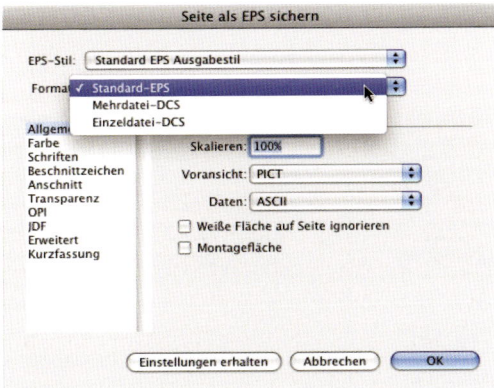

Pulldown-Menü „Seite als EPS sichern"–>
„Optionen"–>Register „Allgemein"–>„Format"

- Für die Voransicht der EPS-Datei, die in einem Layoutprogramm nach Importieren der Datei angezeigt wird, wählen Sie „Keine", „TIFF" oder „PICT".
- Wählen Sie für das Datenformat der EPS-Datei binär, ASCII oder Clean-8-Bit. Daten im Binärformat werden schneller gedruckt. ASCII ist ein kompatibleres Format, da es Standard für die meisten Drucker ist. Clean-8-Bit verbindet ASCII und binär in einem vielseitigen und portablen Format.
- Die Option „Weiße Fläche auf Seite ignorieren" reduziert die Deckkraft der weißen Fläche der Seite auf 0% und macht sie somit transparent.
- Schließlich besteht die Möglichkeit, bei einem Mehrseiter die ausgewählte Seite auf die Montagefläche auszudehnen und damit eine Doppelseite als EPS zu exportieren.

Register „Farbe":

Wählen Sie unter „Einstellungen" die Ausgabeeinstellung für das EPS. Sie können wählen zwischen

- Graustufen,
- Composite-RGB,
- Composite-CMYK,
- Composite-CMYK und Volltonfarben,
- unverändert – die Farben werden nicht verändert – und

wenn Sie das Farbmanagement eingestellt und verschiedene Ausgabeeinstellungen gespeichert haben, dann stehen Ihnen zusätzlich die eingerichteten Ausgabeeinstellungen zur Verfügung, wie z.B.

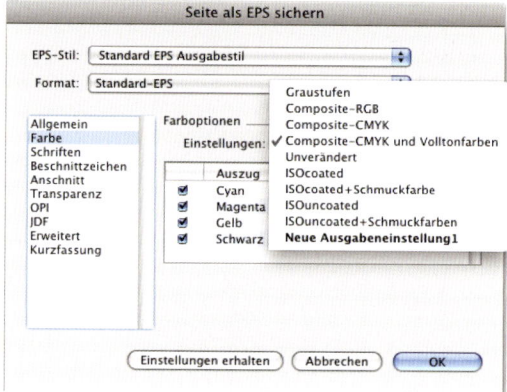

Pulldown-Menü „Seite als EPS sichern"–>
„Optionen"–>Register „Farbe"–>„Einstellungen"

- ISOcoated
- ISOcoated+Schmuckfarben
- ISOuncoated
- ISOuncoated+Schmuckfarben und
- Neue Ausgabeneinstellung1 – Platzhalter für neue Ausgabeneinstellungen. Register „Schriften":
- Wählen Sie die Schriften, die eingebunden werden sollen. Der Export einer Seite als EPS bindet alle auf der Seite verwendeten Schriften ein –

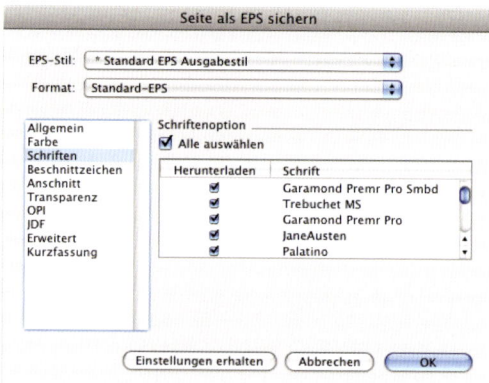

Dialog-Fenster „Seite als EPS sichern"–>
„Optionen"–>Register „Schriften"

sofern die Schrift auf Ihrem Computer installiert und aktiviert ist und
sie in diesem Dialog-Fenster angewählt ist.

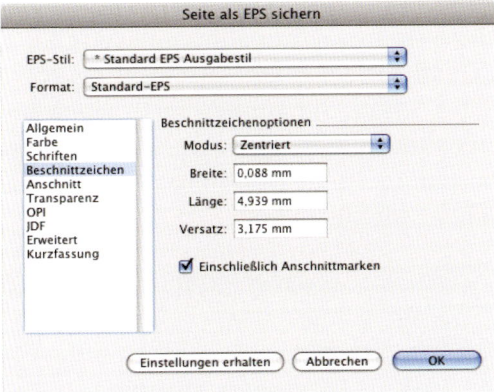

Dialog-Fenster „Seite als EPS sichern"–>
„Optionen"–>Register „Beschnittzeichen"

Register „Beschnittzeichen":
- Wählen Sie, ob das EPS mit Beschnittzeichen exportiert werden soll.
Dazu können Sie Breite, Länge und Versatz der Beschnittzeichen ange-
ben. Normalerweise reichen die Standardwerte, die bei einer Anwahl

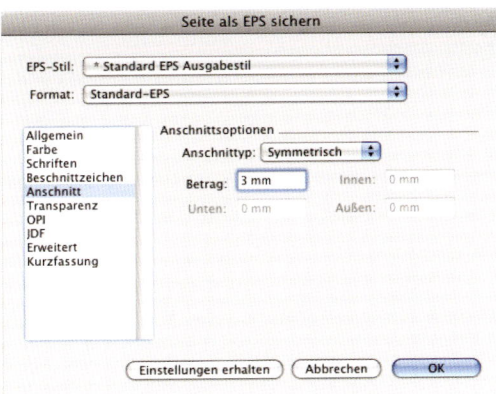

Dialog-Fenster „Seite als EPS sichern"–>
„Optionen"–>Register „Anschnitt"

dieser Option angegeben werden. Um zusätzlich Marken für die Anschnitt-position zu erhalten, wählen Sie „Einschließlich Anschnittmarken".
Register „Anschnitt":

- Hier wählen Sie für die EPS-Datei, ob Sie einen Anschnitt wünschen oder nicht. Diese Option ist nur sinnvoll, wenn Sie der zu exportieren-den Seite in QuarkXPress einen Anschnitt gegeben haben. Standard-werte sind 3 bis 5 mm. Sie können auch einen unregelmäßigen An-schnitt vergeben und alle Ränder manuell einstellen. Ohne die Einstel-lung eines Anschnitts ist die Option der Anschnittmarken im Register „Beschnittzeichen" nicht sinnvoll.

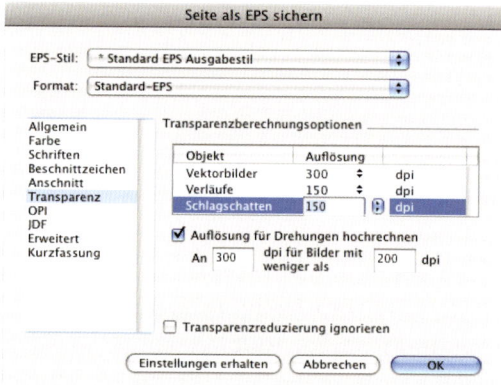

Dialog-Menü „Seite als EPS sichern"–>
„Optionen"–>Register „Transparenz"

Register „Transparenz":

- Stellen Sie die Transparenzreduzierung von Objekten ein oder deaktivie-ren Sie diese mit dem Häkchen ganz unten. Sie können für eine aktivier-te Transparenzreduzierung die eingestellten Werte übernehmen. Oder Sie klicken zur manuellen Einstellung auf ein Objekt, dann auf die klei-nen doppelten Pfeile, die nach oben und unten weisen, und geben ent-sprechende Werte ein. Da Drehen und Neigen im Allgemeinen die Qua-lität eines Bildes verringern, können Sie darunter durch Setzen des Häk-chens und Eingabe entsprechender Werte vor dem Drehen oder Neigen ein Hochrechnen durchführen. Der Wert im linken Eingabefeld sollte min-destens dem höchsten Auflösungswert im oberen Bereich entsprechen.

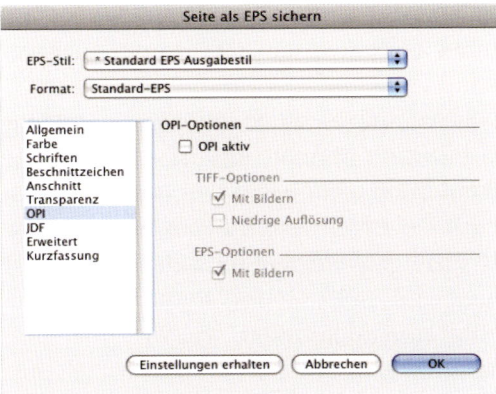

Dialog-Fenster „Seite als EPS sichern"–>
„Optionen"–>Register „OPI"

Register „OPI":

• Dieses Register ist für Sie unwichtig. Sie müssen auf jeden Fall das Häkchen in der Option herausnehmen und diese Funktion deaktivieren. „OPI"
steht für „Open PrePress Interface". Dies ist in größeren Verlagen und
Agenturen von Belang. In großen Firmen arbeitet die Grafik-Abteilung
bei der Gestaltung von Printmedien mit niedrig auflösenden Bildern –
aus Rechenkapazitäts- und Zeitgründen. Wenn das Printmedium gestaltet und freigegeben ist, geht es in die Lithografie-Abteilung, die die nied-

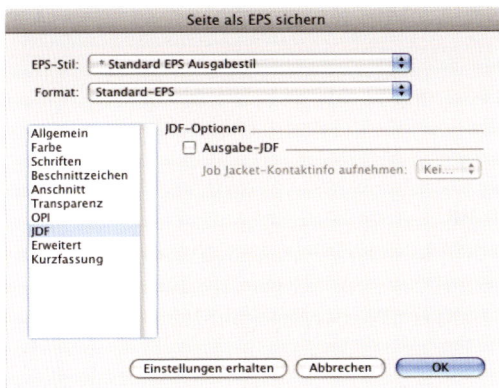

Dialog-Menü „Seite als EPS sichern"–>
„Optionen"–>Register „JDF"

rig auflösenden Bilder gegen hochauflösende Bilder für den Offsetdruck ersetzt. Für diesen Zweck würde „OPI" verwendet werden.

Register „JDF":

- Dies ist für Sie ebenso unwesentlich und kann übergangen werden. „JDF" steht für „Job Definition Format" und ist eine Fortgeschrittenen-Funktion, die in diesem Buch nicht behandelt wird. Mit dieser Funktion würde zusammen mit der exportierten EPS-Datei eine Datei im „Job Definition Format" erzeugt werden. Ein „Job Definition Format" ist eine Art Vorfestlegung und -prüfung des Layouts, bevor man mit der Gestaltung anfängt. In ihm wird definiert, welche Einstellungen und Elemente in einem Layout zugelassen werden und welche nicht – z.B. Sonderfarben, RGB-Bilder, Bilder mit zu niedriger Auflösung oder Haarlinien.

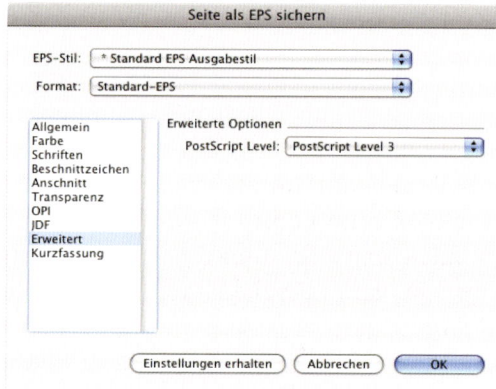

Dialog-Menü „Seite als EPS sichern"–>
„Optionen"–>Register „Erweitert"

Register „Erweitert":

- Die Auswahl eines PostScript Levels, die angibt, womit die EPS-Datei konform ist. Wenn Sie ein älteres Ausgabegerät verwenden, wählen Sie sicherheitshalber „PostScript Level 2". Nur neuere Geräte können mit „PostScript Level 3" arbeiten.

Register „Kurzfassung":

- Eine Zusammenfassung aller Einstellungen und Änderungen, die Sie manuell vorgenommen haben.

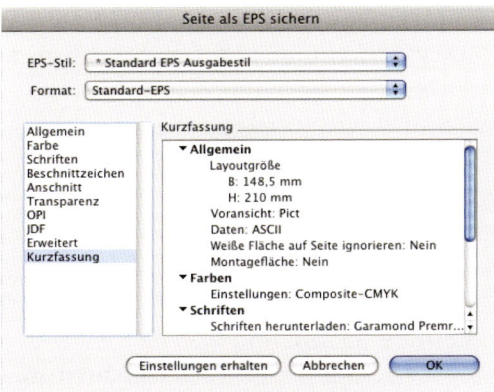

Dialog-Menü „Seite als EPS sichern"–>
„Optionen"–>Register „Kurzfassung"

9.3.3 Export als PDF

9.3.3.1 PDF erzeugen

Sie können über die Exportfunktion ein Layout als PDF-Datei ausgeben. Der PDF-Export bietet eine große Anzahl von Möglichkeiten, verschiedene Einstellungen vorzunehmen. So können Sie PDF-Dateien nach dem Standard PDF/X der Druckindustrie gleich beim Erstellen nach bestimmten Kriterien prüfen und dann erzeugen lassen. Sie können auch normale PDFs erzeugen und diese in anderen Programmen oder Tools durch einen Preflight – also eine PDF-Prüfung – schicken. Oder Sie können PDFs für das Internet oder zum Versenden per E-Mail, für den einfachen Ausdruck auf einem Bürodrucker oder hochauflösend für den Offsetdruck erstellen.

Die Ausgabe erfolgt über die Exportfunktion ohne Zuhilfenahme anderer Programme wie Acrobat oder sonstiger Tools. Das Prinzip, das hinter der Erzeugung von PDF-Dateien steht, ist generell das folgende: Aus einem beliebigen Dokument – auch aus anderen Programmen – wird mit dem jeweiligen Inhalt und den vorgenommenen Einstellungen eine PostScript-Datei erstellt – eine .ps-Datei. Davon bemerken Sie aber in QuarkXPress nichts, weil dies im Hintergrund geschieht. Ist diese PS-Datei erstellt, wird sie dann sofort in eine PDF-Datei umgewandelt. Aus diesem Grund gilt bei der PDF-Erzeugung auch der Spruch: „Viele Wege führen nach Rom." Es gibt somit mehrere Möglichkeiten, wie Sie eine PDF-Datei erstellen können. Es kann unter bestimmten Umständen oder Workflows vorkommen, dass eine gewählte Möglichkeit zur PDF-Erzeugung nicht funktioniert. Dann weicht man auf eine andere Möglichkeit aus und versucht es auf andere Art und Weise.

Dies sind einige der Möglichkeiten, eine PDF-Datei zu erstellen:

- Bequem und ohne Zusatzprogramme über den genannten Export als PDF.

Unter Zuhilfenahme des Programms Acrobat, das einen PostScript-Druckertreiber auf Ihrem Rechner installiert und das Zusatzprogramm Acrobat Distiller hat, können Sie auch

- eine einzelne Seite als EPS exportieren, im Distiller die entsprechenden Einstellungen – ähnlich den Einstellungen in den Optionen beim PDF-Export in QuarkXPress – vornehmen und mit dem Distiller die EPS-Datei in eine PDF-Datei umwandeln,
- über den Menüpunkt „QuarkXPress"->„Einstellungen->„Programm"- > „PDF" (Windows: „Bearbeiten"->„Vorgaben"->...) das Häkchen setzen bei „PostScript-Datei für späteres Distillieren erstellen" und anstelle einer PDF-Datei erst eine PS-Datei erzeugen und diese dann ebenfalls über den Acrobat Distiller umwandeln,
- über das Drucken-Menü mit dem installierten Drucker „Adobe PDF 7.0" – je nach installierter Version differiert die Bezeichnung – direkt in eine PDF-Datei drucken; die Einstellungen für die PDF-Datei nehmen Sie zunächst im Drucken-Menü vor, Sie können aber auch im Distiller wieder entsprechende Optionen wählen;
- über das Drucken mit einem installierten PostScript-Drucker in eine PS-Datei drucken und diese über den Acrobat Distiller umwandeln oder
- mit einem anderen Programm zur Erstellung von PDF-Dateien, das es im Handel gibt, das gewünschte Layout in eine PDF-Datei ausgeben.

Wählen Sie den Menüpunkt „Ablage"->„Exportieren"->„Layout als PDF". (Windows: „Datei"->...) und dann folgende Einstellungen:

- den Speicherort und/oder einen neuen Ordner,
- die auszugebenden Seiten – bei mehreren aufeinanderfolgenden Seiten setzen Sie zwischen die erste und die letzte Seite einen Bindestrich, einzelne Seiten trennen Sie durch ein Komma –,
- Ein- oder Ausblendung des Datei-Suffixes – also .pdf –,

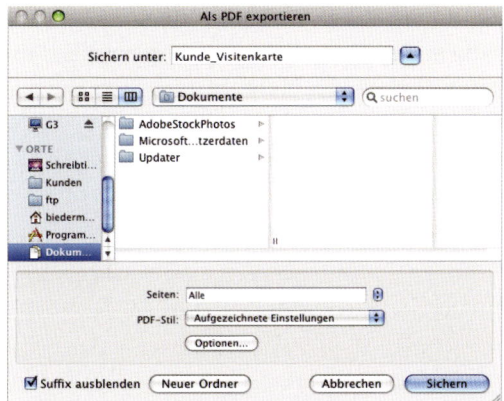

Dialog-Fenster „Layout als PDF"

• den Standard PDF Ausgabestil, die aufgezeichneten Einstellungen vom letzten Export, einen der anderen vorhandenen Stile oder einen der für bestimmmte Zwecke angelegten Stile.

Wenn Sie weiterführende Einstellungen vornehmen oder einen neuen Stil damit anlegen wollen, klicken Sie auf „Optionen". Das folgende Dialog-Fenster mit dem Register „Seite(n)" erscheint. Haben Sie im vorigen Fenster noch keinen Ausgabe-Stil gewählt, dann tun Sie das hier, oder

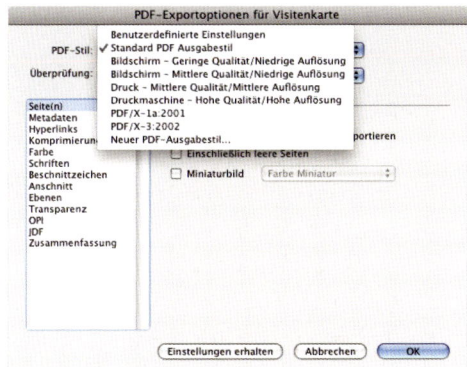

Pulldown-Menü „Layout als PDF"–>„Optionen"–>Register „Seite(n)"–>„PDF-Stil"

Sie erstellen einen neuen Ausgabestil. Zu diesem Zweck nehmen Sie erst in allen 10 Registern Ihre Einstellungen vor, wählen dann „Neuer PDF-Ausgabestil", geben ihm einen Namen und speichern ihn.

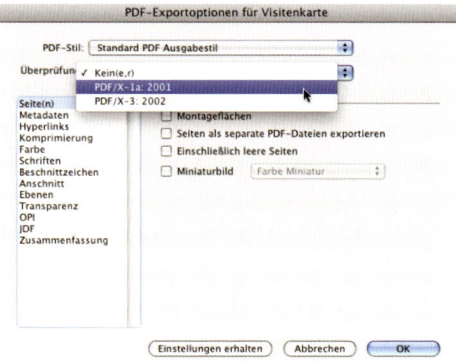

Pulldown-Menü „Layout als PDF"->„Optionen"->Register „Seite(n)"->„Überprüfung"

Wählen Sie, ob die PDF-Datei beim Erstellen überpüft werden soll oder nicht. Die verfügbaren PDF/X-Verifizierungen sind PDF/X-1a und PDF/X-3. Diese Verifizierungen sind Standards der Druckindustrie und werden von einigen Druckvorstufenbetrieben oder Druckereien bei der Annahme von

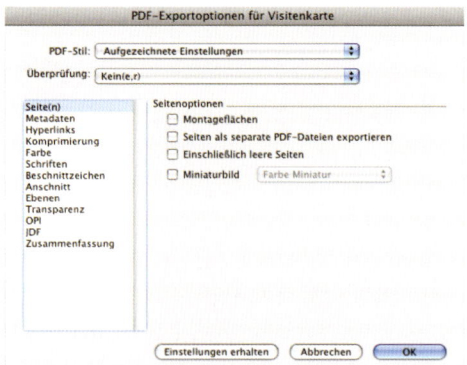

Dialog-Fenster „Layout als PDF"-> „Optionen"->Register „Seite(n)"

PDF-Dateien verlangt. PDF/X-1a lässt nur CMYK- und Volltonfarben zu, während PDF/X-3 auch andere Farbräume erlaubt – einschließlich ICC-Farbprofile. Elemente wie z.B. Anschnitt und Endformat müssen vorhanden sein. Manche Elemente wie Transparenzen sind nicht zugelassen. Sie würden in diesem Fall nach dem Export eine Fehlermeldung erhalten.

Register „Seite(n)":

- Wählen Sie, ob Sie einzelne Seiten oder bei einem Mehrseiter die Montagefläche – also Doppelseiten – exportieren wollen.
- Sie können bei mehreren Seiten die einzelnen Seiten auch als separate PDF-Dateien exportieren.
- Hat Ihr Layout leere Seiten, können diese in der PDF-Datei auch mit ausgegeben werden.
- Wollen Sie nur Miniaturbilder in Schwarz-Weiß oder in Farbe ausgeben, setzen Sie dort das Häkchen.

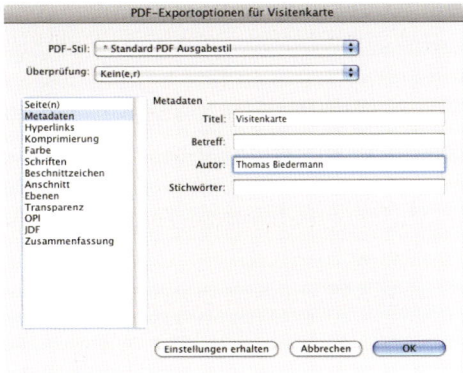

Dialog-Fenster „Layout als PDF"–>
„Optionen"–>Register „Metadaten"

Register „Metadaten":

- Hier geben Sie Daten ein, die Ihr Layout betreffen, wie Titel, Betreff, Autor und Stichwörter. Diese Metadaten werden in den Dokumenteigenschaften in Acrobat angezeigt und auch bei Prüfprotokollen eines Preflight.

Register „Hyperlinks":

- Dieses Register ist für PDF-Dateien für den Offsetdruck irrelevant. Wenn Sie jedoch eine PDF-Datei für das Internet oder den Mail-Versand er-

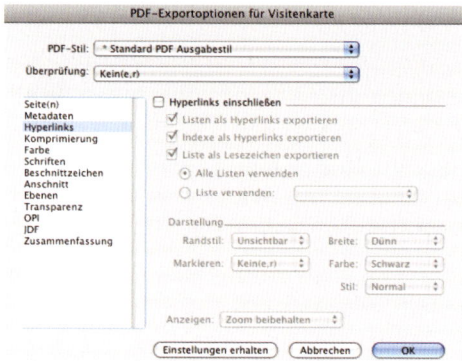

Dialog-Fenster „Layout als PDF"–>
„Optionen"–>Register „Hyperlinks"

stellen und dem Empfänger die Möglichkeit der Navigation in der PDF-Datei einrichten wollen, können Sie hier angeben, ob Listen und In-dexe als Hyperlinks dargestellt werden und ob Listen als Lesezeichen in der PDF-Datei fungieren. Zudem können Sie vorher über „Darstel-lung" die erzeugten Hyperlinks formatieren. Und über „Anzeigen" wäh-len Sie die Standard-Darstellungsgröße der PDF-Datei.

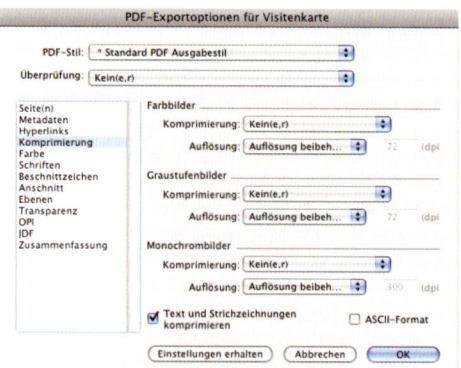

Dialog-Fenster „Layout als PDF"–>
„Optionen"–>Register „Komprimierung"

Register „Komprimierung":
- Wählen Sie die Komprimierung und Auflösung für Farb-, Graustufen- und Monochrombilder, also Strichzeichnungen. Wollen Sie keine Komprimierung und die Layoutdaten in Originalgröße beibehalten, wählen Sie „Kein(e,r)". Für eine Komprimierung gibt es verschiedene Arten, die jeweils unterschiedliche Komprimierungsmethoden beinhalten, von hoch über mittel bis niedrig. Eine hohe Komprimierung erzeugt eine kleine Datei, eine niedrige Komprimierung eine größere Datei. Sie sollten die Komprimierungsmöglichkeiten für Ihre Zwecke ausprobieren, die entstandene PDF-Datei dann prüfen und sich für eine Methode entscheiden. Wenn Sie ein Layout mit Bildern haben, die selbst schon eine (JPG-)Komprimierung beinhalten – also nicht unkomprimiert vorliegen –, kann eine zusätzliche Komprimierung die Darstellung und den Druck der Bilder beschädigen, da es zu Artefakten kommen kann.

Bei der Auflösung können Sie die Auflösung aller Bilder im Layout beibehalten, wenn Sie „Auflösung beibehalten" wählen. Wollen Sie die Auflösung herunterrechnen, sollten Sie entscheiden, wofür Sie das PDF verwenden wollen. Ein Herunterrechnen von Bilddaten ist immer mit einem Informationsverlust behaftet. Ein Herunterrechnen auf 72 dpi bietet sich an, wenn Sie das PDF nur für das Internet oder den Mail-Versand verwenden und es nur am Bildschirm betrachten wollen. 150 dpi sind geeignet für einen Büroausdruck auf einem Laser- oder Tintenstrahldrucker. Und ein Minimum von 300 dpi für Farb- und Graustufenbilder und von 800 dpi für Monochrombilder ist erforderlich, wenn das PDF hochauflösend exportiert werden und in den Offsetdruck gehen soll. Haben Sie im Layout generell viele Bilder, die deutlich über 300 dpi an Auflösung haben, bietet es sich an, die Bilder zumindest auf 300 respektive 800 dpi herunterzurechnen. Sie haben dadurch eine weitaus kleinere Datei und können sie leichter weitergeben.

An Berechnungen für die Auflösung wählen Sie zwischen den folgenden drei Möglichkeiten:
- Downsampling: Es wird der Durchschnitt der Pixel in einem Abtastbereich berechnet. Dann wird der gesamte Bereich durch die durchschnittliche Pixelfarbe mit der festgelegten Auflösung ersetzt.
- Subsampling: Es wird ein Pixel in der Mitte des Beispielbereichs ausgewählt. Dann wird der gesamte Bereich durch diese Pixelfarbe ersetzt.

Diese Berechnung erfordert eine geringere Konvertierungszeit als das Downsampling. Es führt jedoch auch zu weniger weichen, gleichmäßigen Übergängen.

- Bikubisches Downsampling: Es wird ein gewichteter Durchschnitt zur Ermittlung der Pixelfarbe angewandt. Diese Berechnung führt zu besseren Ergebnissen als das Downsampling. Sie ist die langsamste, aber präziseste Methode und erzeugt die weichsten Übergänge. Zusätzlich können Sie durch Setzen eines Häkchens Text und Strichzeichnungen komprimieren oder das Format ASCII für die Datenausgabe verwenden.

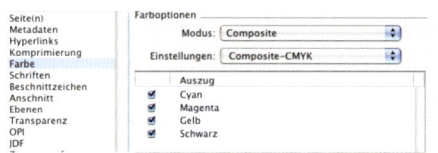

Register „Farbe":
- Gleiche Einstellmöglichkeiten wie in Abschnitt 9.3.2

Register „Schriften":
- Gleiche Einstellmöglichkeiten wie in Abschnitt 9.3.2

Register „Beschnittzeichen":
- Gleiche Einstellmöglichkeiten wie in Abschnitt 9.3.2
Register „Anschnitt":
- Ähnliche Einstellmöglichkeiten wie in Abschnitt 9.3.2, zusätzlich noch die Einstellung „Seitenobjekte", wenn kein Anschnitt eingestellt und nur die jeweiligen kompletten Layoutseiten ausgegeben werden.

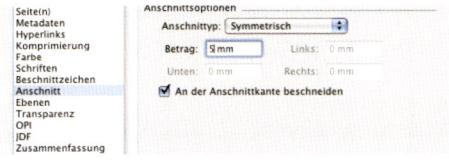

Register „Ebenen":

• Wählen Sie, welche der Ebenen in das PDF exportiert werden sollen – entweder indem Sie „Alles auswählen" oder einzelne Ebenen im Fenster durch Setzen eines Häkchens aktivieren. Markieren Sie eine Ebene, wer-

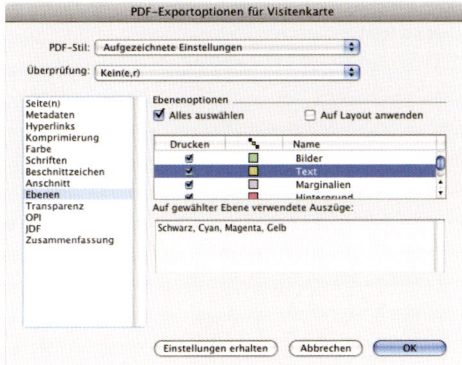

Dialog-Fenster „Layout als PDF"–>
„Optionen"–>Register „Ebenen"

den Ihnen im unteren Fenster die verwendeten Farbauszüge angezeigt. Die Anzeige der Farbauszüge kann – je nachdem, wie viele Elemente auf der markierten Ebene liegen – einige Zeit in Anspruch nehmen. Haben Sie im Layout Ebenen mit der Option „Ausgabe unterdrücken" vom Export ausgeschlossen, wirkt die Option „Auf Layout anwenden" gegenläufig: Die Ebenen werden im Layout für den Export freigegeben.

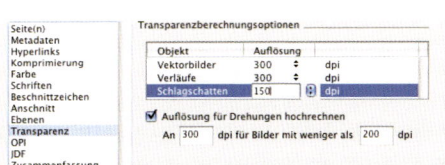

Register „Transparenz":
• Gleiche Einstellmöglichkeiten wie in Abschnitt 9.3.2

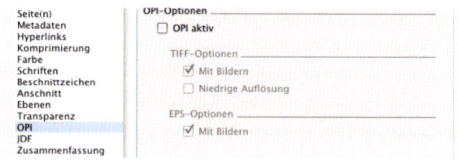

Register „OPI":
• Gleiche Einstellmöglichkeiten wie in Abschnitt 9.3.2

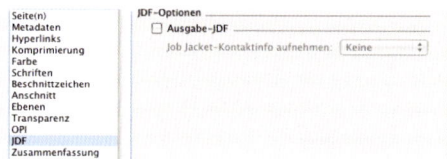

Register „JDF":
• Gleiche Einstellmöglichkeiten wie in Abschnitt 9.3.2

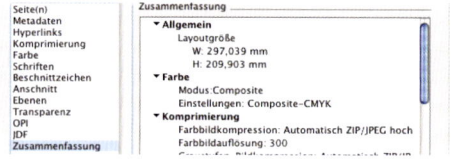

Register „Zusammenfassung":
• Eine Zusammenfassung aller Einstellungen und Änderungen, die Sie manuell vorgenommen haben.

9.3.3.2 PDF prüfen

Hochauflösende PDF-Dateien für den Offsetdruck sollten vor der Weitergabe auf alle Fälle geprüft werden. Entweder Sie entscheiden sich – was für einen Einsteiger in die Materie sicherlich sinnvoller ist –, die PDF-Datei über den Standard PDF/X zu erstellen und sie beim Export prüfen und verifizieren zu lassen. Oder Sie investieren in ein Softwareprogramm wie Adobe Acrobat, das einen Preflight – also eine Prüfmöglichkeit – für PDF-

Dateien als Funktion hat und eine Ausgabevorschau. Oder sogar zusätzlich für ein Tool wie Enfocus PitStop, mit dem Sie einerseits eine PDF-Datei sehr umfangreich prüfen und andererseits sie nachträglich sogar noch in bestimmtem Umfang modifizieren und bearbeiten können.

Ein Preflight wird anhand eines Profils, das dem gewählten Ausgabegerät entspricht, durchgeführt – z.B. für CMYK-Bogenoffsetdruck mit oder ohne Schmuckfarben oder für Digitaldruck. Er prüft anhand der dort festgelegten Kriterien die PDF-Datei und erzeugt ein Prüfprotokoll als separate PDF-Datei, in der alle Ergebnisse aufgelistet sind. Allerdings sollte man für das Verständnis eines Prüfprotokolls entweder genauestens das Handbuch des Softwareprogramms oder Tools zu diesem Thema lesen oder sich in einer anderen Weise weiterbilden, um die Angaben im Prüfprotokoll zu verstehen. Manchmal ist diese Thematik eher etwas für fremde Dienstleister, die dafür professionelle Mitarbeiter beschäftigen.

Die Ausgabevorschau in Acrobat ermöglicht es, das PDF auf Farben und somit die einzelnen Farbauszüge zu prüfen. Über eine einfache Vorschau des PDF und durch Klicks und Häkchensetzen bei den Auszügen sehen Sie, ob ein vierfarbiges PDF für den Offsetdruck auch wirklich nur die vier Prozessfarben als einzelne Auszüge enthält, denn die Auszüge lassen sich einzeln ein- und wieder ausblenden. Zeigt die Ausgabenvorschau eine RGB- oder Schmuckfarbe, dann ist das QuarkXPress-Layout nicht korrekt angelegt oder die PDF-Datei nicht korrekt erzeugt worden.

Wenn Sie den Weg des manuellen Prüfens der PDF-Datei mit einem Preflight gehen wollen oder auch schon über die Ausgabenvorschau Fehler entdecken, machen Sie es sich zu einem festen Grundsatz, die Fehler nicht in der PDF-Datei zu korrigieren. Das benötigt professionelles Fachwissen, die Möglichkeiten sind sehr beschränkt und eigentlich ist dies nicht der Sinn des Formats PDF: Es ist von der Konzeption her ein geschlossenes Format, das weitergegeben werden kann, und seine Vorzüge in der Kompatibilität mit allen Computern und Betriebssystemen hat. Gehen Sie daher in Ihr Original-Layout zurück, beheben Sie die Fehler, erzeugen Sie eine neue PDF-Datei und Sie sind – nach einer erneuten Prüfung und hoffentlich behobenen Fehlern – auf der sicheren Seite, eine einwandfreie PDF-Datei für den gewünschten Zweck zu haben.

9.4 Ausdrucken

Das Druckmenü von QuarkXPress ist sehr komplex, es verfügt über 13 Register und enthält viele Einstellungsmöglichkeiten und Optionen. Es ist leider nicht damit getan, einen Drucker auszuwählen, die Anzahl der Ausdrucke anzugeben und auf „Drucken" zu klicken.

Zunächst ist es wichtig, den Unterschied zwischen einem Laser- oder Tintenstrahldrucker und einem postscriptfähigen Drucker – und somit einem Belichtungsgerät für den Offsetdruck – zu verstehen. Ein Bürodrucker hat nicht sehr viele Einstellmöglichkeiten. Wenn Sie ihn im Druckmenü als Drucker wählen, werden viele der Einstellmöglichkeiten deaktiviert – also grau dargestellt – und lassen sich nicht anwählen.

Bei einem postscriptfähigen Drucker ist dies anders. Ein postscriptfähiger Drucker erhält in der Seitenbeschreibungssprache PostScript Befehle, die Inhalte eines Layouts zu drucken. Er erhält diese Befehle nicht in der Form, dass er Tausende oder Millionen von Pixel wie ein Tintenstrahldrucker drucken soll. Sondern in Form einer „mathematischen" Sprache, die schneller und effizienter drucken lässt. Bei einem postscriptfähigen Drucker rastert das Postscript-RIP – der Raster Image Prozessor – im Drucker die mathematischen Befehle und druckt das Layout.

Postscriptfähige Drucker können auch in das Layout importierte EPS-Bilder optimal drucken, wohingegen normalen Druckern für die EPS-Dateien – Sie sehen den Zusammenhang zwischen PostScript und Encapsulated PostScript – der entsprechende Interpreter fehlt. Somit drucken normale Bürodrucker diese Dateien unscharf und niedrig aufgelöst.

Im Vergleich zur Einrichtung eines einfachen Bürodruckers benötigen Sie für einen PostScript-Drucker auch zusätzlich eine PPD-Datei – eine PostScript Printer Description Datei. Diese wird mit dem Treiber für den Drucker installiert. Im Druckmenü wählen Sie a) das Druckermodell und b) die zugehörige PPD-Datei, die die jeweiligen Spezifikationen des Druckers enthält und Ihnen die entsprechend erweiterten Einstellmöglichkeiten im Druckmenü anbietet.

Wählen Sie den Menüpunkt „Ablage"->„Drucken" (Windows: „Datei"->...). Sie erhalten das folgende umfangreiche Dialog-Fenster. Trennen Sie das Fenster optisch in vier Bereiche: der obere Bereich mit der – über alle Register gleichbleibenden – Einstellung des Druckers, allen An-

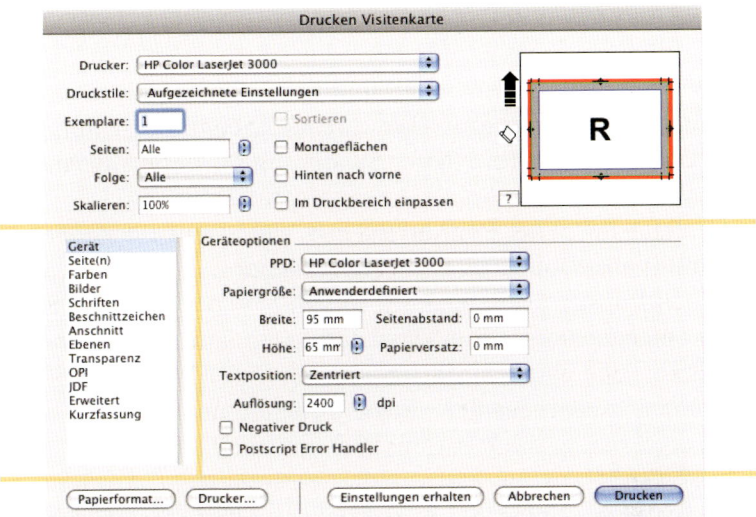

Druckmenü Register „Gerät"

gaben, die die Seiten betreffen, und rechts der Voransicht des Layouts auf der gewählten Papiergröße mit unterschiedlichen Zusatzangaben; links darunter die 13 Register; rechts daneben die je nach Register sich ändernden Einstellmöglichkeiten; und ganz unten einige wenige Buttons für zusätzliche Optionen. Bei den oberen Einstellungen wählen Sie

- den gewünschten Drucker,
- analog zum Export als EPS oder PDF einen „Standard Druck Ausgabestil", vorher „Aufgezeichnete Einstellungen", oder Sie speichern nach den vorgenommenen Änderungen und Einstellungen diese als „Neuen Stil für Druckausgabe" ab.
- „Exemplare": Anzahl der gewünschten Ausdrucke pro Seite.
  Bei dieser Wahl wird die Option „Sortieren" aktivierbar. Diese Option bedeutet, dass der Drucker die Seiten nach Seitenzahl sortiert ausdruckt. Allerdings sollten Sie dabei nicht übersehen, dass dies für den Drucker sehr viel mehr Rechenzeit bedeutet, wenn er in einem Sortiervorgang jede Seite neu berechnen und drucken muss. Ohne diese aktivierte Funktion druckt er beispielsweise 5 Mal die Seite 1 nacheinander, 5 Mal die Seite 2 nacheinander usw. In letzterem Fall sind nämlich die Druckinformationen für die jeweilige Seite im Drucker gespeichert und er

muss sie nur noch drucken. Beim Sortieren muss der Drucker jede Seite neu aufbauen - was Zeit kostet.

- „Seiten": Gibt an, welche Seiten gedruckt werden sollen.
- „Folge": „Alle", „ungerade" oder „gerade" Seiten.
- Skalierung": Gibt an, in welcher Skalierung die Seiten des Layouts gedruckt werden.
- „Montagefläche": Hier können Sie bei Mehrseitern gegenüberliegende Seiten – also Doppelseiten – ausdrucken.
- „Hinten nach vorne": Der Ausdruck beginnt von der hintersten Seite nach vorne - entgegengesetzt zum Druckvorgang bei nicht aktivierter Option.
- „In Druckbereich einpassen": Hier können Sie ein Layout, das größer – oder kleiner – als die gewählte Papiergröße ist, auf diese einpassen. Das Layout wird beim Druck automatisch auf die Papiergröße skaliert. Register „Gerät":
- „PPD": Bei einem normalen Bürodrucker ist diese Einstellmöglichkeit ausgegraut, also nicht anwählbar. Bei einem PostScript-Gerät wählen Sie die dem Gerät entsprechende PPD-Datei.
- „Papiergröße": Wählen Sie eine der vorgegebenen Papiergrößen wie DIN A5, A4 oder A3 oder geben Sie eine anwenderdefinierte Größe des zu bedruckenden Papiers im Eingabefeld „Breite" und „Höhe" ein.
- Bei Belichtungsgeräten können Sie zusätzlich noch den „Seitenabstand" – den Abstand zwischen Layoutseiten beim Druck von einer (Papier- oder Film-)Rolle – und den „Papierversatz" – den Abstand der linken Kante der Layoutseite im Verhältnis zur linken Kante eines Rollenmediums – eingeben.
- „Textposition": Position der Layoutseite auf der angegebenen Papiergröße, entweder „Linke Kante", „Zentriert", „Mitte – horizontal" oder „Mitte – vertikal".
- „Auflösung": Diese wird normalerweise von der PPD-Datei vorgegeben, entspricht den technischen Spezifikationen des Druckers und lässt sich in bestimmten Abstufungen anwählen. Die Auflösung für den Ausdruck kann von 300 bis 2540 dpi oder darüber – je nach Printmedium und Druckmethode – variieren. Sie können die Auflösung aber auch manuell eingeben.
- „Negativer Druck": Das Layout wird negativ gedruckt. In einfacher Erläuterung: Schwarz wird Weiß und umgekehrt. Diese zunächst unsin-

nig erscheinende Option hat ihre Berechtigung, wenn Sie ein spezielles Produkt erstellen wollen: Stempel für den Bürogebrauch.

Für einen Stempel – also eine Stempelplatte, die auf einen Stempel aufgeklebt wird – gestalten Sie zunächst das Layout. Der Abdruck eines Stempels muss auf Papier lesbar und dementsprechend muss die Stempelplatte seitenverkehrt sein. Zu diesem Zweck wählen Sie im weiter unten erklärten Register „Seite(n)" bei „Seite spiegeln" die Option „Horizontal spiegeln". Und in diesem Register die genannte Option „Negativer Druck". Bei der Herstellung eines Stempels werden nach Aktivierung dieser Option die schwarzen (negativen) Teile außerhalb der weißen (positiven) Textstellen weggeätzt, so dass nur noch die erhabenen, positiven Textzeilen – oder bei einem Logo auch Bildstellen – vorhanden sind, die den Stempelabdruck ergeben. Für Stempel gilt somit immer: Horizontal spiegeln und negativ drucken.

- „PostScript Error Handler": Aktivieren Sie diese Option, wenn Sie über mögliche PostScript-Fehler beim Druck in einem Fehlerbericht informiert werden wollen.

Der schwarze Pfeil rechts bei der Voransicht zeigt die Medienzufuhrrichtung an, die Blättersymbole darunter, ob es sich beim gewählten Gerät um ein Einzelblatt- oder Rollengerät handelt. Über den Button mit dem Fragezeichen erhalten Sie eine Legende zur Voransicht Ihres Layouts auf der gewählten Papiergröße. Dabei werden die Bereiche

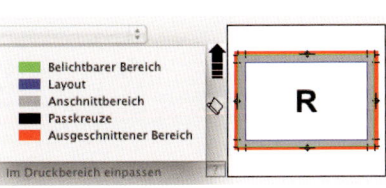

- „Belichtbarer Bereich",
- „Layout",
- „Anschnittbereich",
- „Passkreuze" und
- „Ausgeschnittener Bereich"

Voransichtskontrolle

farblich hervorgehoben. Somit haben Sie auch optisch eine Kontrolle darüber, falls mit den gewählten Einstellungen beim Ausdruck etwas nicht funktioniert.

Über die unteren Buttons „Papierformat" und „Drucker" erhalten Sie zum einen die betriebssysteminternen Einstellungen für das Papierformat für den zu wählenden Drucker.

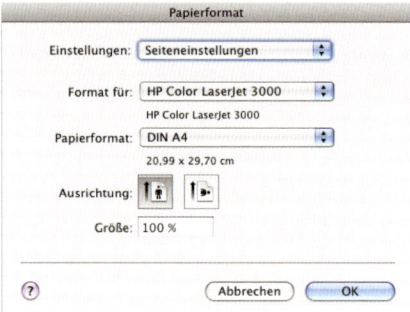

Dialog-Fenster „Papierformat"

Zum anderen erhalten Sie die zusätzlichen betriebssysteminternen Einstellungen für das jeweilige Druckermodell. Diese Einstellungen können jedoch mit den Einstellungen des Druckmenüs in QuarkXPress überschrieben werden (Windows: Button „Einstellungen").

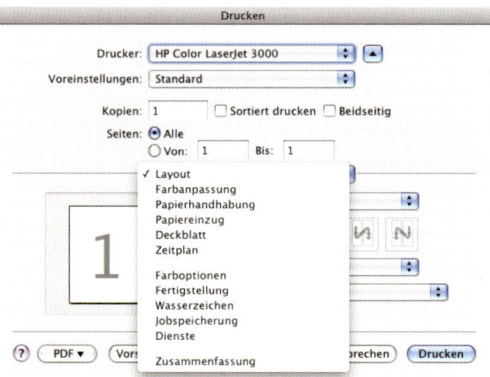

Dialog-Fenster „Drucker"

Der Button „PDF" links unten gibt Ihnen als zusätzliche Variante zum Export als PDF die Möglichkeit, Ihr Layout in eine PS- oder auch PDF-Datei zu drucken (Windows: Anlegen eines Druckers „Ausgabe in Datei umleiten"). Diese Vorgehensweise ist allerdings nicht empfehlenswert, da der Menüpunkt wenig Einstellungsmöglichkeiten hat und die PDF-Erstellung auf diese Weise meistens keine zufriedenstellende Ergebnisse liefert.

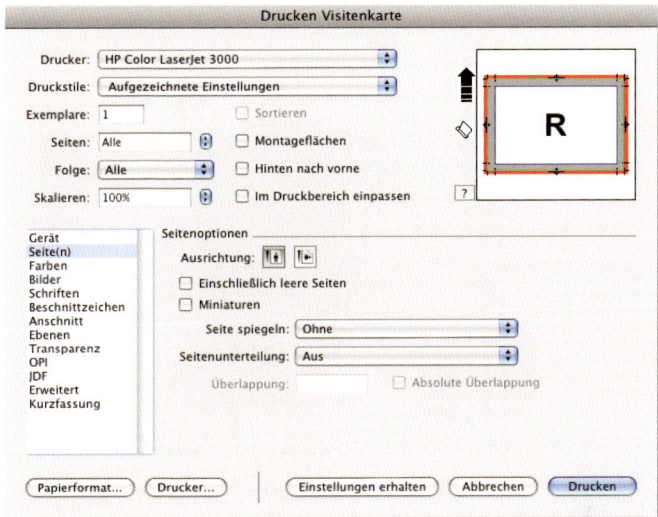

Druckmenü Register „Seite(n)"

Register „Seite(n)":
- Geben Sie die Ausrichtung des Drucks an: Hoch- oder Querformat.
- Wenn leere Seiten in Ihrem Layout vorhanden sind, können sie mit dieser Option mit ausgegeben werden.
- Wollen Sie nur Miniaturen als Übersicht Ihres Layouts, wählen Sie diese Option.
- Geben Sie an, ob die Seiten Ihres Layouts horizontal oder vertikal gespiegelt werden sollen.
- Die Seitenunterteilung ermöglicht es Ihnen, große Layouts in Abschnitte zu unterteilen und zu drucken. Dazu werden auf jedem Abschnitt Ausrichtungsmarken und Anordnungsinformationen mitgedruckt, um das Layout in Originalgröße wieder zusammenzusetzen. Über „Manuell" legen Sie die Seitenunterteilung in Bezug zum Linealursprung fest. Bei „Automatisch" wird auch die Option „Überlappung" aktiviert, bei der Sie einen festen Wert eingeben können, wie stark die Abschnitte mindestens vergrößert werden. Setzen Sie zusätzlich das Häkchen bei „Absolute Überlappung", wird der eingegebene Wert nicht überschritten. Um Ihr Layout auf den zusammengesetzten Abschnitten zu zentrieren, deaktivieren Sie diese Option.

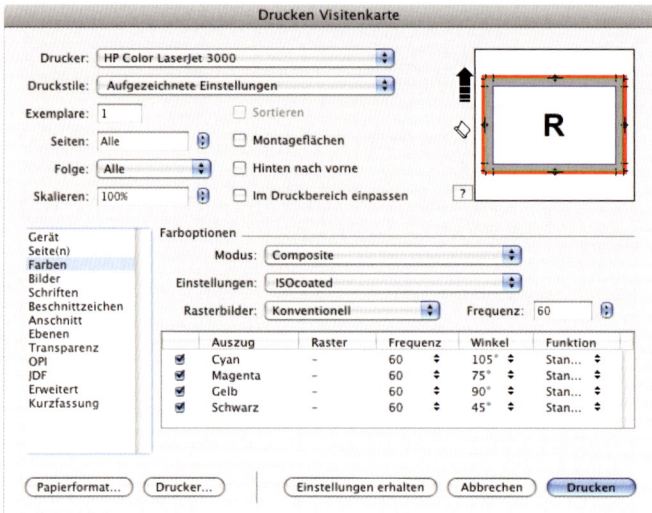

Druckmenü Register „Farben"

Register „Farben":

- Wählen Sie bei „Modus", ob Sie Ihr Layout als „Composite" mit allen Farben oder als „Auszüge" mit einem einzelnen Auszug für jede Farbe ausdrucken wollen.
- Bei „Einstellungen" wählen Sie den Ausgabemodus entsprechend Ihren Farbmanagement-Einstellungen und dem Ausgabegerät.
- Wählen Sie in der Option „Rasterbilder" das Raster. Bei „Konventionell" können die Einstellungen im unteren Feld bei den Auszugsfarben manuell geändert werden. Es ist jedoch empfehlenswert, diese Werte bis eventuell auf die Frequenz im Eingabefeld „Frequenz" nicht zu verändern. Die Option „Drucker" lässt die Festlegung aller Rastereinstellungen durch das Ausgabegerät zu.
- Bei „Frequenz" übernehmen Sie die Frequenzeinstellung oder geben manuell eine andere ein. Die meisten Ausgabegeräte bieten einige Standardwerte für die Frequenzeinstellung an. Die Rasterweite (Frequenz) bestimmt zusammen mit der Auflösung – die im Register „Gerät" eingestellt wird –, wie der Ausdruck bzw. die Belichtung erfolgt. Ein Laser - drucker druckt mit Rasterweiten von 60 bis 80 lpi, eine Zeitschrift kann jedoch im Offsetdruck mit bis zu 150 lpi gedruckt werden. Wenn Sie

einen schnellen Probeausdruck mit 300 dpi brauchen, können Sie auch eine geringere Frequenz angeben.

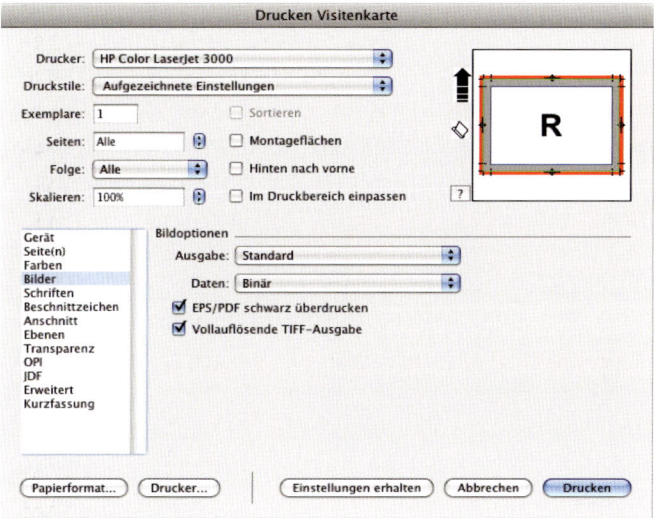

Druckmenü Register „Bilder"

Register „Bilder":
- Bilder können Sie als „Standard" ausgeben, also mit der jeweiligen Auflösung im Layout, als „Niedrige Auflösung", dabei werden die Bilder mit Bildschirmauflösung gedruckt, oder als „Grob", dann wird anstelle der Bilder ein durchkreuzter Bildrahmen gedruckt.
- Die Daten können wie beim Export als EPS als „ASCII", „binär"oder als „Clean-8-Bit" ausgegeben werden.
- Wählen Sie „EPS/PDF schwarz überdrucken", werden alle schwarzen Elemente in importierten EPS- und PDF-Dateien überdruckt.
- Wählen Sie „Vollauflösende TIFF-Ausgabe", um TIFF-Bilder in voller Auflösung zu drucken. Falls diese Option deaktiviert ist, werden Bilder einem Subsampling unterzogen.

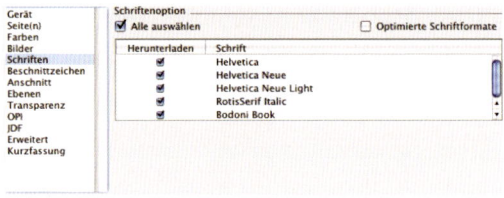

Register „Schriften":
• Ähnliche Einstellmöglichkeiten wie in Abschnitt 9.3.2. Zusätzlich können Sie für neuere Ausgabegeräte die Option „Optimierte Schriftfor-
  mate" anwählen.

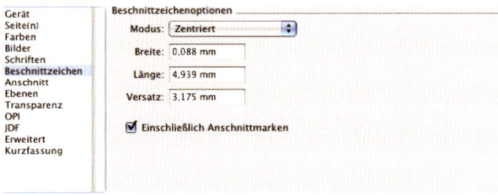

Register „Beschnittzeichen":
• Gleiche Einstellmöglichkeiten wie in Abschnitt 9.3.2

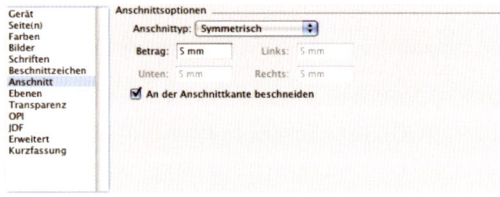

Register „Anschnitt":
• Gleiche Einstellmöglichkeiten wie in Abschnitt 9.3.3.1

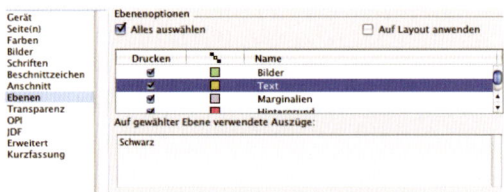

Register „Ebenen":
- Gleiche Einstellmöglichkeiten wie in Abschnitt 9.3.2

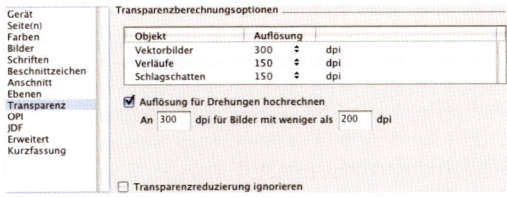

Register „Transparenz":
- Gleiche Einstellmöglichkeiten wie in Abschnitt 9.3.2

Register „OPI":
- Gleiche Einstellmöglichkeiten wie in Abschnitt 9.3.2

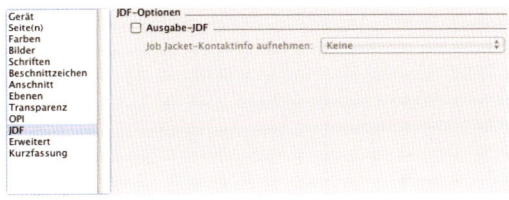

Register „JDF":
- Gleiche Einstellmöglichkeiten wie in Abschnitt 9.3.2

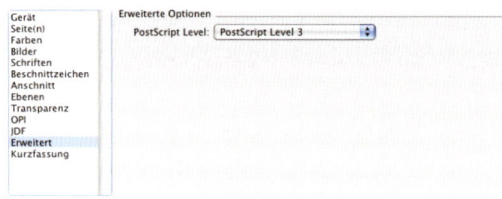

Register „Erweitert":
• Gleiche Einstellmöglichkeiten wie in Abschnitt 9.3.2

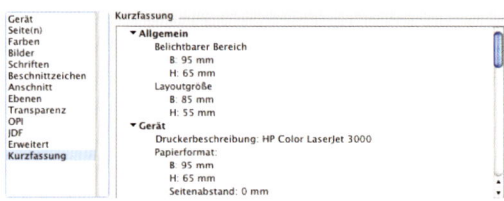

Register „Kurzfassung":
• Eine Kurzfassung aller Einstellungen und Änderungen, die Sie manuell vorgenommen haben.

Wenn Sie die Einstellungen überprüft haben und alles in Ordnung ist, klicken Sie auf „OK" und drucken die angegebenen Seiten oder das ganze Layout aus.

10 Fehlerbehebung

Eine ganz wichtige Angelegenheit bei der Arbeit mit einer Software ist die Möglichkeit der Fehlerbehebung. Was nützen Ihnen die schönste Gestaltung, der beste Auftrag und der größte Verdienst, wenn QuarkXPress fehlerhafte Menüfunktionen zeigt oder sogar alle fünf Minuten „abstürzt" und Sie nicht arbeiten können? Dies trifft aber nicht nur für QuarkXPress zu. Auch bei Konkurrenzprogrammen gibt es manchmal diese Probleme. Ebenso bei einfachen Textverarbeitungen oder Mail-Programmen. Es liegt also nicht immer nur an QuarkXPress.

Haben Sie ein Update der neuesten Betriebssystem-Software aufgespielt? Vom Kunden eine Datei mit neuen Schriften erhalten? Eine neue XTension installiert? Oder ist doch ein Bug in der Software?

Um der Historie ein gewisses Maß an Würdigung zu zollen: In älteren Betriebssystemen auf einem Macintosh-Computer erschien in solchen Fällen auf dem Bildschirm das folgende Fenster mit der berüchtigten Bombe:

Auch wenn der Screenshot den Systemfehler beim Starten des Rechners zeigt, war es bei einem abgestürzten Programm ähnlich. Dabei wurde nicht nur das Programm geschlossen, sondern es musste der Computer neu gestartet werden. Jede ungesicherte Arbeit am Projekt war verloren und hoffentlich liefen der Rechner und QuarkXPress dann nach dem Neustart auch wieder stabil.

Diese Zeiten sind mittlerweile mit den neuen Betriebssystemen auf Macintosh- oder Windows-Rechnern vorbei. Die Betriebssysteme sind so programmiert, dass nur das jeweilige Programm innerhalb des Betriebssystems abstürzt oder sich schließt. Das System selbst ist nicht mehr davon betroffen.

Aber es passiert auch heute immer noch – und das sind die schlimmsten Fälle –, dass bei einem Programmabsturz ein Projekt „zerschossen" wird – also defekt ist – und es nicht mehr geöffnet werden kann. Da ist dann guter Rat teuer und ohne eine ältere Projektdatei aus einem Backup manchmal nichts mehr zu machen.

In einem solchen Fall ist es immer wichtig, dass man Methoden kennt oder Maßnahmen treffen kann, um den oder die auftretenden Fehler zu identifizieren und dann zu beheben, um an seinem Projekt weiterarbeiten zu können. Oder um die Einbußen so gering wie möglich zu halten.

Ein wichtiger Grundsatz lautet hier: „Was habe ich in den letzten paar Minuten gemacht, als das Programm noch stabil lief, bevor der Fehler auftrat oder es abstürzte?" Alle Arbeiten im Programm, jedes Importieren, Exportieren, Neuinstallieren, Tastenkürzel oder sonstige Anwahl einer Menüfunktion kann Klarheit darüber verschaffen, was genau zum Fehler oder Absturz führte.

10.1 QuarkXPress-Hilfe

Als Erstes sollten Sie über „Hilfe"->„Hilfethemen" die QuarkXPress-eigene Hilfe bemühen und dort nachschauen, ob zu Ihrem Problem etwas aufgelistet ist. Entweder Sie gehen dann in der Hilfe direkt über die Suche-Maske oder über den Index und suchen sich Beschreibungen zu einem speziellen Menüpunkt.

Es gibt noch eine andere Möglichkeit: Im Programmordner von QuarkXPress – er befindet sich im Ordner „Programme" auf der Start-Festplatte – gibt es den Ordner „Tech Support", der zusammen mit dem Programm installiert wird. Hierin befindet sich eine deutschsprachige PDF-Datei „Troubleshooting Guide" oder eine alternative Datei zu dem gleichen Thema. Öffnen Sie diese durch Doppelklick und suchen Sie nach einer Lösung des Problems.

10.2 Datei- und Ordnernamen

Ein bekanntes Problem, das zu Fehlern beim Abspeichern, zu defekten Dateien oder zum Absturz von QuarkXPress führen kann, sind falsche Zeichen im Datei- oder Ordnernamen. Es ist bekannt, dass auf Windows-Rechnern die meisten Zeichen außerhalb der gängigen Ziffern und Zahlen in Datei- und Ordnernamen nicht akzeptiert werden. Das System reagiert da sehr sensibel.

Auf Macintosh-Rechnern war man meistens schon einen Schritt weiter und konnte fast alle beliebigen Zeichen verwenden.

Aber auch dies kann je nach Konfiguration und Version des Betriebssystems und von QuarkXPress zu Fehlern führen.

Aus diesem Grund ist anzuraten, in Datei- und Ordnernamen nur die folgenden Zeichen zu verwenden: „normale" Ziffern und Zahlen, Bindestrich oder Unterstrich.

Vermeiden Sie auf alle Fälle die Verwendung der folgenden Zeichen: Umlaute, Eszett, mehrere Punkte und alle anderen Zeichen wie ^ ° ! " §
$ % & / ( ) = ? ´ ` * + ' # ; : [ ] |.

Wenn Sie diesen Rat befolgen, eliminieren Sie schon von vornherein Probleme, die bei der Arbeit mit Dateien oder deren Abspeichern auftreten können.

10.3 XTensions

XTensions sind Zusatzprogramme für QuarkXPress, die mit dem Programm gestartet werden und die Funktionalität von QuarkXPress vergrößern. Sie stellen Funktionen zur Verfügung, die das Programm alleine nicht leisten kann. In anderen Programmen werden diese Zusatzprogramme auch Plug-ins genannt. Es gibt XTensions von Quark selbst oder auch von Drittanbietern, die sich auf solche Programme spezialisiert haben.

XTensions werden in einem Ordner „XTensions" im Programmordner von QuarkXPress gespeichert. Im Ordner „XTensions disabled" befinden sich die XTensions, die zwar geladen, aber nicht aktiviert werden sollen.

XTensions, die den Funktionsumfang vergrößern, können jedoch in QuarkXPress manchmal zu nicht funktionierenden Menübefehlen, zu Bugs oder gar Abstürzen des Programms führen. Es ist hier wichtig, dass Sie nachschauen, welche XTensions überhaupt installiert sind. Dies geht im Überblick über den Menüpunkt „Hilfsmittel"–>„XTensions Manager".

Dann sollten Sie sich in einem QXP-Forum erkundigen, welche der XTensions Probleme bereiten können. Seltsamerweise sind dies bei bestimmten Menüfunktionen meistens die gleichen. Es gibt in der Liste der XTensions also eine Art „Problemkandidaten", die immer wieder negativ auffallen.

Haben Sie dies geklärt, nehmen Sie diese XTension(s) probeweise aus dem „XTension"-Ordner und ziehen Sie sie aus dem Progammordner heraus. Schließen Sie QuarkXPress und starten Sie es neu. Ist der Fehler oder das Problem noch vorhanden? Wenn nein, dann liegt der Grund an der deaktivierten XTension. Wenn ja, müssen Sie weiter suchen.

Das Prozedere mit den XTensions ist mühsam. Generell kann es an jeder XTension liegen. Es bleibt Ihnen in diesem Fall nichts anderes übrig, als QuarkXPress zu schließen, manuell jede einzelne XTension nach und nach aus dem XTension-Ordner zu verbannen und danach QuarkXPress neu zu starten. Verschieben Sie die einzelnen XTensions nicht in den Ordner „XTensions disabled". Die XTension würde dennoch geladen, aber nicht aktiviert. Sicherer ist es, sie kurzzeitig ganz aus dem QuarkXPress-Ordner zu nehmen. So können Sie die Probleme eingrenzen, nach und nach die XTensions überprüfen und die Probleme im günstigsten Fall auf eine einzelne XTension zurückführen.

10.4 Präferenzen

Jedes Programm legt auf einem Computer normalerweise Präferenzen in einem speziellen Ordner ab. Meistens in einem Unterordner des jeweiligen Benutzers. Das Programm legt damit Angaben zu Starteinstellungen des Programms ab – wie generell die Benutzeroberfläche des Programms nach dem Start aussieht, wo und in welchem Umfang oder welcher Größe bestimmte Menüleisten positioniert werden oder welche Grundeinstellungen bei der letzten Arbeit mit dem Programm vorgenommen wurden. Normalerweise entspricht dies dem jeweilig letzten Stand beim Beenden des Programms. Aber auch für das allererste Starten eines Programms werden ja Präferenzen benötigt, die dem ursprünglichen Startzustand entsprechen.

QuarkXPress legt seine Präferenzen in einem „Preferences"-Ordner unter dem jeweiligen Benutzer ab. Manchmal kann es jedoch hilfreich sein, manuell einen „Preferences"-Ordner im eigentlichen QuarkXPress-Programmordner anzulegen, der zunächst leer bleibt. Achten Sie bitte bei der Benennung des Ordners auf die oben angegebene korrekte englische Schreibweise.

Findet QuarkXPress nämlich bei seinem Start im eigenen Programmordner einen eigenen „Preferences"-Ordner, erzeugt das Programm keinen Präferenzenordner unter dem Benutzer. Sondern es legt alle Starteinstellungen im eigenen „Preferences"-Ordner ab.

Es kann unter Umständen bei auftretenden Problemen hilfreich und nützlich sein, QuarkXPress zu schließen, den „Preferences"-Ordner zu leeren und QuarkXPress neu zu starten. Oder wenn Sie bisher noch keinen eigenen „Preferences"-Ordner im Programmordner hatten, hier manuell einen abzulegen.

Der Start dauert dann normalerweise etwas länger als sonst – schließlich muss QuarkXPress alle Einstellungen aufgrund der Starteinstellungen neu im „Preferences"-Ordner speichern, da es nicht auf alte Präferenzen zurückgreifen kann.

Dieser „jungfräuliche" Start kann aber manchmal Fehler beheben, die auf alte problembehaftete Präferenzen zurückzuführen sind, und zu Problemlösungen beitragen. Es ist nur eine Möglichkeit bei auftretenden Problemen, aber sie sollte nicht ungenutzt bleiben.

10.5 Schriften

Schriften sind ein immer wieder auftauchendes Problem bei der Gestaltung von Texten am Computer.

Es gibt verschiedene Schriftverwaltungsprogramme, die mal mehr, mal weniger gut auf einem System laufen – je nach Anforderungen und Arbeitsplatz oder Workgroup.

Grundsätzlich gilt: Je weniger Schriften auf einem System aktiviert – nicht installiert – sind, desto weniger Probleme treten auf. Daher empfiehlt es sich, bei einem bestimmten Projekt immer nur die in diesem Projekt benutzten Schriften zu aktivieren, alle anderen zu deaktivieren.

Selbst moderne Betriebssysteme „verschlucken" sich manchmal bei einem kleinen Systemupdate mit ihren eigenen Systemschriften. Der Anwender sieht es in entsprechenden „Hieroglyphen" im Text in Mailprogrammen oder Browsern.

Wenn Sie in einer größeren Firma mit externen Anzeigenkunden zusammenarbeiten, von denen Sie tagtäglich individuell gestaltete Anzeigen in den unterschiedlichsten Formaten erhalten, bekommen Sie eventuell auch Schriften mitgeliefert. Mittlerweile sollte dies zwar bei EPS und PDF keine Probleme mehr bereiten, weil die Schriften in die Datei eingebunden sind. Aber es treten immer noch Fälle auf, in denen ein Kunde ein Projekt mit Bildern und Schriften liefert.

Moderne Schriftverwaltungsprogramme bieten Funktionen, um Schriften zu überprüfen, ob sie fehlerhaft sind oder nicht. Aber prüfen Sie jede Schrift, die Sie erhalten? Originalschriftschnitte von Distributoren wie Fontshop oder von Schriftenherstellern wie Linotype oder URW sollten bei einem Originalkauf keine Probleme bereiten – schließlich ist hier aufgrund des Kaufs jederzeit eine Reklamation möglich.

Aber wie sieht es mit Freefonts aus – also frei im Internet „herumschwirrende" Fonts –, die jeder ohne Gegenleistung downloaden und nutzen kann? Sind hier die Qualitätsansprüche an eine Anwendung in einer Produktionsumgebung gewährleistet?

Auch eine XTension von einem Schriftenverwaltungsprogramm, die beim Öffnen eines Dokuments in QuarkXPress alle in dem Dokument verwendeten Schriften automatisch öffnet, kann Probleme bereiten. Dann sollten Sie einfach einmal die XTension aus dem Ordner „XTensions" im QuarkXPress-Ordner nehmen und auf den Desktop ziehen. Danach QuarkXPress beenden und nochmals starten. Die Schriften werden nicht automatisch geöffnet, sondern Sie müssen sie in der Schriftenverwaltung manuell aktivieren. Vielleicht löst schon dieser Vorgang das Problem.

Zusammengefasst bedeutet dies, dass bei einer einzigen defekten Schrift, die installiert und aktiviert wird und die das Schriftenprogramm noch akzeptiert, aber das Layoutprogramm nicht mehr, dieser Fehler auftreten kann. Entweder wird die Schrift in der Darstellung im Dokument fehlerhaft angezeigt, oder es schleichen sich bei Menüfunktionen Fehler ein oder QuarkXPress kann sogar komplett abstürzen. Sie würden dies sofort merken, wenn Sie eine neue Schrift installieren und aktivieren – und QuarkXPress zeigt ein entsprechendes Fehlverhalten oder verabschiedet sich. Dann liegt der Rückschluss nahe, dass es an der vor kurzem installierten Schrift liegt.

Sie können dann wie folgt vorgehen, um das Problem zu beheben: Entweder Ihre Schriftenverwaltungssoftware bietet die Möglichkeit, die Schrift zu prüfen, ob sie defekt ist oder nicht. Oder sie deaktivieren nach und nach manuell immer eine Schrift und prüfen, ob der Fehler in QuarkXPress immer noch vorhanden ist – ein manchmal mühsames Unterfangen.

Möglicherweise haben Sie externe Text-Dokumente geliefert bekommen, die manchmal eine ganze Ansammlung von Schriften – womöglich noch von einem anderen Betriebssystem – enthalten. Vielleicht sogar noch mit eingefügten Bilder, Grafiken, Tabellen oder einzelnen Textrahmen. Allein Letzteres ist für QuarkXPress ein Grund, manchmal den Dienst zu versagen und abzustürzen. Mit solchen Textdokumenten, die Sie in einen Textrahmen in QuarkXPress importieren, können Sie sich dann auch „nicht vorhandene" Schriften importieren – ein Vorgang, der auch zu einem fehlerhaften Dateiformat in QuarkXPress führen kann. Das bedeutet, die Datei kann dann nicht mehr geöffnet werden.

Sie haben dann in einem Textrahmen eine Formatierung mit einer Schrift, die gar nicht vorhanden ist – eine einzige Leerstelle, die man leicht übersieht, reicht da schon aus. Die Schrift besitzen Sie nicht, haben sie nicht gekauft oder geliefert bekommen und sie ist nicht auf dem System installiert. Trotzdem zeigt QuarkXPress die Schrift im Menü „Hilfsmittel"->„Verwendung"->„Schriften" als fehlend an. Und wenn Sie dann in den Textrahmen klicken, sehen Sie in der Maßpalette da, wo norma-

lerweise die entsprechende Schrift angezeigt wird, gar nichts: eine weiße Fläche. Eine „Phantomschrift" ist in Ihrem Projekt. Das ist sehr trü-
gerisch und führt immer zu Problemen. Projekte – ja sogar über die automatische Sicherung gespeicherte Backup-Dateien Ihres Projekts – können schadhaft und völlig unbrauchbar werden. Damit können tagelan-
ge Arbeiten an einem Projekt umsonst gewesen sein – wenn Sie kein
verwertbares Backup Ihres Projektes haben.

Seien Sie also vorsichtig im Umgang mit Schriften, besonders wenn
Sie externe Daten – also Textdokumente oder Schriften – erhalten. Sie
können nicht zurückverfolgen, auf welchem Wege jemand diese Texte
erstellt hat oder in den Besitz der Schrift(en) gekommen ist. Bei Schriften aktivieren Sie nur die am dringendst benötigten. Und achten Sie in
„Hilfsmittel"->„Verwendung" immer auf die Schriften, wenn QuarkXPress
nicht so läuft, wie es sein soll.

10.6 Miniaturseitenverschiebung

Probleme kann es bereiten, wenn QuarkXPress-Dokumente über mehrere verschiedene QuarkXPress-Versionen weitergereicht werden. In größeren Firmen mit mehreren Mitarbeitern oder großen Workgroups kann
dies von den Versionen 3.x bis 8.x gehen. Manchmal geht die Odyssee
solcher Dokumente über bis zu 10 Programmversionen. Denn hier zählen auch schon kleine Updates wie von Version 6.51 zu Version 6.52. Auch
dabei kann sich der Programmcode in einem Projekt ändern.

Natürlich öffnen höhere Versionen von QuarkXPress immer die älte-
ren Dokumente. Es wird jedoch auf diese Weise alter Programmcode im
Dokument weitergereicht, der in irgendwelchen Arbeitssituationen auch
Probleme verursachen kann.

Aus diesem Grund ist es sinnvoll, ältere Dokumente, die in höheren
Versionen geöffnet werden, mit einer Miniaturseitenverschiebung zu aktualisieren.

Wenn Sie in einer beliebigen QuarkXPress-Version in den „Öffnen"-
Dialog gehen und dort ein QuarkXPress-Dokument anwählen, wird Ihnen in diesem Fenster ganz unten angezeigt, mit welcher Version das
Projekt erzeugt wurde und in welcher Version das Projekt zuletzt gesichert wurde.

Aktivieren:	Alle lesbaren Dokumente	▲▼
Version:	7.0	Art:	Projekt
Erzeugt:	6.0	Papierformat:	148,5 mm x 210 mm

In diesem Fall wurde das Projekt in der Version 6.0 erzeugt und zuletzt in der Version 7.0 abgespeichert. Geöffnet werden sollte es jedoch mit der Version 8.0.

Das Prinzip der Miniaturseitenverschiebung beruht darauf, dass man ein Dokument mit einem alten Programmcode – eventuell über viele verschiedene Versionen – aktualisiert und in ein neues, frisches Projekt mit einem neuen, aktuellen Programmcode in der aktuellsten Version hebt. Damit lassen sich eventuelle Fehler beheben. Mit Copy&Paste funktioniert dies nicht.

Man sollte jedoch vorher überlegen, ob eine Miniaturseitenverschiebung für ein entsprechendes Projekt sinnvoll ist. Denn es gehen dadurch auch Bestandteile des Projekts verloren – wie Indexe oder synchronisierter Text.

Für eine Miniaturseitenverschiebung muss zuerst ein neues Projekt mit einem neuen Layout, das die gleichen Eigenschaften wie das alte Dokument hat, angelegt werden. Zu diesen Eigenschaften gehören: Seitengröße, Seitenausrichtung, Einzel-/Doppelseite, S&B-Einstellung und Drucklayout-Vorgaben.

Zum Verschieben der Seiten bringen Sie beide Dateien in der jüngsten Version von QuarkXPress in die Miniaturenansicht unter „Ansicht"- > „Miniaturen". Zur besseren Übersicht stellen Sie beide Projektansichten in zwei Fenstern auf dem Bildschirm nebeneinander dar. Einmal das ursprüngliche Dokument und dann das neue Projekt, das den neuen Programmcode enthalten soll.

Wählen Sie in der Miniaturenansicht im Ausgangsdokument alle Seiten an. Markieren Sie dazu die erste Seite, dann gehen Sie zur letzten Seite, drücken die Umschalt-Taste und klicken auf sie. Damit sind alle Seiten im Layout markiert. Nun ziehen Sie die markierten Seiten in das neue Projekt.

Eine anschließende Kontrolle ist unbedingt erforderlich, da sich eventuell der Umbruch ändert. Nun habe Sie aber ein aktuelles QuarkXPress-Projekt, das im neuesten Programmcode geschrieben und gespeichert ist. Und haben damit mögliche Fehler eliminiert.

10.7 Updates

Manchmal kann es bei einem bestehenden Problem hilfreich sein, wenn man sein Betriebssystem oder QuarkXPress auf die nächste aktuelle Version updatet. Dies kann auch in kleinen Schritten geschehen, wie mit Service-Packs unter Windows oder einer Softwareaktualisierung für das Betriebssystem unter Mac OS X. Man muss keine zwei Jahre auf das ganz neue Betriebssystem warten. Hilfreich waren bei QuarkXPress zum Beispiel schon das Update von der Version 6.5 auf 6.52 oder von Version 7.3 auf 7.31. Damit wurden einige Probleme behoben.

Sollte Ihr Problem mit QuarkXPress sich immer mehr darauf einengen, dass es vermutlich ein Bug in der Software ist, dann gibt es zwei Möglichkeiten: Entweder ist es ein Problem, das aus dem Zusammenspiel von QuarkXPress mit dem Betriebssystem kommt. Dann sollten Sie den Hersteller des Betriebssystems kontaktieren, wann er ein Update seiner Betriebssystemsoftware zum Download anbietet. Vielleicht ist Ihr Problem dann behoben.

Oder es kann wirklich an QuarkXPress selbst liegen. Da haben sich – wie oben erwähnt – die kleinen Updates von Quark bewährt, die immer auch die Intention verfolgen, bekannte Bugs in Vorgängerversionen zu bereinigen.

Sie können hier eventuell keine kurzfristige Hilfe erwarten und sind bei einem auftretenden Bug in Ihrer Arbeitsumgebung mit einem Projekt erst einmal aufgeschmissen. Aber Sie können dem Softwarehersteller und über entsprechende Foren das Problem oder den identifizierten Bug mitteilen. Sinnvoll ist es, wenn andere Personen, die davon erfahren, dieses Problem auf ihrem Rechner nachstellen können und Ihnen das Problem oder den Bug bestätigen.

Dann können Sie nur noch den Bug in eine Fehlerbehebungsliste eintragen, auf eine Behebung des Problems und das nächste Update warten – nun ist erst einmal die Arbeit der Programmierer gefragt. Aber täuschen Sie sich nicht: Die Softwarehersteller sind darum bemüht, Ihre Kundenbindung so gut wie möglich zu halten und auf Ihre Wünsche einzugehen. Denn die Firmen existieren nur dadurch, dass Sie als Kunde weiterhin mit ihrem Produkt arbeiten – und dafür zahlen. Sie sind damit in der Position, Forderungen zu stellen.

10.8 QuarkXPress-Websites oder -Foren

Sie können zur Fehlerbehebung auf QuarkXPress-Websites nachschauen oder sich an renommierte Foren im deutsch- oder englischsprachigen Raum wenden, um Hilfe für Ihr Problem zu bekommen. In Foren sind meistens Teilnehmer vom Anfänger bis zum ausgesprochenen Experten zu finden. Und da ein Forum viele Teilnehmer hat, haben Sie eher die Möglichkeit, eine problemlösende Antwort zu erhalten – über unterschiedliche Arbeitsbedingungen hinweg.

Unter http://www.quarkuser.net finden Sie eine Site für Anwender mit vielen Hinweisen zu QuarkXPress – z.B. alle Tastenkürzel zu QuarkXPress für Macintosh und Windows. Sehr renommiert ist auch das Forum http://www.hilfdirselbst.ch, in dem Sie innerhalb weniger Stunden eine Antwort und vielleicht Lösungsmöglichkeit bekommen.

10.9 Reparatur-Tool

Eine manchmal letzte Möglichkeit, um ein defektes Projekt noch zu retten und zu reparieren, besteht in einem Reparatur-Tool der Firma Markzware. Dieses Tool heißt Markzware Tool und ist kostenpflichtig. Sie finden es auf der Website von Markzware unter http://www.markzware.de. Manche leicht beschädigte Projekte können mit diesem Tool, das sich in die Menüleiste von QuarkXPress einbindet, geöffnet und dann repariert werden. Leicht beschädigte Projekte lassen sich so reparieren, damit man seine Daten nicht verliert und weiterarbeiten kann. Wenn eine Datei sich aber im normalen Vorgang gar nicht mehr öffnen lässt und eine entsprechende Fehlermeldung für ein beschädigtes Projekt erscheint, kann manchmal auch dieses Tool nicht mehr weiterhelfen. Aber dennoch: Wenn kein anderer Ausweg besteht, sollte man das Geld investieren und versuchen, seine Daten auf diese Weise zu retten.

10.10 Technischer Support

Als allerletzte Möglichkeit können Sie sich als registrierter Anwender von QuarkXPress per Mail, Telefon oder Chat an den technischen Support von Quark wenden, der kostenlos ist. Das Prozedere für die Kontaktaufnahme mit dem Support sowie die entsprechenden Adressen oder Telefonnummern finden Sie auf der Website von Quark unter http://www.quark.de. Halten Sie dazu auch Ihre Se riennummer bereit. Sie finden diese in QuarkXPress, wenn Sie mit gedrückter Alt-Taste den Menüpunkt „QuarkXPress"–> „Über QuarkXPress" (Windows: „Datei"–>...) wählen.

Sie können sich auch an die Virtual Knowledge Base von Quark wenden – ein virtuelles Wissensportal. Das Wissensportal enthält technische Artikel, die Lösungen zu häufig auftretenden Problemen beschreiben und Erklärungen zum Softwareverhalten sowie Antworten zu häufig gestellten Fragen liefern.

Zum Wissensportal gehört auch das Self-Service Portal, auf das Sie vom Wissensportal aus zugreifen können. Hier können Sie ihre Problemberichte einstellen, deren Bearbeitung verfolgen und Lösungsvorschläge anderer kommentieren. Bringen Sie für diese Art der Problemlösung etwas Zeit mit: Sie müssen für einen Zugang zum Self-Service Portal erst vom Virtual Knowledge Base Team freigeschaltet werden.

Sie finden das Wissensportal und das Self-Service Portal unter der folgenden URL: http://www.quark.com/service/desktop/support/techinfo/knowledgebase.html.

Einige Gestaltungsrichtlinien für Printmedien

Die Globalisierung schreitet voran. Die Internationalismen nehmen zu. Dies betrifft auch die Gestaltung von Printmedien und Lesegewohnheiten. Aber diese sind immer noch abhängig von Kultur und Sprache. Wie liest der Westen, wie der Osten?

Westliche Länder

In westlichen Ländern ist es üblich, guten Anzeigenkunden von Zeitungen und Zeitschriften die „Griffecke" zu reservieren: Auf der Titelseite, in der Zeile des Zeitschriften- oder Zeitungstitels, rechts außen. Es ist der Ort, wo der Blick eines Leser meistens als erstes hinfällt. Auffälligkeit ist somit garantiert. Wie lesen Sie Ihre morgendliche Zeitung? Natürlich, von vorne nach hinten, nach links blätternd, Ihr Blick fällt erst auf die rechte, ungerade Seite, dann auf die Seite links, dann wandert er von links nach rechts.

Viele finanzkräftige Anzeigenkunden verlangen deshalb, dass ihre Anzeige auf einer der ersten fünf rechten Seiten einer Publikation erscheint. Selbst wenn man die Zeitung nur durchblättert, ins Auge fallen solche Anzeigen somit immer.

Für die Gestaltung von Printmedien gibt es auch Kriterien. Fotos sollen immer so platziert werden, dass die abgebildete(n) Person(en), das Fahrzeug, der Zug oder das Schiff in die Heftmitte schauen bzw. fahren. Und nicht aus der Zeitung hinausschauen oder -fahren. Aufgrund unserer Lesegewohnheiten platziert man also ein aussagekräftiges Foto auf der rechten Seite außen. Der Blick des Lesers fällt sofort darauf. Und das Foto verweist von der Ausrichtung nach innen.

Auf der folgenden Seite einer Zeitschrift ist das Bild gut platziert. Es steht auf einer rechten, ungeraden Seite am rechten Rand, die Blickrichtung geht in die Heftmitte. Hinzu kommt noch, dass dies das Bild der Autorin ist, sie auf ihre eigene Headline schaut und dadurch der Seite Dynamik verleiht. Die Autorin schaut auf ihre Headline und fragt sich: „Warum soll ich Chefsekretärin werden ...?"

Artikel aus „Nordwind", Mitgliederzeit-
schrift der SPD Hamburg-Nord

Es kann eine sträfliche Sache sein, ein Bild zu spiegeln, um die Blickrichtung zu ändern. Man kann es in Ausnahmesituationen bei Gegenstän-
den machen. Bei Personen kann man damit jedoch Persönlichkeitsrech-
te verletzen und eine Abmahnung oder Schadenersatzklage riskieren. Bei
Fotos mit Straßenschildern, Geschäftsbezeichnungen oder Autoschildern
verbietet sich das von vornherein – die Schrift würde gespiegelt.

Nahost, Arabien und Asien

Wie ist nun das Leseverhalten in anderen Ländern – in Nahost, Arabien
oder Asien? Schauen wir in ein japanisches Nudel-Restaurant in Düs-
seldorf, das seinen Kunden deutsche und asiatische Zeitschriften zur Lektüre anbietet. In der Abbildung sieht man in der mittleren Ablage im
rechten Teil deutsche Zeitschriften. Mit der Titelseite nach oben sind sie
nach rechts aufeinandergestapelt. In der obersten Ablage sind jedoch
asiatische Zeitschriften gestapelt, nach links und ebenfalls die Titelsei-

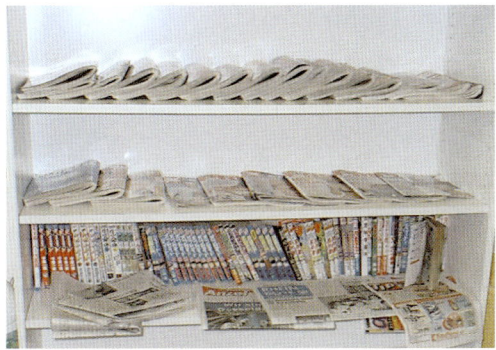

Zeitschriftenablage eines japanischen
Restaurants

te nach oben. Das ist für Europäer ungewohnt. In Asien werden diese
Zeitschriften – aus unserer Sicht – von hinten nach vorne und nach rechts
blätternd gelesen. Andere Kulturen, andere Sprachen, andere Sitten!

In manchen Ländern im Nahen Osten, in Arabien und in Asien sagt
man, die Menschen in der abendländischen Hemisphäre seien „dumm",

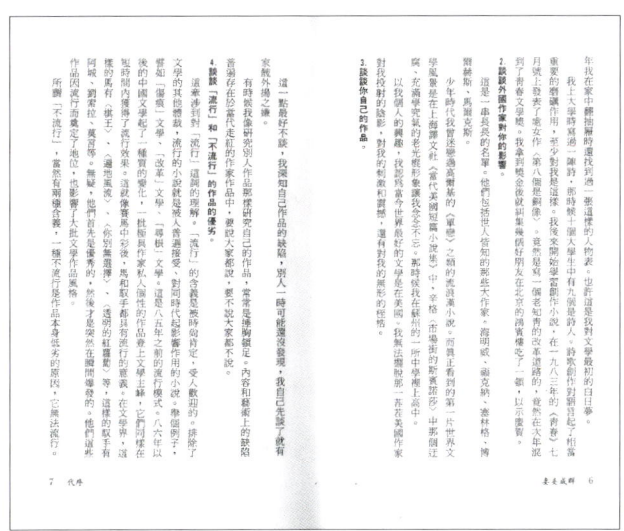

Traditionelles chinesisches Buch

weil sie Zeitungen, Zeitschriften und Bücher von „hinten" lesen. Das Gleiche sagen wir jedoch von den Menschen dieser Länder.

Dies sind zwei Seiten aus einem chinesischen Buch aus Taiwan. Der Text wird von rechts nach links gelesen und von oben nach unten. Und er hat einen Erstzeileneinzug, der dementsprechend nach unten verläuft.

Verirrt man sich im Internet auf eine arabische Website – hier der arabische Fernsehsender Aljazeera –, dann hat man die gleiche Anmutung und Schwierigkeit: Die Website ist von rechts nach links aufgebaut. Der Text läuft zwar nicht wie in dem chinesischen Buch von oben nach unten, sondern zeilenweise von rechts nach links. Aber man hat vom Aufbau her eine Spiegelung zu westlichen Websites. Und das verändert auch die Seh- und Lesegewohnheiten

Auch Juden in Nahost haben beim Hebräischen die gleiche Schreibweise wie Araber. Der Sreenshot zeigt die Website des jüdischen Parlaments, der Knesset. Auch hier wieder ein zu westlichen Websites gespiegelter Aufbau.

Aber die Lesegewohnheiten in den genannten östlichen Ländern sind nicht immer stringent einheitlich. Ausgerechnet im westlich orientierten

Website von Aljazeera

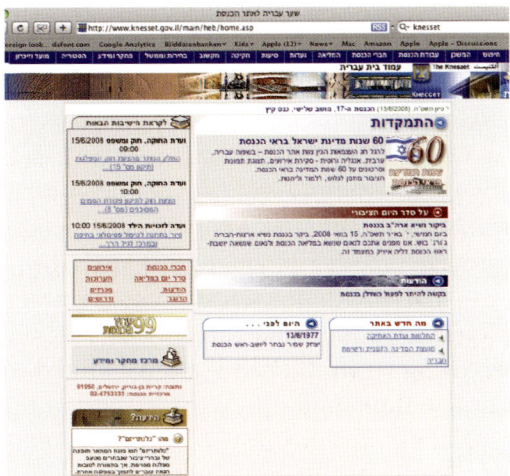

Website des jüdischen Parlaments

Taiwan findet man vermehrt die traditionelle Schreibweise – wie im Beispiel oben. In der Volksrepublik China findet man dagegen auch Printmedien, die sich am Westen orientieren. Aufgrund der zunehmenden Kontakte, des Austauschs der Kulturen und der Globalisierung mischen sich auch Lesegewohnheiten und Printmediengestaltung.

Japanischer Manga

Man kann auch in Deutschland diesen Kulturensprung wagen, gerade, wenn man einer der Sprachen nicht mächtig ist. In Deutschland nimmt der Umsatz mit Mangas – japanische Comics – immer mehr zu. Diese Comics finden einen breiten Lesermarkt, gerade unter Jugendlichen. Damit Mangas aber kulturspezifisch als japanische Comics auch dem deutschen Publikum erhalten bleiben, werden sie vom Text her deutsch übersetzt, die Bildreihenfolge und somit Leseweise wird aber beibehalten: Man liest von „hinten" nach „vorne". In einer Bahnhofsbuchhandlung finden Sie sicherlich einen solchen japanisch-deutschen Manga. Aber Achtung: Es verändert die Lesegewohnheiten und braucht eine Eingewöhnungszeit, bis es sich im Kopf „festgesetzt" hat.

Es lohnt sich immer, ein wenig über den Tellerrand zu schauen und Kontakt mit anderen Kulturen zu suchen – man lernt bezüglich Lesegewohnheiten und Printmedien hinzu. Und kann die eigene Kultur unter einem anderen, allgemeineren Blickwinkel betrachten. Aufgrund der zunehmenden Globalisierung wird sich dies für die Generation unserer Kinder noch mehr verändern. Und dies hat auch einen definitiven Vorteil: Wir verhindern einen „Kampf der Kulturen" (Samuel P. Huntington, 1993).

Übung für die praktische Arbeit

Erstellung zweier Seiten einer fiktiven Zeitschrift

Versuchen Sie, Ihre in diesem Buch erworbenen Kenntnisse in die praktische Arbeit umzusetzen. Im Folgenden lesen Sie die Arbeitsanweisung für die Gestaltung einer fiktiven Zeitschrift mit dem Titel „Abendrot", für die Sie die Titelseite und die Seite 2 mit Editorial und Leitartikel gestalten. Lesen Sie sich die Arbeitsanweisung durch und versuchen Sie es.

Nehmen Sie dafür drei beliebige Bilder, die Sie auf Ihrem Computer zur Verfügung haben. Eines für die Titelseite und zwei auf der Seite 2 – Größe und Auflösung ist für eine Übung nicht relevant. Für den Text verwenden Sie den Menüpunkt „Jabber", der Blindtext erzeugt. Setzen Sie den Cursor in einen Textrahmen, wählen Sie „Hilfsmittel"–>„Jabber" und schon ist der Textrahmen gefüllt.

Gestaltung der Titelseite und der zweiten Seite mit Editorial, Leitartikel und Inhaltsverzeichnis der fiktiven Zeitschrift „Abendrot"

Dokument einrichten:	DIN A4, Doppelseite, 4 Seiten ✓
Ränder:	Bund 18 mm, Fuß 16 mm, Außen 14 mm, Kopf 12 mm ✓
Spalten:	3 ✓
Musterseite anlegen:	Pagina (serifenlose Schrift) außerhalb des Satzspiegels ✓
Grundlinienraster:	Beginn 12 cm, Zeilenabstand 13,2 pt ✓
Schrift:	Headline, Subheadline, Bildunterschrift und Zwischenüberschrift: serifenlose Schrift, Fließtext: Serifenschrift ✓
Schriftgröße:	Fließtext 11 pt, restliche Schriften beliebig ✓
Stilvorlagen:	Große Headline ✓
	Kleine Headline ✓
	Subheadline ✓

	Fließtext 1. Absatz (kein Einzug, Initiale) ✓
	Fließtext normal (3 mm Erstzeileneinzug) ✓
	Bildunterschrift ✓
	Zwischenüberschrift ✓
Farben definieren:	Zeitschrift wird 4-farbig angelegt ✓
Text/Bilder:	Titelseite:

Titelseite:
Freie Schriftwahl für den Titel (Farbe: Rot), Titel erhält einen farbigen Balken als Hintergrund zur optischen Abhebung, ein Bild füllend auf Seitengröße mit Anschnitt, vier fiktive Headlines als Teaser für Artikel in der Zeitschrift auf dem Titelbild, links angeordnet, farblich abhebend und mit Schlagschatten ✓

Seite 2:
Linke Spalte Text „Editorial" einbinden ✓

Linke untere Ecke für das Inhaltsverzeichnis eine Tabelle aufziehen (1-spaltig, 10 cm Höhe, 2 Zellen), Randstil 2 pt, 100% Rot ✓

Niedrige Zelle oben für Titel „Inhaltsverzeichnis", Zellenfarbe 70% Rot ✓

Zweite hohe Zelle für Inhaltsverzeichnis, Zellenfarbe 30% Rot, mit fiktiven Artikeln und Seitenzahlen – mit rechtsbündigen Tabulatoren – füllen ✓

Rechts (2-spaltig) Text „Leitartikel" mit Headline, Subheadline, Fließtext, Zwischentiteln, zwei Bildern und Bildunterschriften einbinden ✓

Das Ergebnis Ihrer Arbeit müssen Sie selbst prüfen und kontrollieren, aber Sie werden sicherlich sehen, dass Sie durch die Lektüre des Buchs schon eine Menge dazugelernt haben.

Zum Vergleich sehen Sie unten das Ergebnis einer Teilnehmerin in einem meiner Schulungskurse über QuarkXPress bei einer **anderen Aufgabenstellung**! Die Teilnehmerin sollte hier für eine einseitige Aufmachung die unten stehende Seite gestalten. Für den ersten Versuch ist das Ergebnis vielversprechend – auch wenn man einige Dinge wie den geringen Abstand von Headline, Subheadline und Fließtext, die Verwendung von falschen – und doppelten – Gedankenstrichen in der Headline, den geringen Umfluss der beiden Bilder, die fehlende, bündige Zeile im Leitartikel unten rechts und die schlecht platzierte Pagina kritisieren kann.

Aber auch Sie fangen mit der Gestaltungsarbeit erst an und wollen hinzulernen. Viel Erfolg bei der Übungsaufgabe!

Müll - „Wucherndes Grün" - und eine botanische Kostbarkeit

Ich habe den Eindruck, dass Hamburg immer mehr im Müll versinkt. Wo der eine seine Bierdosen und Tempotaschentücher hinwirft, schmeißt der andere seine dazu. Bei unserer diesjährigen Müllsammelaktion am 7. April haben wir auf einer einstigen, mit Sträuchern bepflanzten Verkehrsinsel im Brombeerweg einen ganzen Sack mit Müll gefüllt. Was Wunder, dass an anderen Ecken sehr viel Dreck liegengeblieben ist.

Liebe Genossinnen und Genossen,

Zunehmend rückt das Internet als eine Form der Kommunikation in den Blickpunkt der politisch Interessierten. Internet-Abstimmungen, Politik-Chats, fast unübersehbare Möglichkeiten Information zu erhalten, verändern die Politik. Auch die SPD hat in allen Gliederungen Internetauftritte. Wie beeinflusst diese Medium die Politik auf Dauer?

Die Diskussionen zu der Frage sind unendlich. Klar ist dass man die Möglichkeit in ihrer Gänze nie voll nutzt. Ebenso dass die zur Verfügung stehende Zeit der meisten Nutzer limitiert ist. Das eine alleinige virtuelle Diskussion der Politik des Zusammentreffens wohl nicht aufhebt ist wahrscheinlich. Zwei Artikel in dieser Ausgabe beschäftigen sich mit Internet und Politik. Wir sind gespannt ob sich daraus eine weitere Diskussion im Kreis Nord ergibt.

Sicher ist: der Nordwind wird postalisch geliefert. Und ist im Internet zu finden.

Martin Gödde

Von dem Versprechen unserer derzeitigen Hamburger Regierungsparteien, unsere Stadt sauber zu machen, ist in der Praxis nichts zu erkennen. Gewiss haben auf diesem Feld auch wir uns Versäumnisse vorzuwerfen. Anders verhält es sich mit der Duldung von Wildkräutern. Hier war die Hamburger Umweltbehörde mit ihrem Herbizid-Verbot im öffentlichen Grün bahnbrechend und hat damit einen Lernprozess in Gang gesetzt, der sicherlich dazu beigetragen hat, dass Hamburg zu den acht Gebieten der Bundesrepublik mit der höchsten Artenvielfalt an Wildpflanzen zählt. Wie lange noch?

Die einzige Aussage im Koalitionsvertrag des neuen Senats zur Natur in der Stadt besagt, dass „wucherndes Grün" zu beseitigen ist. Ein Armutszeugnis, dazu völlig undifferenziert. Soll vielleicht die „chemische Keule" wieder an den Sack geholt werden?

Praktizierter Naturschutz

Es macht schon einen Unterschied, ob Brennnesseln die Zierpflanzen unserer Parks überwuchern, ob Löwenzahn unsere Straßen säumt oder ob die seltene Mauerraute unseren Stadtteil erobert. Sie ist ein kleiner Felsenfarn, auf den ich Euch gern aufmerksam machen möchte, zählt er in Hamburg doch zu den stark gefährdeten Arten (Rote Liste 2) und ist nicht zu verpflanzen. Die Mauerraute hat eines ihrer Hauptverbreitungsgebiete in Fuhlsbüttel, wo sie an Backstein-

mauern der Vorgärten zu finden ist (insbesondere am Kaußenblock: Maienweg-Hasenberge-Wörmannsweg und um den Seniorenpark der Handwerkskammer: Niederstegen-Heschredder). Ihr Ausgangspunkt war die Ohlsdorfer Schleuse. Wenn Ihr zum Kreisbüro geht, schaut Euch doch mal die zierlichen Mauerrautenbüschel direkt gegenüber Am Hasenberge 45 an.

Das Bundesnaturschutzgesetz verpflichtet uns, auch im städtischen Raum die Tier- und Pflanzenwelt in ihrer Vielfalt zu erhalten. Daraus ergibt sich für uns Fuhlsbüttler eine besondere Mitverantwortung für die kleine Mauerraute. Meldung von Vorkommen im Kreis Nord bitte an die Autorin, Lise Köster, Tel. 59 35 92 92

1

237

Buchempfehlungen

Einführungen

Gulbins, Jürgen/Kahrmann, Christine, Mut zur Typographie,
2. Auflage, Berlin 2000

Typografie

Forssman, Friedrich/de Jong, Ralf, Detailtypografie, 3. Auflage,
Mainz 2004

Farbe

Nyman, Matthias, Vier Farben, ein Bild, 4. Auflage, Berlin 2004

PDF

Piskulla, Christian, PDF/X und Colormanagement, www.cleverprinting.de
(kostenloser Download als PDF-Datei), Oktober 2007

Grafik-Design

Radtke, Susanne P./Pisani, Patricia/Wolters, Walburga, Visuelle
Mediengestaltung, Berlin 2008

Zeitungs- und Zeitschriftengestaltung

Meissner, Michael, Zeitungsgestaltung, 3. Auflage, München 2007
Moser, Horst, Surprise Me – Editorial Design, 2. Auflage, Mainz 2004
Turtschi, Ralf, Mediendesign, 3. Auflage, Zürich 2004
Wiescher, Gert, Zeitschriften & Broschüren, München 1990

Für die ganz Eiligen

Wiescher, Gert, Blitzkurs Typographie, München 1992
Ders., Blitzkurs Zeitschriftengestaltung, München 1992

Nachschlagewerke/Lexika

Kühner, Anja/Sturm, Thilo, Das Medien-Lexikon, Landsberg 2001

Seebohn, Joachim, Gabler Kompakt-Lexikon Werbepraxis, 3. Auflage, Wiesbaden 2005

Teschner, Helmut, Fachwörterbuch für visuelle Kommunikation und Drucktechnik, 3. Auflage, Thun 2002

Glossar

Abführungszeichen
Schließendes typografisches Sonderzeichen, das das Ende eines Zitats oder einer Hervorhebung signalisiert.

Absatzstilvorlage
Fest eingestellte Formatierung eines Absatzes in einem Fließtext als Stilvorlage, um in mehrseitigen Publikationen eine einfache und fehlerfreie Formatierung gleicher Absätze zu gewährleisten.

Accent
Das französische Wort für „Akzentzeichen". Unter einem Akzentzeichen versteht man in der Schrift ein diakritisches Zeichen, das in der gegebenen Sprache zur Markierung des Akzentes verwendet wird: ´ (é), ` (è) und ^ (ê) (Accent aigu, Accent grave und Accent circonflexe).

Alphakanal
Ein Alphakanal in einem Pixelbild ist eine gespeicherte Auswahl, die in einem Bildbearbeitungsprogramm angelegt wird. Er kann in Layoutprogrammen zur Freistellung von Objekten – oder genauer zur Ausblendung von Bildbereichen – genutzt werden. Er ist vergleichbar mit einem Freistellungspfad, funktioniert jedoch nicht auf Vektor-, sondern auf Pixelbasis und hat den Vorteil, dass auch weiche, verlaufende Kanten möglich sind.

Anführungszeichen
Einführendes typografisches Sonderzeichen, das den Anfang eines Zitats oder einer Hervorhebung signalisiert.

Anschnitt
Dokumente, die Bilder oder Strukturen haben, die bis an den Rand des Dokuments gehen, haben einen Anschnitt von mindestens 3 mm, damit es bei dem Beschneiden des Printprodukts in der Weiterverarbeitung keine weißen Ränder gibt.

Antiquaschrift
Druckschriften, die auf Vorbilder der klassischen römischen Schriften zurückgehen. Die Formen der Antiquaschriften bestehen aus geraden und gekrümmten Linien, mit und ohne Serifen. Sie wurden ab dem 15. Jahrhundert gestaltet.

Apostroph

Der Apostroph ist ein Auslassungszeichen. Es kennzeichnet in der deutschen Sprache Auslassungen in einem Wort oder verdeutlicht zwingend den Genitiv von Eigennamen, die im Nominativ bereits auf einen s-Laut enden.

ASCII

American Standard Code for Information Interchange ist eine Zeichenkodierung und bildet die Grundlage für spätere Zeichensätze und -kodierungen.

Auflösung

Die Eigenschaft eines Materials, die den kleinsten Abstand zwischen zwei benachbarten Details beschreibt, die in der Wiedergabe noch voneinander unterscheidbar sind. Je höher die Auflösung, umso mehr Punkte sind vorhanden, umso größer ist die enthaltene Information und umso mehr Details werden sichtbar.

Auslassungszeichen

Die Elllipse (Fachterminus) besteht aus drei aufeinanderfolgenden Punkten, ist aber ein einzelnes typografisches Sonderzeichen. Sie beschreibt die Auslassung von mehreren Wörtern in einem Satz (mit einem Leerzeichen angehängt) oder eines Wortbestandteils (ohne Leerzeichen angehängt).

Ausrichtung

Die Orientierung eines Textes oder von Objekten zueinander auf einer Dokumentseite. Bei Text sind die Ausrichtungen linksbündig (Flattersatz), rechtsbündig, zentriert und Blocksatz üblich.

Außensteg

Rand eines Dokuments (außerhalb des Satzspiegels), der in einem Printprodukt nach außen weist.

Banner

Großflächige Drucke, die für Werbung genutzt werden, um auf etwas aufmerksam zu machen.

Belichtungsgerät

Ein Gerät für die hochauflösende Ausgabe von Druckvorlagen auf lichtempfindlichem Papier oder auf Film. Die Daten werden über ein RIP (Raster Image Processor) für die Belichtung umgewandelt und gerastert.

Beschneidungspfad

Ein in einer Bildbearbeitungssoftware um ein Motiv angelegter Pfad, der einem Layoutprogramm angibt, das Motiv an dieser Stelle zu beschneiden, also den Hintergrund auszublenden.

Beschnitt

Dokumente, die Bilder oder Strukturen haben, die bis an den Rand des Dokuments gehen, bekommen einen Beschnitt von mindestens 3 mm, damit es bei dem Beschneiden des Printprodukts in der Weiterverarbeitung keine weißen Ränder gibt.

Beziér-Linie

Linien als mathematische Kurvenfunktion für die Beschreibung von beliebig geformten Umrisslinien von Objekten. Es werden nur die Anfangs-, Kurven- oder Eckpunkte definiert. Benannt nach dem französischen Ingenieur Pierre Étienne Bézier († 25.11.1999).

Bildbearbeitung

Softwareprogramm, mit dem pixelbasierte Fotos und Bilder für den Druck nachbearbeitet werden können. Die heutigen Bildbearbeitungsprogramme weisen einen großen Umfang an Funktionen und Filtern auf.

Bildformat

Die für Fotos und Bilder gängigen pixelbasierten Bildformate sind TIF, JPG, BMP und PNG, bei vektororientierten Bildern und Grafiken ist es EPS.

Binär

In binären Systemen werden zur Weitergabe von Signalen oder Darstellung von Informationen nur zwei unterschiedliche Werte verwendet, wie Ein – Aus oder Eins – Null. Alle heutigen Computer basieren auf binären Systemen.

Bindestrich

Der im Gegensatz zum Gedankenstrich verwendete Strich, um Wortverbindungen herzustellen.

Bitmap

Pixelgrafik.

Bleikegel

Im Bleisatz bezeichnet der Kegel die gesamte Höhe eines Buchstabens. Die Kegelhöhe wird Schriftgrad genannt und in tpyografischen Punkten angegeben.

Bleisatz
Satzherstellungsverfahren, das mit Bleilettern – Einzelbuchstaben oder Zeilen – arbeitete. Es wurde durch den Fotosatz und dann durch den computergestützten Satz – DTP-Systeme – abgelöst.

Blindtext
Text, der sinnfrei ist, jedoch bei Entwürfen von Printmedien als Platzhalter für die späteren redaktionellen Texte verwendet wird, um so dem Kunden einen weitestgehend einheitlichen Entwurf für das Printmedium vorzulegen.

Blitzer
Weiße Ränder an Dokumentenseiten, wenn kein Beschnitt zugegeben wurde. Oder weiße Stellen im Printprodukt, wenn der Drucker nicht passgenau gearbeitet hat und die vier Prozessfarben minimal versetzt gedruckt wurden.

Broschüre
Kleinere, mehrseitige Drucksache.

Brotschrift
Historische Bezeichnung für Fließtext in Publikationen, weil damit die Setzer im Bleisatz in früheren Jahrhunderten „ihr Brot verdienten".

Bug
Ein Ausdruck aus dem EDV-Bereich, der einen Programm- oder Softwarefehler bezeichnet.

Bundsteg
Rand eines Dokuments außerhalb des Satzspiegels, der nach innen zum Heftrand weist.

coated
Durch einen pastösen Aufstrich geglättetes – geschlossenes – Papier. Der Aufstrich aus Stärke, Mineralstreichpigmenten und Kunstharzstreichpigmenten kann bis 20 g/m² beidseitig betragen. Der Aufstrich ist in matt, seidenmatt und glänzend möglich.

CMYK
Abkürzung für **C**yan, **M**agenta, **Y**ellow, Black. Für den Offsetdruck von Printmedien werden im entsprechenden Computerpropramm alle vorhandenen Farben in diese vier Prozessfarben zerlegt und dann im Offsetdruck gedruckt.

CIE

Die Commission Internationale de l'Éclairage oder Internationale Beleuchtungs-kommission ist eine unabhängige Non-Profit-Organisation. Sie hat das Ziel, internationale Kooperation und Informationsaustausch für die Wissenschaft und Kunst der Beleuchtung zu ermöglichen.

Compact Disc

Digitaler Speicher für große Datenmengen auf einer speziellen Bildplatte.

Composite

Zusammengesetzte Ausgabe im Gegensatz zu einer in die vier Prozessfarben separierten Ausgabe.

Copy&Paste

„Kopieren und Einfügen". Standardanwendung, wenn ein Text, ein Bild oder eine Grafik aus einer Softwareanwendung herauskopiert und an anderer Stelle ein-gefügt werden soll. Sehr einfach anzuwenden über die Tastenkürzel Apfel+C (Kopieren) und Apfel+V (Einfügen) (Windows: Strg+C und Strg+V). Das Tas-tenkürzel Apfel+X (Windows: Strg+X) schneidet Text bzw. ein Objekt heraus. Diese drei Tastenkürzel sind mittlerweile auf jedem Betriebssystem und in je-der Software vereinheitlicht.

Corporate Design

Teilbereich der Corporate Identity. Das Corporate Design beinhaltet das gesam-te Erscheinungsbild eines Unternehmens oder einer Organisation in der Öffent-lichkeit und gegenüber seinen Kunden. Es gehören sowohl die Gestaltung der Kommunikationsmittel als auch das Produktdesign oder die Architektur dazu. Das CD will bei jedem Kontakt einen hohen Wiedererkennungswert erreichen. Aus diesem Grund werden ein Firmenlogo und manchmal sogar eine eigene Hausschrift gezielt eingesetzt. Das CD wird von einer Werbeagentur oder der eigenen Grafikabteilung erstellt und in einem Manual entsprechenden exter-nen Personen, die für das Unternehmen arbeiten, zur Verfügung gestellt.

Corporate Identity

Unternehmensidentität. Der abgestimmte Einsatz von Verhalten, Kommuni-kation und Erscheinungsbild gemäß dem Unternehmensleitbild nach innen und außen. Sie ist die „Persönlichkeit" einer Organisation, die als einheitlicher Akteur handelt und auf diese Weise wahrgenommen werden soll.

CtP

Computer-to-Plate. Verfahren, bei dem ohne eine Belichtung von elektronischen Daten auf einen Film direkt auf eine Druckplatte belichtet wird. CtP löst in zunehmendem Maße die Filmbelichtung ab.

DCS

Desktop Color Separation – „Farbseparation am Arbeitsplatz" – ist als Erweiterung des EPS-Formats ein veraltetes Dateiformat zum Speichern von Farbbildern. Ein DCS-Format kann nur aus CMYK-Bildern erstellt werden. Die Prozessauszüge CMYK und eventuelle Volltonfarben werden beim Speichern getrennt gesichert – der Farbauszug wird als Dateianhängsel an den Dateinamen gehängt (Name.C, Name.M, usw.). Dabei wird eine Musterdatei mitgespeichert, die für den Composite-Druck verwendet wird.

Diakritische Zeichen

Diakritische Zeichen sind kleine Zeichen wie Punkte, Striche, Häkchen oder kleine Kreise, die zu einem Buchstaben gehören. Sie markieren eine besondere Aussprache oder Betonung. Die Zeichen werden unter oder über dem Buchstaben angebracht sind – in einigen Fällen auch durch den Buchstaben hindurch.

Digitalkamera

Moderne elektronische Kamera, die Bilder auf einem lichtempfindlichen Prozessorchip auffängt und speichert. Die Digitalkamera hat den Vorteil, dass sie ohne Filmmaterial und -entwicklung auskommt und die gespeicherten Daten direkt auf einen Computer übertragen werden können. Dort können die Bilder bearbeitet und ausgedruckt werden.

DIN lang

Die Bezeichnung für eine Standardgröße für Werbemittel und Briefumschläge gemäß der Deutschen Industrie-Norm. Die gebräuchlichsten Abmessungen sind 210 mm x 105 mm. Der DIN-lang-Umschlag ist 220 mm breit und 110 mm hoch.

dpi

Dots per Inch. Punkte pro Inch. Eine Angabe über die Auflösungsfeinheit. Sie gibt die Anzahl von Druckpunkten pro Inch an. Ein Inch hat 2,54 cm.

Drag&Drop

„Ziehen und fallen lassen". Auf diese Weise können mit der Maus Dateien vom Desktop oder einem Ordner aus in Mail- oder andere Programme oder in QuarkXPress eingefügt werden.

Druckerei
Firma, die Druckprodukte mithilfe von Druckbildspeichern (Druckform, digitale Daten usw.) auf Bedruckstoffen verschiedener Art herstellt: Papier, Karton, Folien, Blech u.a.

Druckplatte
Druckbildspeicher für Text- und/oder Bildinformationen aller Art für verschiedene Druckverfahren.

Druckvorstufe
Alle dem eigentlichen Druck in einer Druckerei vorgelagerten Arbeitsbereiche. Die Mitarbeiter in der Druckvorstufe prüfen, korrigieren gegebenenfalls und bereiten die digitalen Druckvorlagen auf und erzeugen die Druckplatten, die dann an den Drucker weitergehen.

Duplex
Bild, das aus zwei einzelnen (Schmuck-)Farben besteht.

Ebenenmaske
Wenn man ein Bild in einer Bildbearbeitungssoftware auf mehreren Ebenen anlegt, kann man für einzelne Ebenen auch Ebenenmasken definieren. Alles, was auf der Maske grau oder schwarz gefärbt wird, wird teilweise (bei Grau) oder komplett (bei Schwarz) ausgeblendet. An diesen Stellen werden die darunterliegenden Ebenen partiell oder gar nicht sichtbar. Das eigentliche Bild – der Ebeneninhalt – bleibt bei der Maskierung unangetastet.

ECI
Die European Color Initiative ist eine Expertengruppe, die sich mit der medienneutralen Verarbeitung von Farbdaten in digitalen Publikationssystemen beschäftigt. Sie wurde im Juni 1996 auf Initiative verschiedener Verlage in Hamburg gegründet.

Editorial
Einleitender, regelmässig erscheinender Begrüßungsartikel des Chefredakeurs in einer Zeitschrift oder Zeitung. Ein Mittel zur Leserbindung.

Ellipse
Geschlossene ebene Kurve mit bestimmten Eigenschaften.

EPS
Encapsulated Postscript File. Eine Grafikdatei in der Seitenbeschreibungssprache Postscript, die in Dokumente eingebunden werden kann und daher beson-

dere Anforderungen erfüllt. Sie beschreibt immer nur eine Seite. Eine EPS-Datei kann Objekt-, Rastergrafikdaten, Separationsdaten und auch Schriften enthalten. Sie enthält optional eine Voransicht in geringer Auflösung, die in der Bildschirmansicht als Platzhalter dienen kann.

Eye-Catcher
Blickfänger. Eye-Catcher werden in der Werbung eingesetzt, um z.B. mit einem erotischen Bild oder einem ungewöhnlichen Foto die Aufmerksamkeit des Lesers auf die Titelseite einer Zeitschrift zu ziehen und ihn zum Kaufen zu bewegen. Dazu dienen auch ungewöhnlich gestaltete Bilder, die unsere Erwartungen enttäuschen. Auch die Größe, Bewegung, Intensität, Position, Mehrdeutigkeit und Neuartigkeit eines Bildes sind Mechanismen der Aufmerksamkeitslenkung. Anzeigen bewirken durch Eye-Catcher ebenfalls erhöhte Aufmerksamkeit.

Falzen
Das in der Weiterverarbeitung in einer Druckerei durchgeführte Falten eines Printprodukts.

Falzkante
Kante, an der gefaltet wird.

Farbmodell
Ein Farbmodell ist die Umsetzung eines mathematischen Farbraumes in Beziehung zur Realität. Ein Farbmodell beschreibt den Farbraum, der von einem Eingabegerät – Sehsinn, Fotoapparat oder Scanner – oder einem Ausgabegerät – Bildschirm, Fotografie oder Drucker – unter spezifischen Bedingungen erkannt respektive dargestellt werden kann. Geräte haben unterschiedliche Farbräume, in denen sie registrieren oder darstellen. Dies ist u.a. durch Konstruktionsunterschiede bedingt.

Farbmodus
Man kann Bilder in unterschiedliche Farb-„Arten" umwandeln. Bei den Farbmodi unterscheidet man Strichzeichnung, Graustufen, Duplex, Indizierte Farben, RGB, CMYK und Lab. Je nach Farbmodus erhält man eine unterschiedliche Farbtiefe.

Farbprofil
Im Farbmanagement die „Übersetzung" der Farbdaten eines Gerätes in einen anderen gerätespezifischen Farbraum. Farbprofile werden bei der Rezeption und beim Speichern von Bildern an die Bilddatei angehängt, damit das Bild entsprechend ausgegeben werden kann.

Farbraum
Ein Farbraum ist eine mathematische Konstruktion und ein Messraum für die einheitliche visuelle Wahrnehmung „Farbe". In diesen ist die Menge der jeweils betrachteten Farben enthalten.

Farbschwankung
Farbunterschiede beim Druck, die konstruktionsbedingt sind oder gelegentlich auftreten. Beim Offsetdruck garantiert ein vorher gedruckter Proof eine weitestgehende Farbstabilität, da der Proof als Referenz gilt. Die höchste Farbgenauigkeit ergibt sich beim Druck mit Sonderfarben, da diese standardisiert sind. Sie geben auch bei einem Druck nach mehreren Jahren auf den gleichen Bedruckstoffen noch die gleiche Farbe wieder.

Farbtiefe
Anzahl möglicher Bunttöne in unterschiedlicher Sättigung und Helligkeit, die mit einem Scanner erfasst oder von einem Farbmonitor wiedergegeben werden können.

Farbverbindlich
Standardisierter und nach einer ISO-Norm verbindlicher Farbproof, der für den folgenden Offsetdruck Referenz und Maßgabe für den Drucker ist.

Farbverlauf
Ein kontinuierlicher Verlauf in einem Objekt oder Text von einer Farbe in eine andere Farbe. Verläufe können in Grafikprogrammen auch über mehrere Farben angelegt werden. Es sind auch Verläufe mit Transparenzeinstellungen möglich.

Film
Bezeichnung für Fotomaterial auf flexibler, transparenter Kunststofffolie als Schichtträger. Filme werden bei der Belichtung für den Offsetdruck eingesetzt. Sie enthalten gespiegelt die digitalen Daten für die vier Prozessfarben oder auch Schmuckfarben, die ein RIP auf den Film belichtet.

Flachbettscanner
Scanner, bei dem die Text- oder Bilddaten als Vorlage plan erfasst und digitalisiert werden.

Fließtext
Mengentext. Text, der in hoher Zeichenanzahl vorkommt, in Publikationen den Inhalt von Artikeln oder Kapiteln darstellt und den Headlines und Subheadlines gegenübersteht.

Flyer

Ungefalztes, ein- oder beidseitig bedrucktes Blatt Papier in unterschiedlichen Formaten, das als Werbemittel verwendet wird.

Folder

In mehrere Seiten gefalztes, beidseitig bedrucktes Blatt Papier in unterschiedlichen Formaten, das größere Mengen an Text und Bildern enthalten kann und für Werbezwecke Verwendung findet.

FOGRA

Forschungsgesellschaft Druck e.V.. Die Fogra verfolgt den Zweck, die Drucktechnik in den Bereichen Forschung, Entwicklung und Anwendung zu fördern und die Ergebnisse für die Druckindustrie nutzbar zu machen.

Frakturschrift

Gebrochene Schrift. Fälschlicherweise als Gotische Schrift bezeichnet. Charakteristisch sind die langen, geschwungenen Ansatzstriche bei den Großbuchstaben und die gebrochenen Rundungen. Findet heute nur noch für „historische" Titelzeilen, bei Urkunden und Jubiläen oder Stadtfesten Verwendung.

Freisteller

Ein Bild, auf dem eine Person, ein Objekt oder Gegenstand mittels eines Beschneidungspfads vor dem Hintergrund freigestellt wird. Freisteller finden häufig Verwendung bei Titelseiten von Zeitschriften, wenn der Kopf einer Person freigestellt über dem Zeitschriftentitel steht.

Fußsteg

Rand eines Printmediums am unteren Ende des Dokuments. Er beinhaltet meistens die Pagina.

Gedankenstrich

Typografisches Sonderzeichen, das dem Halbgeviert entspricht und kein Bindestrich ist. Gedankenstriche werden für eine gedankliche Pause innerhalb eines Satzes verwendet. Und als Minuszeichen, Bis-Strich, Streckenstrich, Spiegelstrich, Auslassungsstrich oder Ersatz für Klammerzeichen.

Geviert

Begriff aus dem Bleisatz. Ein nichtdruckendes, quadratisches Bleisatzklötzchen, dessen Seitenlänge der Höhe des Schriftkegels entspricht – also die maximale Breite bzw. Höhe. Das Geviert findet nur in der englischsprachigen Literatur als Gedankenstrich Verwendung.

Glyphe

Ein Begriff aus der Typografie. Eine Glyphe ist die grafische Darstellung eines Schriftzeichens – zum Beispiel eines Buchstabens, eines Silbenzeichens, einer Ligatur oder eines Buchstabenteils. Das (Buchstaben-)Zeichen ist die abstrakte Idee eines Buchstabens, die Glyphe deren konkrete grafische Darstellung.

Goldener Schnitt

Regel für einen harmonischen optischen Aufbau: Das kürzere Stück einer Strecke verhält sich zum längeren Stück wie das längere Stück zur Gesamtlänge. Er wird sowohl für die Gestaltung von Seiten als auch für den Ausschnitt von Fotografien verwendet.

Graustufenwert

Prozentangabe für einen grauen Farbton. Weiß hat einen Graustufenwert von 0%, Schwarz dagegen von 100%.

Griffecke

In der Verlagsbranche üblicher Begriff für die rechte obere Ecke einer Zeitung oder Zeitschrift – direkt neben dem Titel –, der bei vorhandenem Platz gern ausgesuchten und langjährigen Anzeigenkunden für eine kleine Anzeige frei gehalten wird. Dieser Anzeigenplatz erregt beim Lesen des Printprodukts die meiste Aufmerksamkeit.

Groteskschrift

Schriften, die keine Serifen besitzen. Sie wurden erstmals im 19. Jahrhundert entwickelt. Die Bezeichnung soll daher kommen, dass diese Schriften bei ihrer erstmaligen Verwendung in der Öffentlichkeit vielen Lesern „grotesk" vorkamen, da sie keine gewohnten Serifen hatten.

Grundlinie

Schriftlinie. Eine Linie, auf der eine Schrift in unterschiedlichen Größen steht.

Grundlinienraster

Raster für Fließtext, das die Registerhaltigkeit des Fließtextes auf beiden Seiten eines beidseitig bedruckten Printmediums gewährleistet.

Grundlinienversatz

Ein Verschieben von Text unter oder über die vorhandene Grundline. Diese typografische Änderung kann bei bestimmten Anforderungen für eine gute Gestaltung notwendig sein.

Guillemets
Französische An- und Abführungszeichen. Die korrekten französischen Zeichen, die nach «außen» weisen, dürfen im Deutschen nicht verwendet werden. Dagegen sind die nach »innen« zeigenden Guillemets in Deutschland typografisch zulässig.

Gutenberg
Erfinder des Buchdrucks im 15. Jahrhundert in Mainz.

Haarlinie
Linie, die nur ein Pixel stark ist. Haarlinien sollen in Printmedien vermieden werden, da sie im Druck meistens „wegbrechen" und nicht mehr zu sehen sind.

Halbgeviert
Die halbe Länge eines Gevierts, im Deutschen als Gedankenstrich verwendet.

Handout
Flyer – meistens in einem kleineren Format – mit Veranstaltungshinweisen, der z.B. auf dem Campus einer Universität oder von Firmen zur Kundengewinnung in der Fußgängerzone an Interessierte verteilt wird.

Headline
Überschrift.

Hurenkind
Typografischer Fachbegriff, der in einer Textspalte den letzten Satz eines Absatzes beschreibt, der als einzelner Satz in die neue Textspalte umbricht und allein an deren Anfang steht. Hurenkinder sind typografisch ungern gesehen und sollen vermieden werden.

ICC
International Color Consortium. Organisation, die 1993 zur Vereinheitlichung der Farbmanagementsysteme für alle Betriebssysteme und Softwarepakete gegründet wurde.

Impressum
Druckvermerk. Rechtlich vorgeschriebener Vermerk in Büchern, Zeitungen, Zeitschriften und Websites, z.B. über das Copyright und bei Printmedien den im Sinne des deutschen Presserechts Verantwortlichen.

Index
Übersicht über alle wichtigen (Fach-)Begriffe in einem Buch, die meistens am Ende des Buches angefügt wird.

Infografik
Bezeichnung für Charts oder Diagramme, die vor allem in der Meinungsforschung verwendet werden.

Initiale
Hervorgehobener erster Buchstabe eines Absatzes, dessen Schriftgröße diejenige des Fließtextes überragt. Sie kann mehrere Zeilen groß sein.

Innensteg
Bundsteg. Rand eines Printmediums, der nach innen zum Bund zeigt, wo das Medium zusammengefasst ist.

ISO
Die Internationale Organisation für Normung ist die internationale Vereinigung von Normungsorganisationen und erarbeitet internationale Normen.

JPG
Ein Grafikformat, das von der Joint Photographic Experts Group zur Speicherung von Bildern entwickelt wurde, die nach einer JPEG-Norm komprimiert werden. JPG ist das im Internet am weitesten verbreitete Grafikformat für Fotos.

Kalibrierung
Einstellung von Geräten auf Standardwerte, um zuverlässige und gleichbleibende Farbergebnisse zu erzielen. Eine Kalibrierung wird normalerweise bei Eingabegeräten wie Scannern als auch bei Ausgabegeräten wie Monitoren und Druckern vorgenommen. Sie ist nur mit einem hohen finanziellen und technischen Aufwand durchzuführen.

Kanäle
Farbkanäle bieten Informationen über die im Bild enthaltenen Farbkomponenten. Die Anzahl der Farbkanäle ist abhängig vom Modus – pro Farbauszug gibt es einen Kanal. CMYK-Farbbilder haben vier Farbkanäle, RGB-Farbbilder nur drei.

Kapitälchen
Schriftschnitt, bei dem alle Buchstaben in Versalien dargestellt werden, jedoch die Minuskeln im Vergleich zu der einleitenden Versalie eines Wortes nur in 60–70% der Höhe dieser Versalie.

Kolumnentitel

Vermerke zur jeweiligen Seite einer Zeitung oder Zeitschrift oder eines Buches. „Tote" Kolumnentitel bestehen nur aus Seitenzahlen in der Kopf- oder in der Fußzeile. „Lebende" Kolumnentitel enthalten Angaben über Inhalt, Kapitel- oder Buchtitel. Auf der linken Seite steht meist eine kurze Wiederholung der Kapitelüberschrift und auf der rechten Seite stehen Informationen zum Seiteninhalt.

Komprimierung

Unterschiedliche Verfahren, die Datenmenge von Dateien bei weitestgehendem Beibehalten der Informationen in der Datei in der Speichergröße zu verringern. Es gibt weitestgehend verlustfreie Komprimierungen und verlustbehaftete.

Kontextsensitives Menü

Ein Pulldown-Menü, das bei einem markierten Objekt, einem Text oder einer Tabelle mit Ctrl bzw. Ctrl+Umschalt und Mausklick (Windows: rechte Maustaste) aufgerufen werden kann. Es beinhaltet zusammengefasst alle Menüfunktionen, die speziell für die jeweilige Markierung möglich sind.

Kontur

Die Außenlinie einer Grafik oder Schrift, die auch modifiziert werden kann.

Konvertierung

Umwandlung eines Mediums in ein anderes Medium, z.B. die Umwandlung eines Dateiformates in ein anderes, damit es von einem anderen Softwareprogramm gelesen werden kann.

Kopfsteg

Rand am oberen Teil eines Printprodukts. Enthält meistens den Kolumnentitel.

Kursiv

Schriftschnitt, bei der die Zeichen und Ziffern einer Schrift schräg dargestellt werden. Eine andere Bezeichnung dafür ist „italic".

Lab

Der Lab-Farbraum wurde von der Commission International de l'Eclairage = Internationale Beleuchtungskommission entwickelt und heißt offiziell CIE-L*a*b*-Farbraum. Er ist ein Messraum, in dem alle wahrnehmbaren Farben enthalten sind. Eine der wichtigsten Eigenschaften des L*a*b*-Farbraums ist seine Geräteunabhängigkeit. Der Mensch sieht Farben nicht in Rot-, Grün- und Blauanteilen und auch nicht in Cyan-, Magenta- und Gelb-Anteilen. Sondern nach

Helligkeit (L = Luminanz), Sättigung (C = Chroma) und Farbton (H = Hue). Der Lab-Farbraum kann in einem kugelförmigen Modell dargestellt werden, dessen drei Achsen die L-, C- und H-Werte enthalten. Da Sättigung und Farbton mit den Koordinaten a respektive b angegeben werden, erhält der Farbraum somit die Bezeichnung Lab.

Laserdrucker
Farb- oder S/W-Drucker mit Lasertechnologie. Das zu druckende Dokument wird mittels eines Lasers auf eine magnetisierte Trommel aufgetragen. Diese überträgt Farbpartikel – den Toner – auf das durchlaufende Papier. Danach wird der Toner durch eine Fixiereinheit mittels Hitze auf dem Papier fest eingebrannt.

Laufweite
Abstand zwischen den Zeichen einer Schrift.

Layout
Anordnung von Bildern und Texten auf einer Seite.

Legende
Unter der Legende versteht man eine Beschreibung der verwendeten Symbole, Signaturen und Farben. Bei Tabellen weist sie durch eine Beschreibung des Dargestellten in Textform auf die wesentlichen Inhalte der Tabelle hin.

Lesefluss
Der Ablauf oder der optische Weg, wie ein Leser ein Medium liest. Generell wird ein interessierter Leser eine Zeitschrift auf der zweiten und dritten Seite aufschlagen. Als Erstes fällt sein Blick auf die rechte Seite außen. Dann erfolgt der Lesefluss von der Seite zwei links oben nach rechts unten und auf der Seite drei genauso. In anderen Kulturen ist aufgrund der Kultur und Sprache ein anderer Lesefluss vorhanden.

Lesegewohnheit
Kulturell und sprachlich bedingte Gewohnheit, wie man ein Printmedium oder eine Website liest. Gegenüber stehen sich westliche Lesegewohnheiten und arabische, hebräische und einige asiatische Lesegewohnheiten. Lesegewohnheiten sind wesentlich für die Art, wie ein Medium gestaltet wird. Anzeigenkunden in westlichen Ländern, die eine große Aufmerksamkeit für ihre Anzeige wollen, buchen daher einen Anzeigenplatz vorzugsweise auf der dritten (rechten) Seite einer Publikation oder generell auf einer rechten Seite außen. Werbegewohnheiten in anderen Ländern folgen anderen Gesetzmäßigkeiten.

Letter
Buchstabe einer Bleisatzschrift.

Ligatur
Buchstaben, die näher zusammenstehend eine optisch schönere Darstellung ergeben und somit als ein Zeichen dargestellt werden – Beispiele sind fi und fl.

lpi
Lines per Inch, also die Anzahl der Linien eines Rasters bei der Belichtung pro Inch. Ein Inch beträgt 2,54 cm.

Mailing
Ein Newsletter in elektronischer Form per E-Mail.

Manga
Japanischer Comic. Da Japaner aufgrund ihrer Kultur und Schrift aus unserer europäischen Sichtweise „von hinten nach vorne" lesen, sind auch deutsche Übersetzungen von Mangas in dieser Weise aufgebaut: Man schlägt einen Manga also „hinten" auf.

Marginalie
Eine Zusatzinformation zu einem Artikel oder Kapitel, die außerhalb des Satzspiegels in eine eigene Marginalspalte gesetzt wird. Marginalien können als zusätzliches Gestaltungselement für Zeitungen, Zeitschriften oder Bücher verwendet werden und diese auflockern.

Marvin

Ein Easteregg oder auf Deutsch: Osterei. Ein Easteregg ist eine spezielle Spielerei oder ein Gimmick, das die Programmierer einer Software bar jeden Nutzens zur Belustigung des Anwenders eingebaut haben. In diesem Fall markieren Sie ein beliebiges Objekt und drücken Apfel+Alt+Umschalt+´(Akzent). Der Außerirdische Marvin erscheint und pulverisiert das markierte Objekt. Rückgängig zu machen mit Apfel+Z. Wenn Sie dieses Spielchen fünf Mal nacheinander gespielt haben, erscheint beim fünften Mal Marvins Gegner und zerschießt Marvin mit einer Bazooka in farbenfrohe Teilchen.

Medienkeil
Der Medienkeil ist eine Datei mit festgelegten Farbwerten, die in Prüfdrucke eingebunden wird. Mit dem Medienkeil kann nachgemessen werden, ob der Druck oder der Proof nach Standards erfolgt ist.

Mehrseiter
Ein Printmedium wie eine Zeitung, eine Zeitschrift, ein Katalog oder ein Buch, das – im Gegensatz zu einem Flyer oder Folder – aus mehreren Seiten besteht.

Mengentext
Fließtext. Text, der in hoher Zeichenanzahl vorkommt, in Publikationen den Inhalt von Artikeln oder Kapiteln darstellt und den Headlines und Subheadlines gegenübersteht.

Metallton
Sonderfarbe, die im Vierfarbprozess im Offsetdruck meistens nicht richtig gedruckt werden kann. Daher wird für einen Metallton eine zusätzliche Sonderfarbe im Dokument hinzugefügt und beim Druck mit einer standarisierten, vorgefertigten Metallfarbe – die aus einem Farbenkatalog ausgewählt werden kann – ein zusätzlicher Druckdurchgang gemacht.

Minuskel
Kleinbuchstabe.

Mittellinie
Von der Grundlinie aus gemessene Höhe von Kleinbuchstaben ohne Oberlänge – wie beim a und c.

Monitor
Bildschirm eines Arbeitsplatzes mit Computer und Ausgabegerät für elektronisch gespeicherte Informationen wie Texte und Bilder.

Monochrombild
Einfarbige Bildvorlage.

Montagefläche
Die ganze Arbeitsfläche in einem Layout- oder Illustrationsprogramm, die zur Arbeit mit einem Dokument zur Verfügung steht. Diese beinhaltet die eigentlichen Dokumentseiten, die gedruckt werden. Und darüber hinaus die sonstige Fläche, die zur Ablage von Grafiken oder anderen Elementen, die später im Dokument gebraucht werden, genutzt werden kann. Die Elemente auf der Montagefläche können jedoch nicht gedruckt werden.

Musterseite

Eine einzelne oder Doppelseite, die alle wiederkehrenden Elemente in einem Dokument enthält – wie Pagina, Kolumnentitel oder grafische Schmuckelemente. Ein Dokument kann mehrere Musterseiten enthalten, wenn z.B. in einem Buch die einzelnen Kapitel unterschiedlich gestaltet sind. Musterseiten sind keine „richtigen" Seiten und können nicht gedruckt werden. Sie werden im Hintergrund den eigentlichen Dokumentenseiten zugeordnet und zeigen dann die auf ihnen abgelegten Inhalte.

Newsletter

Periodisch erscheinende Mitteilung einer Firma oder Organisation in elektronischer Form als E-Mail oder postalisch als gedruckte Version.

Nullpunkt

Treffpunkt der x- und y-Linie eines zweidimensionalen Maßsystems mit zwei Linealen in einem Dokument. Standardmäßig sitzt der Nullpunkt in der linken oberen Ecke eines Dokuments.

Nutzen

Die Anzahl der Einzelteile bzw. Exemplare eines Printmediums, die auf eine Papierbahn bzw. einen -bogen gedruckt, herausgeschnitten und genutzt werden können. Der Begriff wird auch für Einzelteile verwendet.

Oberlänge

Teil von Kleinbuchstaben, der die Mittellinie nach oben überschreitet – wie beim h und b.

Offener Job

Die Weitergabe eines offenen Quelldokuments mit allen verwendeten Bilder, Grafiken und Schriften an eine Druckerei für den Druck. Im Gegensatz zum Einsatz eines geschlossenen PDF-Dokuments birgt der offene Job sehr große Fehlermöglichkeiten in sich und wird heute nicht mehr angewandt.

Offsetdruck

Flachdruckverfahren, das indirekt im Rotationsprinzip auf einzelne Bögen oder auf Rollenpapier druckt. Der Offsetdruck ist das heute dominierende Druckverfahren und sehr vielseitig einsetzbar.

Opazität

Ein Maß für die Lichtundurchlässigkeit von Stoffen. Im Printbereich ist damit die Lichtundurchlässigkeit von Papierarten für Printmedien gemeint.

Opentype-Schrift

Ein neues Schriftenformat, das von den Firmen Microsoft und Adobe entwickelt wurde. Das OpenType-Format überwindet wesentliche Begrenzungen der weitverbreiteten Fontformate TrueType und PostScript: Es ist plattformübergreifend, es bietet typografische Fähigkeiten wie z. B. sprachspezifische Ligaturen, und aufgrund der besseren Unicode-Unterstützung wird die für traditionelle PostScript-Fonts geltende Grenze von 256 adressierbaren Zeichen pro Font überwunden.

OPI

Open Prepress Interface. In Arbeitsgruppen wird beim Layout mit niedrigauflösenden Bildern gearbeitet, um die Auslastung und Rechenzeiten der Computer gering zu halten und somit die Arbeitszeit zu verringern. Für die Ausgabe und Belichtung werden von einem OPI-Server die niedrigauflösenden Bilder gegen die gleichen, diesmal jedoch hochauflösenden Bilder ausgetauscht.

Outline

Eine Zeichnung oder Schrift, die nur in ihren Umrissen dargestellt ist.

Pagina

Seitenzahl.

Papiersorte

Bedruckstoffe für den Offsetdruck. Es gibt u.a. ungestrichene Bedruckstoffe wie Offsetdruckpapier oder Naturpapier, gestrichene Bedruckstoffe wie Bilderdruckpapier oder Kunstdruckpapier oder Spezialpapiere wie selbstdurchschreibendes Papier.

Papierweiss-Simulation

Begriff aus dem Farbmanagement. Verschiedene Papiersorten haben verschieden helle Weißpunkte. Bei einer farbmetrischen Erfassung einer Vorlage dient die Papierweiss-Simulation dazu, die Farbe des Vorlagenpapiers zu messen und anschließend zu simulieren.

Passer

Bei mehrfarbigen Druckprodukten das exakte Über- oder Nebeneinanderstehen der einzelnen Farben.

Passkreuz

Druckmarkierungen auf den Belichtungsfilmen, die dem Drucker die genaue Montierung der vier Prozessfarbenfilme ermöglichen, damit es beim Druckprodukt keine Passer gibt.

PDF

Portable Document Format. PDF ist ein plattformübergreifendes Dateiformat für Dokumente, das von der Firma Adobe Systems entwickelt wurde. Es zeichnet sich dadurch aus, dass es aus allen Softwareprogrammen erzeugt werden kann und alle Spezifikationen und Formatierungen aus dem Ausgangsprogramm in das PDF übernimmt. Somit ist es ein geschlossenes Format, denn Korrekturen an PDFs können nur bedingt ausgeführt werden, generell greift man auf das Quelldokument zurück. PDF ist das heute gängigste Dokumenten-Format zum elektronischen Versand per E-Mail oder zur Weiterleitung von Daten an Druckereien für den Offsetdruck.

PDF/X

Sammelbezeichnung für PDF-Dateien, die zu einer Industrie-Norm konform sind, um sicherzustellen, ob diese vorlagengetreu gedruckt werden können oder nicht. PDF/X enthält bestimmte Anforderungen der Druckindustrie für Druckvorlagen. Bestimmte Angaben, die für den Druck notwendig sind, werden vorgeschrieben und Inhalte, die sich nicht drucken lassen, werden untersagt. Auf diese Weise lässt sich die Übermittlung von Druckvorlagen erheblich zuverlässiger gestalten.

Pfad

Zeichnungselement in einer Vektorgrafik. Die Linie eines Pfades setzt sich in Illustrationsprogrammen nicht aus einzelnen Pixeln, sondern aus Kurvenzügen – den Segmenten zwischen einzelnen Ankerpunkten – zusammen.

Pixelbild

Ein Bild, das aus unterschiedlichen Pixeln aufgebaut ist und nicht aus Vektoren. Es kann sich um eine Strichgrafik, ein Graustufenbild oder ein Farbbild handeln. Pixelbilder sind nicht beliebig skalierbar und verlieren beim Vergrößern schnell Auflösung und Schärfe. Sie werden in den gängigen Formaten JPG (komprimiert) und TIF (unkomprimiert) abgespeichert.

Polygon

Vieleck.

Postscript

Eine Seitenbeschreibungssprache (Programmiersprache) der Firma Adobe Systems im Desktop-Publishing-Bereich. Postscript ist heuzutage ein Standard für Laserdrucker und Belichtungsgeräte. Mit Postscript können sowohl Vektor- als auch Bitmap-Grafiken sowie Postscript-Schriften verarbeitet werden.

Postscript-Schrift

Eine Computerschrift, die auf der Seitenbeschreibungssprache Postscript beruht. Die Schrift ist auf Vektoren aufgebaut und keine Bitmap(=Pixel)schrift.

PPD

Postscript Printer Description (File). Eine Textdatei, in der die speziellen Eigenschaften eines Postscript-Druckers beschrieben werden. Beim Drucken auf einen Postscript-Drucker muss die für den jeweiligen Ducker spezielle PPD-Datei im Druckmenü ausgewählt werden – auch wenn für alle Postscript-Drucker derselbe Druckertreiber verwendet wird.

ppi

Pixel per Inch. Die Auflösung eines Pixelbildes.

Primärfarbe

Grundfarbe, die nicht aus anderen Farben gemischt werden kann. Blau, Grün und Rot sind additive Grundfaben und Cyan, Magenta und Gelb substraktive Grundfarben. Durch das Mischen von zwei Grundfarben entstehen Sekundärfarben, durch Mischen von drei Grundfarben Tertiärfarben.

Proof

Ein standardisierter, meistens nach ISO-Normen erfolgender Druck eines Printprodukts auf unterschiedlichen Augabegeräten mit einer hohen Farbverbindlichkeit zum Vergleich mit dem darauf erfolgenden Offsetdruck. Ein Proof ist farbverbindlich und maßgebend als Referenzdruck.

Prozessfarbe

Eine der Farben Cyan, Magenta, Gelb oder Schwarz, die im Offsetdruck verwendet werden.

Punkt

Typografisches Maß. Umrechnung: 1 Punkt (p) = 0,375 mm. In der Druckvorstufe und Reproduktion ist der Punkt die Kurzbezeichnung für einen Rasterpunkt.

Raster

Gleichmäßige Anordnung oder Struktur. Texte, Bilder und Grafiken eines Printmediums werden – sofern diese nicht ausschließlich aus reinen Druckfarben bestehen – zur Darstellung verschiedener Graustufen oder Farbtöne gerastert.

Rasterweite

Die Angabe der – wie auf einem gleichmäßigen Gitternetz stehenden – Rasterlinien pro Zentimeter, abgekürzt L/cm. Bei einem Raster von 60 L/cm stehen somit 60 Rasterpunkte auf einer Strecke von 1 cm nebeneinander. Gebräuchlich ist auch die englische Angabe in L/inch, wobei ein Inch 2,54 cm entspricht. 60 L/cm wären somit 152,4 L/inch, gerundet 150 dpi (dots per inch).

Referenzfarbraum
CIE-Lab-Farbmodell, das auf Untersuchungen der menschlichen Farbwahrnehmung basiert, sodass darin alle vom Menschen wahrnehmbaren Farben enthalten sind. Der Vorteil dieses Farbraumes ist seine Geräteunabhängigkeit. Der „L*a*b*-Farbraum" wird oft in der Farbreproduktion als Referenzfarbraum verwendet, über den die anderen Farbräume definiert werden – wie der RGB-Farbraum (Monitordarstellung) oder der CMYK-Farbraum (Offsetdruck).

Registerhaltigkeit
Standgerechtes Aufeinanderstehen der Vorder- und Rückseite bei beidseitig bedruckten Produkten.

RGB
RGB-Farbraum (Rot, Grün, Blau). Der RGB-Farbraum ist ein additiver Farb-raum. Alle drei Farben zusammen ergeben die Farbe Weiß; sind keine RGB-Farbwerte vorhanden, erhält man die Farbe Schwarz. Der RGB-Farbraum wird heute in Digitalkameras, Scannern und Monitoren verwendet.

RIP
Raster Image Processor. Ein Gerät, das digitale Daten rastert und so in der Druckvorstufe für die Belichtung vorbereitet.

Rundsatz
Textzeilen, die an einer Kurve, einem Kreis oder einer Ellipse entlanglaufen.

Satzspiegel
Der Bereich eines Printmediums, der innerhalb der Stege liegt und den zu druckenden Teil mit Text und Bildern enthält.

Scanner
Optisch-elektronisch arbeitende Geräte zur Erfassung, Digitalisierung und Verarbeitung von Bild- oder Textinformationen. Die Daten werden auf einem Computer bearbeitet und gespeichert.

Schmuckfarbe
Anderer Begriff für Volltonfarbe.

Schneidemaschine
Maschine in der Druckweiterverarbeitung, die dazu dient, Printmedien auf ihr Endformat zu beschneiden. Dazu wird das Printprodukt in einer bestimmten Menge an den Schneidemarken, die auf dem Produkt gedruckt sind, beschnitten.

Schreibschrift
Auch Handschrift genannt. Sie erinnert an die normale Handschrift eines Menschen, wie sie früher mit der Tuschefeder geschrieben wurde.

Schriftfamilie
Eine Zusammenstellung von verschiedenen Schriftschnitten einer Schrift.

Schriftschnitt
Eine Variation oder Auszeichnung einer Schrift wie Kursiv, Fett oder Kapitälchen. Gut designte Schriften haben für jeden Schriftstil eine eigene Schriftvariante. Bei einfachen Schriften berechnet der Computer die Variation mathematisch, was bei der Belichtung manchmal zu Problemen führen kann.

Schriftstil
Andere Bezeichnung für Schriftschnitt.

Schusterjunge
Typografischer Fachbegriff für die erste Zeile eines neuen Absatzes, die noch in der vorhergehenden Textspalte als einzelne Zeile am Ende der Spalte steht und dann in die neue Spalte umbricht. Schusterjungen werden von Verlagen heutzutage weitestgehend akzeptiert.

Scribble
Ein freihändig gezeichneter Entwurf für die Konzeption eines Printmediums.

Seitenlayout
Das Layout eines Printmediums auf einer Seite, das sich auf den Satzspiegel bezieht. Layout bezeichnet eigentlich die künstlerisch ansprechende Anordnung von Texten und Bildern auf einer Seite.

Semiserifen-Schrift
Eine Schrift mit „halben" Serifen.

Separation
Auftrennung von Farben in der Druckvorstufe in die vier Prozessfarben Cyan, Magenta, Gelb und Schwarz. Mit den so erstellten separierten Filmen bzw. Druckplatten werden im Offsetdruck alle gängigen Farben gedruckt.

Serifen
Charakteristische An- und Abstriche an bestimmten Druckschriften. In der Umgangssprache als „Füßchen" an den Schriften bezeichnet. Serifenschriften werden für längeren Fließtext verwendet, da die Serifen den Lesefluss unterstützen und der Text besser gelesen werden kann als Text mit einer serifenlosen Schrift.

Serifenlos
Schriften ohne Serifen, z.B. Groteskschriften oder Handschriften.

Server
Ein Computer, der im Firmennetzwerk oder Internet durchgehend aktiv ist und läuft. Server dienen dazu, Daten für Firmenmitarbeiter, Kunden oder Internetsurfer rund um die Uhr zur Verfügung zu stellen, damit auf sie zugegriffen werden kann.

Simplex-Bild
Bild, das nur mit einer (Vollton-)Farbe angelegt ist.

Sonderfarbe
Anderer Begriff für Volltonfarbe.

Sonderzeichen
Zeichen in unterschiedlichen Sprachen, die auf der jeweiligen Tastatur nicht immer vorhanden sind. Entweder müssen sie über Tastenkürzel eingegeben werden oder über bestimmte Schriftpaletten. Im Deutschen zählen zu den Sonderzeichen die typografischen An- und Abführungszeichen, das Auslassungszeichen, der Gedankenstrich, das Eszett oder die Umlaute.

Spationierung
Die Veränderung und Austreibung der Laufweite von Text. Der Abstand der einzelnen Buchstaben zueinander wird dabei vergrößert. Das Gegenteil ist die Unterschneidung.

sRGB
sRGB-Farbraum – oder Standard RGB – ist einer der kleinsten Farbräume, die verwendet werden. Manche Farben können in ihm nicht dargestellt werden. Meistens wird dieser Farbraum in einfachen Digitalkameras angewandt.

Steg
Der Rand eines Printmediums. Die Ränder beinhalten normalerweise nur Kolumnentitel, Marginalien und Paginierung. Alles, was innerhalb der Ränder liegt, gehört zum Satzspiegel.

Strichzeichnung
Ein Bild, das nur aus Schwarz und Weiß besteht, also keine Graustufenraster enthält. Strichzeichnungen werden beim Scannen mit hoher Scanaufösung von 1000 dpi und mehr gescannt, um eine scharfe Darstellung zu gewährleisten. Fälschlicherweise oft als Bitmap bezeichnet.

Subheadline
Eine Unterüberschrift, die in Printmedien unterhalb der Überschrift in kleinerer Schriftgröße einen kurzen Vorspann des Artikels enthält und zur Übersicht und Entscheidungsfindung des Lesers dient, ob er den Artikel lesen will oder nicht.

Tabulator
Tabulatoren dienen dazu, Texte oder Zahlen in Spalten aufgeteilt sinnvoll untereinander anzuordnen. Man unterscheidet dabei zwischen „links ausgerichtet", „rechts ausgerichtet", „zentriert" und „Dezimaltabulator".

Teaser
Ein Teaser – von engl. „tease" = reizen – ist in der Werbesprache ein Anreißer, der zum Weiterlesen verlocken soll. Auf der Titelseite von Zeitschriften sind dies kurze Headlines von Artikeln, die den Leser neugierig machen sollen und auf längere Artikel in der Zeitschrift verweisen.

Textüberlauf
Text, der in einem Textrahmen oder einer Spalte zu viel ist, aus dem Rahmen läuft und meistens nicht mehr sichtbar ist. In Layoutprogrammen wird Textüberlauf durch ein bestimmtes auffälliges Zeichen in einem Textrahmen angezeigt.

Tiefdruck
Der Tiefdruck zeichnet sich dadurch aus, dass Bildstellen in der Druckform vertieft liegen, nichtdruckende Stellen dagegen erhöht. Manuelle Verfahren sind u.a. der Kupferstich und die Radierung. In der maschinellen Produktion wird der Tiefdruck fast ausschließlich für sehr hohe Auflagen (auflagenstarke Zeitungen) verwendet.

TIF
Abkürzung für Tagged Image File (Format). Ein Dateiformat für Fotos und Bilder, das auf Pixeln aufbaut und unkomprimiert ist.

Tintenstrahldrucker
Drucker, der ein Dokument aus einem Computer mittels schwarzer oder farbiger Tinte druckt. Er besitzt einen Druckkopf mit feinsten Düsen, die die Far-

be in hoher Auflösung und sehr guter Druckqualität auf das Papier bringen. Hochwertige Tintenstrahldrucker arbeiten nicht mit vier CMYK-Tintenpatronen, sondern mit bis zu sieben unterschiedlichen Patronen.

Tonwert
Beliebiger, visuell wirkender Grauton zwischen Weiß und Schwarz. Die hellen Stellen eines Bildes werden Lichter, die mittleren Mitten und die dunklen Stellen Tiefen genannt.

Transparenzreduzierung
Das Konzept der Transparenz ist in PostScript unbekannt. Die Transparenzreduzierung dient daher dem Simulieren der Transparenz durch Modifizierung von Elementen in einem Layout, um eine Ausgabe zu ermöglichen. Dazu werden alle übereinanderliegenden oder sich überlappenden Elemente, die entweder selbst transparent sind oder mit transparenten Elementen in Berührung kommen, „ausgeschnitten" und als ein zusammengefügtes, eigenständiges Bild platziert. Transparenzreduzierung betrifft nicht das Original-Layout, sondern erfolgt ausschließlich vor der Ausgabe oder dem Druck.

Triplex
Ein Bild, das aus drei (Sonder-)Farben besteht.

Trommelscanner
Scanner, der flexible Vorlagen auf Zylindern – sogenannten Trommeln – abtastet und aufzeichnet. Trommelscanner sind das qualitativ bedeutendste System für Farbreproduktionen. Die auf einem Zylinder montierte Vorlage wird von einem Laser zeilenweise Punkt für Punkt abgetastet und die Informationen zu dem Bild werden gespeichert.

TrueType-Schrift
TrueType-Schriften sind ein Schriftdarstellungsstandard für Bildschirm und Druck. TrueType-Schriften werden im Gegensatz zu Bitmap-Schriften nicht aus einzelnen Pixeln aufgebaut, sondern nach dem Prinzip einer Vektorgrafik aus Konturen.

Typografie
Gestaltungsprozess, der mittels Schrift, Bildern, Linien, Flächen und typografischem Raum auf Druckwerke und elektronische Medien angewendet wird. Mikrotypografie beschäftigt sich vorwiegend mit dem Aufbau einzelner Buchstaben und Zeichen, während Makrotypografie die Gesamtkonzeption eines Werkes aus gestalterischer Sicht behandelt.

Überdrucken

Liegen im Druck zwei Farben übereinander, gibt es zwei Möglichkeiten: Die Vordergrundfarbe spart die Hintergrundfarbe aus, oder sie überdruckt sie. Das Ergebnis ist somit eine Mischungfarbe aus Vordergrund- und Hintergrundfarbe. Da dieses Vorgehen bei Schwarz unerheblich ist – Schwarz ist im Druck die dunkelste Farbe –, wird Schwarz in einem Layout fast einheitlich überdruckend eingestellt. Dies verhindert störende Farbkanten zum Hintergrund.

Überfüllung

Zur Vermeidung von Blitzern bei aneinanderstoßenden unterschiedlichen Farben, die ausgespart sind, bei Grafiken oder auch Text. Normalerweise wird bei Farbflächen von der helleren Farbe in die dunklere Farbe überfüllt. Grafik- und Layoutprogramme bieten diese Funktion an, professionelles Überfüllen sollte allerdings in der Druckerei in der Druckvorstufe erfolgen.

Umbruch

Die Zeilenschaltung eines Textes in die nächste Zeile. Generell wird der Begriff auch auf den Text in einem ganzen Dokument angewandt.

Umfluss

Eine Einstellung für Bilder, die vom Fließtext umflossen werden sollen.

uncoated

Ungestrichenes Papier, dessen Oberfläche nicht durch mineralienhaltige Gemische bestrichen wurde.

Unicode

Unicode ist ein internationaler Standard, in dem langfristig für jedes sinntragende Schriftzeichen bzw. Textelement aller bekannten Schriftkulturen und Zeichensysteme ein digitaler Code festgelegt wird. Ziel ist es, das Problem unterschiedlicher, inkompatibler Kodierungen in unterschiedlichen Ländern oder Kulturkreisen zu beseitigen.

Unterschneidung

Die Veränderung und Zusammenziehung der Laufweite von Text. Der Abstand der einzelnen Buchstaben zueinander wird dabei verringert. Das Gegenteil ist die Spationierung.

Vektorgrafik

Grafik, die aus mathematischen Vektoren besteht. Im Gegensatz zu Fotos und anderen Bildern, die aus Pixeln bestehen, können Vektorgrafiken verlustfrei skaliert werden. Gern werden Firmenlogos als Vektorgrafiken gestaltet. Das gebräuchlichste Dateiformat für Vektorgrafiken ist EPS.

Versalie
Großbuchstabe.

Vierfarbdruck
Druckverfahren, bei dem die jeweils zu druckenden Farben vor dem Druck in einem Computerprogramm in die Prozessfarben CMYK zerlegt worden sind.

Volltonfarbe
Schmuck- oder Sonderfarbe, die keine Prozessfarbe – als CMYK-Farbe – darstellt. Sie wird meistens zusätzlich zu den vier Prozessfarben im Offsetdruck angelegt. Schmuckfarben werden gern für spezielle Metall-, Silber- oder Goldtöne angelegt, die der Prozessfarbendruck nur vermindert darstellen kann. Sie wird im Offsetdruck als spezielle, vorher angemischte und standardisierte Sonderfarbe gedruckt.

Website
Geschäftlicher oder privater Auftritt mit eigener Homepage im Internet.

Wickelfalz
Ein Folder, der in sich selbst gefalzt – also gewickelt – wird.

Workflow
Arbeitsablauf in einer Arbeitsgemeinschaft oder einem Büro mit mehreren Rechnern und entsprechender Software, Ein- und Ausgabegeräten, Servern und RIPs zur Bewältigung der anfallenden Datenmengen und Gewährleistung des zu bewerkstelligenden Produktionsziels.

XTension
Zusatzprogramm – sogenanntes Plug-in –, das den Funktionsumfang von QuarkXPress erweitert.

Zeichenstilvorlage
Fest eingestellte Formatierung eines oder mehrerer Zeichen als Stilvorlage, um in mehrseitigen Publikationen eine einfache und fehlerfreie Formatierung zu gewährleisten

Zwischentitel
Eine Zwischenüberschrift in einem Fließtext, der Hinweise zum Inhalt der folgenden Absätze gibt

Index

A

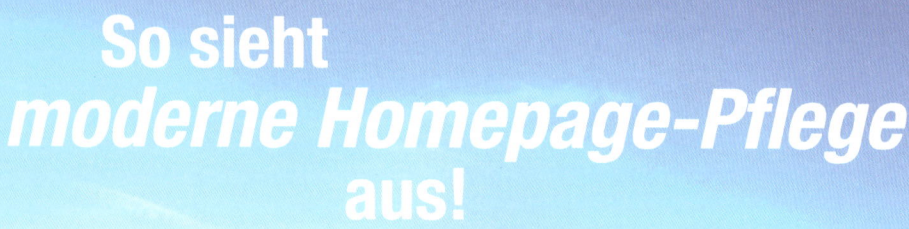

Thomas Biedermann · Betrachtungen zur Typografie

Was sind die Todsünden der Typografie? Zum Beispiel falsch verwendete Schriftzeichen anstelle typografischer Sonderzeichen. Die FAZ macht's
falsch und auch prominente Firmen verwenden es falsch auf ihrer Website und sogar in der Fernsehwerbung. Diese „Betrachtungen zur Typografie" entstammen einer Artikelreihe für die Macintosh-Fachzeitschrift
„Macwelt". Das Buch zeigt die gröbsten Verstöße und hilft im Alltag in
den wichtigsten Situationen mit Hilfestellungen und Regelhinweisen.

Broschur · 68 Seiten · 12 s/w Abbildungen · 8 s/w Fotos
11,5 x 18 cm · €8,90 · ISBN 978-3-9806256-3-0

Thomas Biedermann · Betrachtungen zu Grafik-Design

Betrachtungen zu Grafik-Design

Eine Zusammenstellung von Artikeln über die Tätigkeit als Grafik-Designer – die Dos und Don'ts, die Highlights und die Fallstricke. Alles, was den Berufsalltag erhellt oder auch verdunkelt! Die ganze Bandbreite, die Sie angestellt oder freiberuflich in Agenturen und Verlagen erleben können.

Manchmal skurril, dann wieder witzig, verblüffend oder mit Aha-Effekt: Das sind die Anekdoten aus meiner selbständigen Tätigkeit als Grafik-Designer. Die Momente, die aus der Reihe tanzen und mir aufgrund ihrer Besonderheit in Erinnerung geblieben sind. Es sind Lehrstücke des Lebens. Gut, wenn man sie kennt und in Erinnerung behält für den Fall, dass man in eine ähnliche Situation kommt und reagieren muss.

Broschur · 84 Seiten · 5 s/w Abbildungen · 8 s/w Fotos
11,5 x 18 cm · €9,90 · ISBN 978-3-9806256-7-8

Thomas Biedermann (Hrsg.) · Designers Allerlei

In diesem Buch wird ein buntes Puzzle aus ansprechenden Themen aus der Arbeitswelt des Grafik-Designers arrangiert. Ohne Anspruch auf Vollständigkeit – was der Umfang des Buches auch gar nicht erwarten lässt. Es präsentieren sich Ihnen einige leckere „Pralinen" aus der alltäglichen, manchmal aber auch eintönigen Speisenabfolge. Sicherlich ist auch für Ihren Geschmack etwas dabei.

Broschur · 148 Seiten · viele s/w Abbildungen
11,5 x 18 cm · €16,90 · ISBN 978–3–9806256–5–4

Thomas Biedermann (Hrsg.) · Designers Allerlei

In diesem Buch wird ein buntes Puzzle aus ansprechenden Themen aus der Arbeitswelt des Grafik-Designers arrangiert. Ohne Anspruch auf Vollständigkeit – was der Umfang des Buches auch gar nicht erwarten lässt. Es präsentieren sich Ihnen einige leckere „Pralinen" aus der alltäglichen, manchmal aber auch eintönigen Speisenabfolge. Sicherlich ist auch für Ihren Geschmack etwas dabei.

Broschur · 148 Seiten · viele s/w Abbildungen
11,5 x 18 cm · €16,90 · ISBN 978-3-9806256-5-4